O ALUNO VIRTUAL

P168a Palloff, Rena M.
O aluno virtual: um guia para trabalhar com estudantes *on-line* / Rena M. Palloff e Keith Pratt; trad. Vinícius Figueira. – Porto Alegre : Artmed, 2004.

ISBN 85-363-0477-4

1. Educação - Método de ensino - Tecnologia. I. Pratt, Keith. II. Título.

CDU 371.3:621.391

Catalogação na publicação: Mônica Ballejo Canto – CRB 10/1023

O ALUNO VIRTUAL

um guia para trabalhar com estudantes *on-line*

Rena M. Palloff
Keith Pratt

Tradução:
Vinicius Figueira

Consultoria, supervisão e revisão técnica desta edição:
Régis Tractenberg
M. Sc. em Telemática Aplicada à Educação e Treinamento
pela Universidade de Twente – Holanda

Reimpressão

2004

Obra originalmente publicada sob o título
The virtual student: a profile and guide to working with online learners

© John Wiley & Sons, Inc., 2003
ISBN 0-7879-6474-3

Design de capa
Flávio Wild

Assistente de design
Gustavo Demarchi

Preparação do original
Jô Santucci

Leitura Final
Karine Quadros da Silva

Supervisão editorial
Mônica Ballejo Canto

Projeto e editoração
Armazém Digital Editoração Eletrônica – rcmv

Reservados todos os direitos de publicação, em língua portuguesa, à
ARTMED® EDITORA S.A.
Av. Jerônimo de Ornelas, 670 - Santana
90040-340 Porto Alegre RS
Fone (51) 3027-7000 Fax (51) 3027-7070

É proibida a duplicação ou reprodução deste volume, no todo ou em parte,
sob quaisquer formas ou por quaisquer meios (eletrônico, mecânico, gravação,
fotocópia, distribuição na Web e outros), sem permissão expressa da Editora.

SÃO PAULO
Av. Angélica, 1091 - Higienópolis
01227-100 São Paulo SP
Fone (11) 3665-1100 Fax (11) 3667-1333

SAC 0800 703-3444

IMPRESSO NO BRASIL
PRINTED IN BRAZIL
Impresso sob demanda na Meta Brasil a pedido de Grupo A Educação.

Rena dedica este livro a sua tia Frances,
que leu toda e qualquer palavra que escrevemos.
Keith dedica este livro, com todo o seu
amor, a sua esposa, Dianne.

Sobre os autores

Rena M. Palloff, Ph.D., faz parte do grupo de professores da Capella University's School of Education, onde trabalha com alunos de mestrado e doutorado. É professora adjunta no Fielding Graduate Institute, onde leciona no programa de mestrado em administração organizacional, curso ministrado integralmente *on-line*.

Keith Pratt, Ph.D., integra o grupo de professores da Capella University's School of Education e também leciona no Fielding Graduate Institute. Foi gerente de projetos da Datatel, supervisionando a instalação de *software* em faculdades dos Estados Unidos.

Os doutores Palloff e Pratt foram indicados para o Center for Excellence in Education. Além disso, são sócio-gerentes do Crossroads Consulting Group, que trabalha com organizações e instituições no desenvolvimento e na aplicação de programas eficazes de ensino a distância *on-line*. São autores do livro *Construindo comunidades de aprendizagem no ciberespaço: estratégias eficientes para salas de aula on-line* (publicado pela Artmed em 2002) e *Lessons from the Cyberspace Classroom: The realities of on-line teaching* (2001). Escrito para professores, para quem treina equipes e professores, e para administradores de programas de educação a distância, *Construindo comunidades de aprendizagem no ciberespaço* é um guia amplo voltado ao desenvolvimento de um ambiente *on-line* que ajuda a incentivar resultados de sucesso na aprendizagem e que constrói e fomenta a importância do sentido de comunidade entre os alunos. *Lessons from the cyberspace classroom* tem como base o modelo apresentado no livro anterior, trazendo diretrizes e sugestões relativas ao ensino e à aprendizagem *on-line* para professores, alunos e administradores. Os livros partem dos muitos anos de experiência de ensino dos autores no ambiente *on-line* e contêm exemplos variados extraídos de cursos *on-line* bem-sucedidos. Os doutores Palloff e Pratt vêm apresentando seu trabalho ao público norte-americano desde 1994.

Sumário

Prefácio: Por que focalizar o aluno? 13

PARTE I: Um perfil do aluno virtual

1. Quem é o aluno virtual? 23

2. O lado do aluno nas comunidades de aprendizagem *on-line* 37

3. Estilos de aprendizagem 51

4. Gênero, cultura, estilo de vida e geografia 61

5. O que o aluno virtual precisa 73

PARTE II: Um guia para trabalhar com o aluno virtual:
questionamentos, inquietações e estratégias

6. Elaborando uma boa orientação para o estudante 87

7. Tempo e comprometimento 99

8. Avaliação dos alunos e do curso 111

9. As questões legais e o aluno virtual 125

10. Abandono, retenção e tamanho do grupo 135

11. Tornar-se verdadeiramente centrado no aluno:
as melhores práticas no ensino *on-line* 147

10 SUMÁRIO

RECURSOS: A caixa de ferramentas para um aluno virtual de sucesso

Introdução à caixa de ferramentas para um aluno virtual de sucesso............ 161
Recurso A: Ferramentas do professor 165
Recurso B: Ferramentas do aluno 183

Referências 201
Índice onomástico e remissivo 207

Lista de figuras, tabelas e exemplos ilustrativos

FIGURAS

Figura 7.1	Priorizando o comprometimento com o tempo	101
Figura 7.2	Calculando o tempo eficiente e eficazmente	104
Figura 10.1	Elementos de um curso ou programa *on-line* de alta qualidade	145

TABELAS

Tabela 1.1	Técnicas instrucionais centradas no aluno que dão apoio aos alunos *on-line*	34
Tabela 2.1	Técnicas instrucionais para facilitar a responsabilidade do aluno nas comunidades de aprendizagem *on-line*	50
Tabela 3.1	Técnicas instrucionais *on-line* que abordam estilos de aprendizagem variados	60
Tabela 4.1	Técnicas instrucionais que diminuem a exclusão digital	72
Tabela 5.1	As necessidades do aluno virtual e as respostas institucionais	83
Tabela 6.1	Abordagens das necessidades de orientação do aluno virtual	98
Tabela 7.1	Gerenciamento do tempo e aprendizagem *on-line*	109
Tabela 8.1	Alinhamento dos objetivos de aprendizagem e da avaliação	118
Tabela 8.2	Sugestões para incluir a avaliação dos alunos e a avaliação do curso *on-line*	123
Tabela 9.1	Abordagem de questões legais na sala de aula *on-line*	132
Tabela 10.1	Melhorando a qualidade e aumentando a retenção *on-line*	145
Tabela 11.1	As melhores práticas no ensino *on-line*	157

EXEMPLOS ILUSTRATIVOS

Exemplo ilustrativo 5.1	Exemplo de um *site* de serviços ao aluno	77
Exemplo ilustrativo 6.1	Amostra de página de boas-vindas em que se apresenta material de orientação do curso	95
Exemplo ilustrativo 6.2	Amostra de página de informação sobre o curso	95
Exemplo ilustrativo 6.3	Amostra de página de procedimentos e da política de sala de aula	96
Exemplo ilustrativo 6.4	Amostra de página de requisitos mínimos do computador	96
Exemplo ilustrativo 6.5	Amostra de página de diretrizes para participação	97
Exemplo ilustrativo 8.1	Amostra de critérios de avaliação para as discussões *on-line*	113
Exemplo ilustrativo A.1	Amostra de planilha de conceitos	180
Exemplo ilustrativo B.1	Metas de vida	195
Exemplo ilustrativo B.2	Objetivos semanais	195
Exemplo ilustrativo B.3	Agenda semanal	196
Exemplo ilustrativo B.4	Sumário da utilização semanal do tempo	196

Prefácio

Por que focalizar o aluno?

O interesse e a procura pelos cursos *on-line* continuam a crescer. Não estamos mais na primeira onda de desenvolvimento dessa espécie de curso. O percentual de alunos de graduação que fizeram cursos a distância pela internet aumentou para 57% (de acordo com o National Center for Education Statistics, 2002) em 1999-2000. Juntamente com essa imensa procura pela aprendizagem *on-line*, muitos professores passaram a perceber que precisavam focalizar técnicas que aumentassem a participação e a aprendizagem colaborativa. Já passamos daquele estágio em que tudo era novidade. Os professores agora buscam métodos concretos para fazer com que seus cursos de fato funcionem. Eles têm consciência de que não se pode simplesmente criar um curso com a expectativa de que os alunos saibam como acessá-lo, navegar por ele e dele participar em um bom nível. Em outras palavras, os professores sabem que precisam prestar atenção à orientação que dispensam aos alunos para que estes aprendam *on-line*, independentemente do curso que façam.

Quando a aprendizagem *on-line* estava em seus primórdios, o foco estava em orientar os professores quanto ao uso da tecnologia e sobre como elaborar um curso *on-line*. Contudo, com a percepção de que os alunos, nesse tipo de curso, não necessariamente sabem como interagir com o professor, com o material ou com os colegas, o foco passou a ser os próprios alunos. A aprendizagem *on-line*, em seu melhor aspecto, está centrada e focada no aluno. Mas o que, de fato, significa estar focado no aluno no ambiente *on-line*?

Em nosso próprio trabalho, no qual instruimos os professores a ensinar eficazmente *on-line*, passamos a perceber que, embora falássemos no aluno como sendo o foco do processo, focalizávamos o professor. E o aluno ficava de fora da equação.

Por que isso acontece? Nossos cursos são, com certeza, elaborados com o aluno em mente, não são? Nossa resposta é: nem tanto. Há pouco tempo coordenamos um curso de desenvolvimento de professores. O grupo era composto por professores jovens e professores com certa experiência que estavam passando pela transição para o ambiente *on-line*. Alguns deles haviam minis-

14 RENA M. PALLOFF & KEITH PRATT

trado alguns poucos cursos; outros não haviam ministrado nenhum. Um dos participantes do grupo declarou que achava a aula expositiva a melhor maneira de chegar aos alunos. O que ele pensava em fazer era gravar suas aulas em vídeo e depois apresentá-las *on-line* a seus novos alunos. Outro participante do grupo apoiou a decisão, mas um terceiro participante declarou-se horrorizado com o simples fato de um professor pensar em fazer tal coisa. O professor que propôs a gravação de suas aulas não havia, é claro, pensado em questões técnicas (como a largura de banda de vídeo), para não falar no tédio que representaria assistir a uma palestra *on-line*. De quem eram as necessidades que estavam sendo atendidas aqui? Será que esse curso estava sendo elaborado com o aluno em mente? Achamos que não.

PEDAGOGIA, ANDRAGOGIA OU HEUTAGOGIA?

"A educação superior tem dado prioridade à integração da tecnologia ao currículo. À medida que isso ocorre, as instituições se deparam com muitas questões que dizem respeito ao fato de fazer com que as aulas funcionem tecnologicamente... É, portanto, fácil deixar de lado o *design* instrucional[*] de tais currículos para manter sob controle todas as questões referentes à tecnologia. Os professores precisam aprender a teoria da elaboração de tecnologia instrucional para que possam criar aulas que não sejam apenas eficazes tecnologicamente, mas significativas para o ponto de vista do aluno" (Fidishun, s/d.). Embora alguns professores possam discordar, a utilização de técnicas de aprendizagem para adultos pode ajudar a fazer com que fiquemos mais próximos de atender às necessidades do aluno virtual.

Como foi observado pelo National Center for Educational Statistics (2002), os alunos *on-line* estão em uma faixa que vai do final da adolescência até a idade adulta madura. Abordar tais alunos a partir do ponto de vista que contempla o modo pelo qual os alunos aprendem, também conhecido como *andragogia* (Knowles, 1992), pode ajudar a construir uma ponte, no que diz respeito ao modo de ensinar, entre o modelo centrado no professor e o modelo centrado no aluno. Muitas vezes já nos perguntaram por que nos referimos ao nosso trabalho como *pedagogia eletrônica* e não como andragogia, já que o que fazemos é incentivar a aprendizagem centrada no aluno e focada no adulto. Temos evitado entrar nesse debate, respondendo que o que fazemos é apenas incentivar a utilização da melhor prática possível nas salas de aula *on-line*. Porém, como vínhamos focando o treinamento de instrutores em que é

---

[*]N. de R.T. O *design* instrucional é uma metodologia de planejamento educacional amplamente utilizada nos EUA e em alguns países da Europa. Serve para planejar cursos e materiais didáticos em diferentes mídias, bem como currículos e sistemas educacionais. O *design* instrucional vem ganhando crescente atenção no Brasil devido ao seu caráter sistêmico, essencial ao desenvolvimento de iniciativas educacionais bem-sucedidas.

"o professor que decide *o que* o aluno precisa saber, e mais do que isso, *como* as habilidades e o conhecimento devem ser ensinados" (Hase e Kenyon, 2000), acreditávamos estar na categoria pedagógica.

Quando, contudo, percebemos esse debate com novos olhos, passamos a notar que aquilo que fazemos ao focar mais o aluno e um processo educacional centrado no aluno não é nem pedagogia nem andragogia, mas *heutagogia*, ou uma aprendizagem autodirigida (Hase e Kenyon, 2000). Na verdade, independentemente da terminologia que utilizemos para explicar o que ocorre na sala de aula *on-line*, a realidade é que a boa aprendizagem *on-line* envolve os três constructos teóricos. O professor oferece um conteúdo, pedagogicamente falando, pelo qual os alunos possam explorar o território do curso e, espera-se, aplicar o que aprenderam em suas vidas. Neste livro, focalizamos a questão de como fazer tudo isso acontecer tendo em mente o aluno virtual, quem ele é, o que precisa para ter sucesso em um curso *on-line*, o que ele deve esperar do curso e, finalmente, o que o professor deve esperar desse aluno. Também apresentamos várias dicas e truques para o sucesso do aluno no ambiente *on-line*.

O foco do livro é primeiramente a aprendizagem em turmas, isto é, alunos que começam e terminam juntos um curso durante um trimestre, um semestre ou um seminário elaborado de acordo com a conveniência do professor e dos alunos. Chegamos à conclusão de que as dicas que utilizamos para a construção dessa comunidade dificilmente podem ser implementadas em outra espécie de agrupamento, tais como aqueles da educação continuada, em que os alunos começam e terminam seus cursos em épocas distintas. Isso não quer dizer que algumas tentativas não provem o contrário, mas são inegavelmente de mais difícil implementação. Também achamos que as necessidades dos alunos da chamada educação continuada são diferentes – em geral buscam a maneira mais rápida e fácil de finalizar os créditos para a certificação e afins, sem preocupar-se com o nível de interação que um aluno de graduação ou de pós-graduação ou mesmo o empregado de uma empresa buscaria. Assim, quem trabalha com os alunos da educação continuada talvez ache útil parte do material deste livro, mas parte dele simplesmente não terá aplicação.

TORNAR-SE VERDADEIRAMENTE FOCADO NO ALUNO

Uma abordagem focada no aluno e autodirigida baseia-se na crença fundamental de que não podemos *ensinar*, mas apenas *facilitar* a aquisição do conhecimento. Em textos anteriores, observamos que várias características permitem ao professor ter sucesso na sala de aula *on-line*:

- Flexibilidade.
- Disposição para aprender com os alunos e com os outros.
- Disposição para ceder o controle aos alunos tanto na elaboração do curso quanto no processo de aprendizagem.

RENA M. PALLOFF & KEITH PRATT

- Disposição para colaborar (trabalhar em conjunto).
- Disposição para afastar-se do papel tradicional do professor (Palloff e Pratt, 2002).

O foco deste livro é como fazer isso. Tais características são o núcleo do que consideramos o que há de mais avançado no que diz respeito às habilidades de facilitação para os professores *on-line*, além de também serem as chaves para a construção e a interação da comunidade *on-line*, bem como o modo de nos tornarmos verdadeiramente focados no aluno.

PÚBLICO LEITOR

Os leitores deste livro não são apenas os professores que trabalham com o ensino *on-line*, mas também as pessoas que desenvolvem e projetam cursos, pois os princípios e as técnicas que discutimos se aplicam ao projeto instrucional que tem o aluno em mente. Além disso, as pessoas que trabalham com desenvolvimento e *marketing* de programas *on-line* serão beneficiadas ao lerem este livro. De acordo com nossa experiência, o recrutamento e a retenção do aluno *on-line* é uma questão presente em muitas instituições acadêmicas. Se quem faz o recrutamento prestar atenção em quem o aluno *on-line* é e no que ele precisa para ter sucesso, o recrutamento será mais fácil e a retenção aumentará. Finalmente, os responsáveis pelo treinamento eletrônico no setor corporativo também lucrarão ao lerem este livro. As empresas que passaram a fazer treinamento *on-line* deparam-se com as mesmas preocupações que os professores das instituições acadêmicas têm para com seus alunos. A questão não é a de os cursos serem oferecidos como créditos no ambiente acadêmico, mas a de quem é atraído para a aprendizagem *on-line* e quem deveria e não deveria estar lá. Este livro deve ajudar quem treina pessoal nas empresas a tomar decisões sobre quais programas de treinamento podem passar a ser ministrados *on-line* e como fazer para que sejam verdadeiramente focados no aluno.

APRENDIZAGEM *ON-LINE* EM DIFERENTES DISCIPLINAS

Quando falamos aos professores como fazer com que os cursos *on-line* sejam eficazes, freqüentemente somos questionados se a abordagem que incentivamos, interativa e baseada em comunidades, pode ser usada em várias disciplinas. Janet Donald (2002), em seu livro *Learning to think: disciplinary perspectives*, observa que algumas questões básicas guiam a exploração do conteúdo de qualquer disciplina: "Primeiro, que tipo de ambiente de aprendizagem a disciplina oferece? Segundo, de acordo com a disciplina, que conhecimento e pensamento de primeira ordem são importantes para os alunos aprenderem? Terceiro, quais são as melhores maneiras de cultivar esses processos de pensamento? Incluindo todas as disciplinas, uma pergunta final é: como as instituições de ensino superior incentivam o desenvolvimento intelectual dos alunos em todas as disciplinas?" (p. xi). Se usarmos essas questões como um guia, acreditamos que os princípios que incentivamos para a educação *on-line* podem atingir todas as disciplinas. Há, certamente, diferenças quanto à distribuição de material e às habilidades que precisam ser adquiridas, mas já vimos bom uso da interatividade e da construção de comunidades virtuais em cursos de contabilidade, astronomia, química e matemática, tanto quanto em sociologia, psicologia e comportamento organizacional.

A questão está em parte relacionada a como nos vemos como professores quando passamos o conhecimento e a informação. Donald diz: "Os professores necessariamente devem desempenhar um papel importante na formulação de uma explicação do contexto e do processo de pesquisa acadêmica, de como ele está presente em suas vidas, e de como os alunos recebem a oportunidade de engajarem-se nesse processo... Mas nossos alunos nos dizem que, se não formos responsáveis pela construção de uma comunidade acadêmica, eles serão prejudicados" (p. 292). A necessidade de ser focado no aluno transcende as disciplinas. Assim como a necessidade de engajar-se na construção da comunidade.

Lecionamos principalmente nas ciências sociais e comportamentais, na administração e na ciência da computação. Já trabalhamos com muitos professores de muitas disciplinas que atualmente são bem-sucedidos no ensino *on-line*. Embora muitos dos exemplos deste livro sejam retirados da nossa experiência no ensino *on-line*, acreditamos que os princípios básicos que defendemos se aplicam a maior parte das disciplinas.

O ALUNO CORPORATIVO

Os instrutores que trabalham no ambiente corporativo devem perceber que muito do material deste livro se aplica a seu trabalho. Com maior freqüência, temos percebido que as empresas buscam mais interatividade em seus programas de treinamento *on-line*. Anteriormente, o treinamento *on-line* no setor corporativo se dava no que se chama de ambiente em rede ou computadorizado, isto é, o participante interagia apenas com o curso no computador, mas não com outros participantes nem mesmo com o professor. À medida que as organizações empresariais buscaram ser "organizações que aprendem", nas quais a educação e a aprendizagem estão se tornando mercadorias mais valorizadas, assim como o gerenciamento do conhecimento, a interatividade no treinamento *on-line* passou a alcançar um *status* mais elevado. Na verdade, fomos chamados para treinar instrutores em ambientes corporativos que consideravam importante uma maior interatividade *on-line* e a construção de uma comunidade na própria organização.

De acordo com nossa experiência, contudo, descobrimos que a motivação do aluno empresarial para o treinamento *on-line* é diferente. Pelo fato de não estar trabalhando pelo diploma ou por créditos, outros fatores de motivação são necessários, tais como os que dizem respeito à promoção, ao pagamento ou a outros benefícios. As questões que discutimos neste livro, tais como o gerenciamento do tempo, os estilos de aprendizagem e a necessidade de uma boa orientação para a aprendizagem *on-line* se aplicam independentemente do ambiente no qual o curso se desenvolve.

ORGANIZAÇÃO DOS CONTEÚDOS

Este livro está organizado em duas partes, seguidas de duas seções extras. A primeira parte do livro traça o perfil do aluno virtual. O Capítulo 1 responde às questões "Quem é o aluno virtual?", observando a demografia referente aos alunos *on-line*, fator que prediz o sucesso da aprendizagem *on-line*, e uma análise do que consideramos ser a psicologia social do aluno *on-line*. O Capítulo 2 remete ao nosso trabalho sobre a importância da participação em uma comunidade de aprendizagem, dando ênfase ao papel do aluno nessa comunidade. Analisamos as interações aluno-professor e aluno-aluno na comunidade de aprendizagem e discutimos como ampliar tais interações. Também tratamos de como expressar e transmitir o conteúdo de um curso sem sacrificar a interação, e estudamos a importante idéia da colaboração. O Capítulo 3 lida com a questão um tanto quanto controversa dos estilos de aprendizagem e de como eles se aplicam à aprendizagem *on-line*, fazendo sugestões de maneiras pelas quais os instrutores possam abordar todos os estilos de aprendizagem *on-line* sem exagerar na abordagem tecnológica. O Capítulo 4 lida com uma variedade de questões – geografia, multiculturalismo, religião, alfabetização e gênero – e como elas afetam a aprendizagem *on-line*. Finalmente, o que faz um bom programa de serviços ao aluno para quem trabalha *on-line*? Que tipo de apoio o aluno *on-line* precisa receber da instituição? Essas são as questões a que respondemos no Capítulo 5.

A segunda parte oferece um guia para o trabalho com o aluno *on-line*. Cobre várias questões, inquietações e estratégias relativas a esse trabalho. O Capítulo 6 se baseia na primeira parte, analisando os elementos de uma boa orientação ao aluno no ambiente *on-line*: o que se deve incluir e como ensinar? O Capítulo 7 trata do tempo e de questões relativas à responsabilidade, focando em especial o desenvolvimento de habilidades que favoreçem o gerenciamento do tempo. O Capítulo 8 lida com outra questão controversa – avaliação do aluno e do curso –, incluindo uma discussão sobre plágio e "cola". O Capítulo 9 trata de questões importantes relativas aos direitos autorais e à propriedade intelectual, bem como de outras questões e interesses de caráter legal. Esse capítulo não pretende dar a última palavra sobre tópicos tão importantes, mas apresentar uma visão geral e um guia para a sua correta aplicação para o aluno *on-line*. Os Capítulos 10 e 11 encerram a Parte II do livro. O Capítulo 10 focaliza o abandono e a retenção, questões importantes tanto para o professor quanto para o administrador. Também lida com uma questão que sempre surge nas conversas com os professores: o tamanho do grupo e o seu impacto na aprendizagem e no ensino *on-line*. O capítulo enfatiza a qualidade, seja no curso *on-line*, seja em um programa *on-line* para a obtenção de grau, como sendo uma questão fundamental para o recrutamento e a retenção dos alunos virtuais. O Capítulo 11 agrega as melhores práticas para o ensino *on-line* – práticas verdadeiramente focadas no aluno.

Encerramos o livro com uma "caixa de ferramentas" que leva ao aluno *on-line* de sucesso, dicas, truques, estratégias e sugestões apresentadas ao longo do livro. O Recurso A contém "ferramentas" para o professor, e o Recurso B traz "ferramentas" para o estudante. Pelo fato de viajarmos pelos Estados Unidos e trabalharmos com professores diferentes, recebemos pedidos para a inclusão de amostras de diretrizes gerais para os cursos *on-line* ou simplesmente de amostras das questões feitas com maior freqüência pelos alunos, para que os instrutores pudessem melhor orientá-los. Criamos uma "caixa de ferramentas" em resposta a esses pedidos. A intenção é que ela funcione como uma espécie de resumo do livro, bem como algo que por si só possa ser utilizado pelos professores, pelos instrutores e por quem elabora atividades, para que criem e ministrem cursos *on-line*.

Em nossos livros anteriores, sentimos que nossas palavras não são suficientes para demonstrar o que tentamos dizer. Conseqüentemente, recorremos às palavras de nossos alunos e à sua contribuição para o nosso processo de aprendizagem. Como antes, os comentários de nossos alunos, retirados dos cursos *on-line*, não foram editados ou corrigidos e aparecem no livro para ilustrar e explicar vários conceitos. Esta obra foi escrita com suas palavras, com suas experiências e com seus olhos.

Quando os professores e os alunos conseguem colher os benefícios de um curso *on-line* bem elaborado, o resultado é a satisfação com o que é possível fazer no ambiente *on-line* e com a aprendizagem em geral. O aluno virtual, depois de participar de tal curso, é com freqüência capaz de refletir sobre a diferença na qualidade das relações formadas com o professor, com outros alunos e sobre o processo de aprendizagem conjunta resultante. A mudança da relação entre o professor e seus alunos e entre o professor e sua área de conhecimento por meio da interação com os alunos *on-line* também ajuda a expandir a rede pela qual os professores podem aprender. Os professores, então, também são alunos virtuais, e esse livro é para todos nós.

AGRADECIMENTOS

Estamos surpresos e profundamente agradecidos pelo fato de nosso trabalho ter sido tão bem aceito e tão bem recebido. Para todas as pessoas que nos mandaram *e-mails* e pediram para que falássemos sobre nosso trabalho em conferências e *workshops*, nosso muito obrigado. Além disso, gostaríamos de agradecer aos muitos alunos e professores com quem trabalhamos durante os últimos anos – incluindo nossos "groupies" no California Virtual Campus – pelas suas contribuições ao nosso pensamento e prática. Suas contribuições são mais importantes do que vocês podem imaginar; não poderíamos ter desenvolvido nossos modelos e idéias sem vocês.

Também gostaríamos de agradecer às seguintes pessoas: nossos amigos no LERN – em especial Bill Draves – pelo incentivo e apoio a nosso trabalho; Debbie King, do Sheridan College, pelas contribuições generosas a este livro; Pam Hanfelt, Leone Snyder e Liz Bruch da Capella University – obrigado por acreditarem em nós e nos receberem; Terri Cruz, do Fielding Graduate Institute, pela assistência dispensada quando precisamos acessar os arquivos e por ser quem você é; a Southwestern Ohio Council on Higher Education (SOCHE), por nos ajudar a testar nossas idéias por meio do desenvolvimento do programa "*On-line* Learning Certificate" e ao grupo piloto que desbravou caminhos para testá-lo (agradecimentos especiais a Santhi Harvey e Beloo Mehra por seu entusiasmo e contribuições); a Alpha Sarmian, por mais uma vez ter dado sua assistência com os gráficos e por trabalhar continuamente conosco; a Rita-Marie Conrad, da Florida State University, pelo seu espírito acadêmico e apoio. A David Brightman e Melissa Kirk, nossos editores na Jossey-Bass – obrigado por acreditarem em nós.

Por último, mas não menos importante, queremos agradecer a nossas famílias. Rena agradece a Gary Krauss – eterno torcedor e apoiador – e a Paula, Abe, Keith e Justin Sklar, todos são não só minha família mas meus melhores amigos. Keith gostaria de agradecer a sua esposa, Dianne Pratt; a seus filhos, Kevin e Brian; a Dava, Dynelle, Nora Jo, Brittnie, Alyssa e Kaylee. Todos vocês são nossa inspiração, e não faríamos o que fazemos sem vocês. Vocês todos tocaram fundo em nossas vidas e em nosso trabalho e por isso somos eternamente gratos.

Rena M. Palloff
Alameda, California

Keith Pratt
Bella Vista, Arkansas

Parte I

UM PERFIL DO ALUNO VIRTUAL

Quem é o aluno virtual?

Há um debate constante no mundo acadêmico sobre quem é levado a estudar *on-line*. Tem-se como um fato dado que os alunos que estudam *on-line* são adultos, pois essa espécie de aprendizagem, que se dá em qualquer lugar e a qualquer hora, permite-lhes continuar trabalhando em turno integral sem deixar de também dar atenção à família. O aluno *on-line* "típico" é geralmente descrito como alguém que tem mais de 25 anos, está empregado, preocupado com o bem-estar social da comunidade, com alguma educação superior em andamento, podendo ser tanto do sexo masculino quanto do feminino (Gilbert, 2001, p. 74). Os alunos *on-line* poderiam ser alunos de graduação, pós-graduação ou educação continuada pouco convencionais.

Contudo, estatísticas recentes publicadas pelo National Center for Education Statistics (2002) indicam que o interesse e a matrícula em cursos *on-line* incluem todas as faixas etárias. Em 31 de dezembro de 1999, 65% das pessoas com menos de 18 anos haviam ingressado em um curso *on-line*, o que indica a popularidade crescente dos cursos virtuais de ensino médio. Cinqüenta e sete por cento dos alunos universitários considerados tradicionais, com idade entre 19 e 23 anos, também ingressaram em tais cursos. Cinqüenta e seis por cento das pessoas com idade entre 24 e 29 anos matricularam-se, e o índice de pessoas com mais de 30 anos que fizeram o mesmo foi de 63%. As estatísticas confirmam que o número de homens e mulheres é bastante semelhante. Com exceção dos grupos indígenas e dos nativos do Alasca (dos quais apenas 45% ingressaram em cursos *on-line*), cerca de 60% de pessoas de todas as raças participaram de tais cursos.

Muitos administradores adotaram a aprendizagem a distância *on-line* porque acreditam que ela representa um meio pelo qual os alunos adultos, que vivem longe dos *campi*, podem ser recrutados. As estatísticas citadas, contudo, são um indicador de que cada vez mais as instituições, à medida que oferecem cursos *on-line*, atraem também os alunos universitários tradicionais que vivem no *campus*, e não os alunos geograficamente distantes que os administradores esperavam (Phipps e Merisotis, 1999). Além disso, com o sucesso dos programas virtuais de ensino médio nos Estados Unidos, um número cada

24 RENA M. PALLOFF & KEITH PRATT

vez maior de alunos passou a tomar suas decisões sobre a escolha da universidade com base no fato de ela estar "conectada" e no número de cursos *on-line* oferecidos. Os alunos do ensino médio norte-americano que passaram pela experiência de aprendizagem *on-line* desejam continuar a aprender assim na universidade.

O fato de os cursos *on-line* serem freqüentados por alunos que também participam de cursos presenciais no *campus* universitário está criando uma série de situações: desde o preço das taxas acadêmicas até a determinação da carga horária dos professores – situações que não são resolvidas com facilidade. Contudo, tais questões, embora importantes, não são o foco deste livro, que é o aluno virtual – quem ele é e o que precisa para ter sucesso *on-line*. Em vez de observar a demografia para pintar um retrato do aluno virtual ou *on-line*, acreditamos que os professores, os *designers* instrucionais e os administradores precisam observar a psicologia social dos alunos para determinar quais estão mais propensos a ter sucesso e como abordar suas necessidades.

SATISFAÇÃO COM O ESTUDO *ON-LINE*

Parece óbvio afirmar que os alunos, quando estão satisfeitos com seus cursos e programas *on-line*, tendem a ter mais sucesso e a continuar. O National Center for Education Statistics (2002) relata que 22,7% dos alunos universitários que participaram de cursos de ensino a distância ficaram mais satisfeitos com tal opção do que com os cursos presenciais. Quarenta e sete por cento disseram gostar da mesma forma de ambos os cursos, e 30% ficaram menos satisfeitos com o ensino a distância. Tais estatísticas demonstram que é preciso trabalhar para melhorar a qualidade do que se oferece no ensino a distância. Embora se possa dizer o mesmo sobre o ensino tradicional, achamos que, por ter o aluno como foco, a qualidade dos cursos *on-line* melhorará; os alunos ficarão mais satisfeitos com os resultados e mais inclinados a permanecerem nos cursos.

A retenção de alunos nos cursos *on-line* passou a ser uma questão significativa para os administradores, que descobriram que não é barato manter e criar tais cursos e programas. O *hardware* e o *software* são caros, bem como o treinamento, o suporte técnico e o pagamento dos professores pelo desenvolvimento e pela realização dos cursos. Os professores, também, se preocupam com o índice de retenção. Um professor universitário com quem falamos disse que, com freqüência, aceitava um número de inscritos em seus cursos *on-line* que superava em um terço o número máximo de alunos, prevendo o abandono futuro e não querendo que os administradores de sua instituição ficassem indignados com seu possível quadro de evasão. O professor também observou que isso acabava por aumentar sua carga de trabalho, pois ele tinha de identificar os alunos que demonstravam dificuldades em começar o curso e aqueles que o abandonariam mais cedo ou mais tarde.

Estudos têm demonstrado (Carr, 2000) que os próprios elementos que levam os alunos ao ensino *on-line* – a conveniência diante de um horário de trabalho apertado, a possibilidade de continuar a atender à demanda da família – interferem quando o assunto é permanecer matriculado no curso. Um *e-mail* recebido de um aluno que lutava com esse dilema ilustra o caso:

> Este *e-mail* está sendo enviado para informar-lhes de que não tenho condições de completar satisfatoriamente meu curso e para pedir-lhes que eu seja desligado do programa. Essa decisão foi acelerada por muitos fatores: meu trabalho, minha família, o tempo e a realidade. Como mencionei antes, o doutorado era um sonho para mim. Seria meu canto do cisne, minha missão de vida, minha marca. Mas como eu estava errado! Todas as coisas que eu esperava obter com o grau de doutor eu já possuía.
>
> Minha família me oferece tudo o que eu preciso para preencher os espaços vazios de minha vida. Eu acho que se pode dizer que eu estava buscando uma nota máxima na matéria errada. Precisei passar por essa experiência de redução de meu ego para voltar à realidade. Precisei ser lembrado de que o que os outros pensam de mim é insignificante à luz do que minha família representa. Eles me acompanharam e observaram-me buscar tempo para acomodar esse programa na rotina, e um por um expressaram individualmente seu interesse por mim.
>
> Eu gostei muito de ter sido aluno do doutorado, ainda que por pouco tempo; participei do jogo e isso terá de bastar para mim. Desejo a ambos tudo de bom. Mais uma vez, obrigado. *Owen*

As questões relativas à retenção dos alunos serão discutidas mais amplamente em outra parte do livro. Por enquanto, observar quem são os alunos virtuais e o que eles precisam encontrar em seus cursos será o suficiente para ajudar a apresentar um contexto para as sugestões específicas que faremos ao longo do livro, visando à criação de cursos e programas *on-line* realmente centrados no aluno.

UM RETRATO DO ALUNO VIRTUAL DE SUCESSO

Os cursos e programas *on-line* não foram feitos para todo mundo. O Illinois *On-line* Network publicou uma lista de qualidades que, em conjunto, criam o perfil do aluno virtual de sucesso.

Em primeiro lugar e acima de tudo, está claro que, para trabalhar virtualmente, o aluno precisa ter *acesso a um computador e a um modem ou conexão de alta velocidade e saber usá-los*. Muitas instituições agora divulgam um mínimo de exigências tecnológicas necessárias para que os alunos façam um curso *on-line*. O aluno virtual precisa pelo menos atender a um mínimo de exigências, ou até excedê-las, para participar. Isso ficou ainda mais verdadeiro quando começamos a aumentar os limites de banda para a utilização de *streaming* de vídeo e áudio. Contudo, é importante lembrar que nem todos os alunos têm acesso a conexões de alta velocidade, estando assim menos capacitados a acessar e executar o *download* de *streaming media* e arquivos gráficos grandes. Além disso, alguns alunos – especialmente os adultos que trabalham – podem tentar acessar seus cursos do local de trabalho, encontrando dificuldades com medidas de segurança, como os *firewalls*. Terão também de lidar com questões de privacidade e confidencialidade, conflitos com o horário de trabalho, direitos autorais e propriedade intelectual, de acordo com o servidor do local de trabalho. Há pouco, ministramos um curso *on-line* em que tivemos problemas semelhantes. Uma aluna enviava muitos *e-mails*, dizendo que não conseguia acessar o *site* do curso. Fizemos uma verificação do que estava ocorrendo, perguntando a ela qual navegador estava usando e se tinha conexão de alta velocidade, conferimos se estava digitando o URL correto, se estava usando o nome de usuário correto, a senha correta. Somente quando ela conseguiu acessar o curso a partir de sua casa foi que percebemos que o problema era o *firewall* instalado no servidor de seu local de trabalho. Por sorte, seu empregador foi solidário e permitiu liberar o *firewall* para que ela acessasse o curso de lá. Porém, se ela não tivesse usado o computador de sua casa, não teríamos conseguido diagnosticar o problema.

Os alunos virtuais de sucesso têm a *mente aberta* e compartilham detalhes sobre sua vida, trabalho e outras experiências educacionais. Isso é bastante importante quando pedimos aos alunos *on-line* para que ingressem em comunidades de aprendizagem a fim de que utilizem determinado material do curso. Os alunos virtuais são capazes de usar suas experiências no processo de aprendizagem e também de aplicar sua aprendizagem de maneira contínua a suas experiências de vida.

O aluno virtual *não se sente prejudicado pela ausência de sinais auditivos ou visuais* no processo de comunicação. Na verdade, ele pode até se sentir mais livre pela ausência desses sinais visuais. Além disso, os alunos virtuais sentem-se à vontade quando se expressam e contribuem para a discussão, em grande parte, através de textos. Isso não quer dizer que o aluno virtual deva possuir uma capacidade excepcional para escrever para começar a estudar *on-line*. Alguns professores descobriram que a capacidade de escrever aumenta com a participação contínua em cursos *on-line* (Peterson, 2001).

Da mesma forma, o aluno virtual tem *automotivação* e *autodisciplina*. "Com a liberdade e a flexibilidade do ambiente *on-line* vem a responsabilidade. Para acompanhar o processo *on-line* exige-se um compromisso real e disciplina" (Illinois *On-line* Network, 2002). O aluno virtual também tem a responsabilidade de comunicar ao professor e aos outros os problemas que surgirem. Ao contrário da sala de aula tradicional, onde o professor é capaz de identificar rapidamente quem pode estar passando por uma dificuldade, os sinais de problema de um aluno *on-line* são diferentes, mas igualmente óbvios.

Os professores precisam prestar mais atenção aos seguintes indicadores para que não os deixem passar despercebidos nas aulas *on-line*:

- Mudanças no nível de participação.
- Dificuldade em começar o curso.
- Inflamar-se com outros alunos ou com o professor pela expressão inadequada de emoções, especialmente raiva e frustração.
- Dominar a discussão de maneira inadequada (Palloff e Pratt, 2001, p. 112-113).

Os alunos virtuais *desejam dedicar quantidade significativa de seu tempo semanal a seus estudos* e não vêem o curso como "a maneira mais leve e fácil" de obter créditos ou um diploma. Ao fazê-lo, comprometem-se consigo próprios e com o grupo de que fazem parte, de acordo com as diretrizes estabelecidas pelo professor ou pela instituição. Eles sabem que, se não o fizerem, estarão não apenas minimizando suas próprias chances de sucesso, mas também limitando a capacidade de seus colegas de obterem o maior benefício possível do curso. Assim, o aluno virtual é aquele que *sabe como trabalhar, e de fato trabalha, em conjunto* com seus colegas para atingir seus objetivos de aprendizagem e os objetivos estabelecidos pelo curso.

Os alunos virtuais são, ou podem passar a ser, *pessoas que pensam criticamente*. Eles sabem que o professor atua como facilitador do processo de aprendizagem *on-line* e que, para chegarem à melhor experiência *on-line*, devem ser eles próprios responsáveis pelo processo. No momento em que percebem isso os alunos vêem como se uma luz se acendesse. Fazer pesquisas na internet ou seguir o caminho indicado por algum colega para a suplementação do material do curso ajuda o aluno a entender que a criação do conhecimento ocorre mútua e colaborativamente, o que leva a aumentar a capacidade crítica.

Brookfield observa (1987, p. 1): "Ser alguém que pensa criticamente é parte daquilo que forma a pessoa que se desenvolve". O professor pode ajudar no desenvolvimento do pensamento crítico, usando várias técnicas de instrução, tais como estudos de caso, debates, simulações etc. "Quando os professores, e quem está disposto a ajudar, trabalham dessa maneira, estimulam o pensamento crítico. O pensamento crítico é complexo e freqüentemente causa perplexidade, pois requer a suspensão de crença e o abandono de conceitos aceitos anteriormente sem questionamento. Como as pessoas buscam a clareza na autocompreensão, e como tentam mudar aspectos de suas vidas, a oportunidade para discutir tais questões é de imensa ajuda" (p.10). No entanto, é o aluno que reconhece, por meio da reflexão sobre a aprendizagem que surge dessas atividades, que a base de seu conhecimento e de sua capacidade de refletir criticamente está aumentando. Além disso, a *capacidade de refletir* é outra qualidade fundamental para o aluno virtual de sucesso.

A aprendizagem *on-line* é uma experiência transformadora. A capacidade de ler, refletir e responder abre as portas para a aprendizagem transformadora; em outras palavras, a perspectiva do aluno sobre o que ele aprende é transformada (Mezirow, 1990). A reflexão, em geral, toma a forma não apenas de processamento da informação apresentada, mas também de investigação do significado que o material estudado tem para a vida do aluno, das mudanças que talvez precisem ocorrer para acomodar essa nova aprendizagem. Também significa questionar de onde as idéias vêm e como são construídas. Com freqüência, é esse o elemento que ajuda a transformar o aluno em um sujeito reflexivo (Palloff e Pratt, 1999). Além disso, na sala de aula *on-line*, o compartilhamento das reflexões não só transforma o aluno individualmente, mas também o grupo e o professor.

Por fim, algo que, provavelmente, seja o mais importante: o aluno virtual *acredita que a aprendizagem de alta qualidade pode acontecer em qualquer lugar e a qualquer momento* – não apenas na sala de aula tradicional. O aluno não sente a necessidade de ver e ouvir seus colegas ou professores para aprender com eles, ficando à vontade para trabalhar em um ambiente relativamente não-estruturado.

ISSO É O IDEAL?

Será que o perfil aqui apresentado mostra o aluno virtual ideal ou o aluno virtual médio? Se um aluno não corresponder completamente ao perfil, não terá sucesso *on-line*? Nós não pensamos assim. Embora muitos alunos universitários tradicionais – os que estão no grupo que vai dos 18 aos 21 anos – possam ter sucesso *on-line*, talvez não possuam todas as qualidades listadas anteriormente. Isso não quer dizer, contudo, que eles não tenham sucesso. Constatamos que, quanto mais jovens os alunos, ou quanto mais baixo o nível educacional (isto é, aluno de graduação *versus* aluno de pós-graduação), maior será a estrutura necessária no ambiente *on-line*. Isso não significa, no entanto, que o adulto ou os alunos de pós-graduação não necessitem de uma estrutura. Criar uma estrutura na sala de aula *on-line* significa que o professor precisa fazer o seguinte:

- *Criar horários específicos para o envio de mensagens* – isto é, deixar claro nas diretrizes do curso que, por exemplo, a primeira resposta para uma questão proposta para discussão deve ser enviada toda a quarta-feira.
- *Ser claro quanto ao número de respostas semanais às mensagens de outros alunos* – isto é, determinar que o aluno deve pelo menos responder a outros dois colegas no grupo.
- *Ser claro quanto à natureza das mensagens e delinear o que constitui uma mensagem substancial.* "Uma mensagem é mais do que visitar o

site do curso para dizer 'oi, estou aqui'. Considera-se uma mensagem uma contribuição substancial para a discussão, em que o aluno ou comenta outras mensagens ou sugere um novo tópico" (Palloff e Pratt, 1999, p. 100). Muitos alunos enviarão mensagens para dizer "bom trabalho" ou "concordo" ou "gosto do jeito que você pensa". Embora esse tipo de mensagem seja importante para o processo de construção da comunidade virtual, os alunos devem ser informados que apenas as mensagens substanciais serão importantes para a avaliação.

- *Ser claro sobre todas as expectativas do curso.* Os alunos precisam saber de maneira exata como receberão a nota pelo seu trabalho, e isso inclui saber quanto dessa nota é referente à participação *on-line* e aos trabalhos pedidos. Nada deve ficar aberto a inferências.
- *Ficar atento à participação dos alunos e acompanhar qualquer mudança.* Se o aluno começar a se desviar do tópico da discussão ou estiver freqüentemente atrasado no cumprimento de tarefas, o professor precisa, como na sala de aula tradicional, acompanhar o que está ocorrendo, tentando ajudar o aluno a ultrapassar os obstáculos ou a resolver os problemas. Isso é algo que não ocorre com muita freqüência na sala de aula tradicional. Recentemente, tivemos um aluno de pós-graduação que participava muito do curso *on-line*. Quando faltavam três semanas para o encerramento do semestre, ele desapareceu. Mandamos um *e-mail* a ele, mas não obtivemos nenhuma resposta. Depois de enviar um segundo *e-mail*, ele telefonou para avisar que seu irmão havia sofrido um enfarte e que sua atenção estava toda voltada à família. Trabalhamos com ele, visando a encontrar uma maneira para que completasse o curso, sem deixar de dar atenção à família. Se não tivéssemos percebido sua ausência, contudo, não teríamos resolvido o problema.

Essas sugestões, certamente, podem ajudar todos os alunos virtuais, mas podem criar ou destruir a oportunidade de sucesso para o aluno de graduação. Dessa forma, são componentes fundamentais para o planejamento do curso para ele. Nossa experiência indica que, pela implementação de diretrizes claras e pelo estabelecimento do que se espera deles, os alunos que, ao começarem o curso, não tiverem as características ideais passarão a desenvolvê-las. Serão, então, capazes de facilmente ir adiante, podendo-se esperar melhor resposta de sua parte ao que é necessário fazer *on-line*.

ATENDENDO AS NECESSIDADES DO ALUNO VIRTUAL

Saber quem o aluno virtual é e quais são suas necessidades *on-line* ajuda o professor a planejar um curso que atenda a tais necessidades e que seja verdadeiramente focado no aluno. Se observarmos novamente as qualidades que contribuem para um aluno virtual de sucesso, as técnicas de design instrucional que apóiam tais características ficarão mais evidentes:

- *O aluno virtual precisa ter acesso a um computador e a um modem ou conexão de alta velocidade e saber usá-los.*

Embora tenhamos visto um aumento significativo da banda disponível para os cursos *on-line* e que muitas pessoas hoje tenham acesso a conexões de alta velocidade em casa, os cursos devem ainda ser planejados tendo-se em mente os resultados de aprendizagem, e não a tecnologia disponível. Um estudo recente (Daniel, 2001) indicou que, apesar de que o acesso a *streaming media*[*] e a capacidade de fazer *downloads* estivessem disponíveis a todos, os alunos com freqüência os ignoravam, preferindo ir diretamente aos fóruns ou salas de bate-papo para interagir com o professor e com os colegas – o que indica que a *streaming media* não tinha muita importância. Assim, ainda acreditamos que manter os cursos em um nível simples é a melhor maneira de apresentar o material que se estuda e que ampliar ao máximo o uso da sala de discussão e a construção da comunidade trarão os melhores resultados. Quando a *streaming media* servir aos objetivos de aprendizagem do curso, o professor pode ainda considerar a possibilidade de gravar CD-ROMs que contenham áudio ou videoclipes para os alunos cujo acesso seja mais lento ou limitado.

- *Os alunos virtuais de sucesso têm a mente aberta e compartilham detalhes sobre sua vida, trabalho e outras experiências educacionais.*

Quando convidamos o aluno virtual para ajudar a formar uma comunidade de aprendizagem com seus colegas e o professor, precisamos dar espaço e ter a expectativa de que haverá um nível de compartilhamento de idéias crucial para o processo. Ao criar áreas de convívio social no curso, permitimos que isso ocorra. Além disso, começar o curso com o envio de mensagens de apresentação, biografia ou perfis faz com que os alunos se sintam à vontade com seus colegas como seres humanos e não somente como nomes escritos na tela do computador. Outro fator importante é que, com a criação de tarefas que façam com que os alunos tragam suas experiências pessoais, ajudamos não só a formar o processo de construção da comunidade, mas também a reter o conhecimento pela aplicação direta dos conceitos. Retornaremos a essa discussão do papel do aluno no processo de construção da comunidade no Capítulo 2.

- *O aluno virtual não se sente prejudicado pela ausência de sinais auditivos ou visuais no processo de comunicação.*

Nosso trabalho demonstrou que tanto o aluno virtual quanto o professor desenvolvem o que chamamos de *personalidade eletrônica*, o que lhes permite

---

[*]N. de R.T. *Streaming media* ou mídia em *streaming* é o termo utilizado para designar a distribuição de áudio e vídeo, sem a necessidade de baixar completamente o arquivo para iniciar sua reprodução.

sentir-se à vontade com a ausência de sinais visuais. Acreditamos que, para a personalidade eletrônica existir, as pessoas devem ter determinadas habilidades, incluindo as seguintes:

- Saber elaborar um diálogo interno para formular respostas.
- Criar uma imagem de privacidade no que diz respeito ao espaço pelo qual se comunica. Elaborar um conceito internalizado de privacidade.
- Lidar com questões emocionais sob a forma textual.
- Criar uma imagem mental do parceiro durante o processo de comunicação.
- Criar uma sensação de presença *on-line* por meio da personalização do que é comunicado (Pratt, 1996, p. 119-120).

Se os alunos não tiverem tais habilidades, provavelmente terão problemas e talvez decidam que a aprendizagem *on-line* não lhes serve. Para alguns deles, todos os esforços para a construção da comunidade não são suficientes. Tais alunos precisam ser capazes de ver e ouvir fisicamente seus colegas e professores. Essa é uma questão de preferência e de estilo de aprendizagem, uma questão a que retornaremos mais tarde neste livro. Conseqüentemente, acreditamos com muita convicção que alunos e professores não devem ser forçados a participar da sala de aula *on-line*, mas, em vez disso, ter a possibilidade de escolher.

Por outro lado, vimos alunos que se sentiram tão à vontade com a ausência dos sinais visuais que precisaram ser lembrados que havia limites e fronteiras a serem respeitados. Alguns alunos falavam de detalhes íntimos de sua vida pessoal, tais como problemas com o cônjuge ou com os filhos, o que não era adequado para a sala de aula. Nesse caso, é importante comunicar-se em particular com o aluno e ajudá-lo a conter-se. Também pode ser adequado encaminhar o aluno a um aconselhamento.

- *O aluno virtual deseja dedicar uma quantidade significativa de seu tempo semanal a seus estudos e não vê o curso como "a maneira mais leve e fácil" de obter créditos ou um diploma.*

Os alunos que fazem cursos *on-line* pela primeira vez, em geral, não têm idéia de quais sejam as demandas. Por isso, é importante deixar claro o que se espera deles e oferecer-lhes diretrizes sobre quanto tempo devem dedicar a cada aula durante a semana. Uma orientação acerca do processo de aprendizagem *on-line* também pode ser útil. Quando os alunos sabem o que esperar em termos de cumprimento de prazos e como desenvolver boas habilidades de gerenciamento do tempo, é provável que sua possibilidade de sucesso aumente. No Capítulo 6, apresentamos sugestões para a criação de uma boa orientação ao estudante virtual e sugerimos a criação de um arquivo em que estejam as perguntas mais freqüentes ou uma breve orientação que pode ser incorporada à sala de aula *on-line*, independentemente daquela que a instituição oferece.

- *Os alunos virtuais são, ou podem passar a ser, pessoas que pensam criticamente.*

Oferecer atividades com o objetivo de desenvolver o pensamento crítico é algo essencial nos cursos centrados no aluno. Usar estudos de caso, simulações, facilitação compartilhada e atividades "quebra-cabeça", em que os alunos têm de acrescentar alguma informação e conhecimento, para criar um todo coerente, ajuda a desenvolver suas habilidades e faz com que mais profundamente se engajem no processo de aprendizagem. A atividade colaborativa "(a) faz com que um grupo de alunos formule um objetivo comum para o seu processo de aprendizagem, (b) permite que os alunos usem problemas, interesses ou experiências pessoais motivadoras como uma espécie de trampolim, (c) considera o diálogo como uma maneira fundamental de sondagem" (Christiansen e Dirkinck-Homfeld, 1995, p. 1). Além disso, os alunos que se envolvem em atividades de aprendizagem colaborativa devem ser estimulados a avaliar tais atividades, seu desempenho e o de seus colegas. Isso se pode dar sob a forma de um *e-mail* particular ao professor que contenha uma avaliação e sugira determinado grau ou relato público sobre a atividade do *site* do curso. Collison, Elbaum, Haavind e Tinker (2000) observam em seu conselho aos professores que o desenvolvimento do pensamento crítico se torna evidente quando os alunos – por conta própria ou com os colegas – começam a usar tipos de intervenção que o próprio professor usaria. Ao fazê-lo, os alunos começam a perceber a importância de aguçar o foco de uma discussão ou a pensar mais profundamente sobre os assuntos. "Se você fez um bom trabalho ao dar o suporte para um diálogo técnico, os participantes começam, pelo menos parcialmente, a *facilitar* seus próprios diálogos" (p. 203). Conseqüentemente, se o professor apresentar bons fundamentos para o curso, o aluno virtual saberá como pegar a bola e continuar o jogo. Onde quer que ocorra, a atividade colaborativa é o coração do curso centrado no aluno.

- *A capacidade de refletir é outra qualidade fundamental para o aluno virtual de sucesso.*

A reflexão – seja sobre os resultados da atividade colaborativa, seja sobre o processo de aprendizagem ou o conteúdo do curso – é uma característica primordial da aprendizagem *on-line*. Assim, o aluno virtual precisa ser estimulado a refletir por meio de questões diretas. Também se deve dar espaço para a reflexão sobre os vários aspectos da aprendizagem *on-line*. Sempre criamos um fórum de discussões em nossos cursos, tanto para a reflexão quanto para estimular os alunos a enviar seus pensamentos sobre como estão indo. As reflexões incluem o que aprenderam sobre o material do curso à medida que o utilizavam. Podem também refletir sobre a aplicação a suas vidas de algo que aprenderam, ou sobre o significado de alguma coisa que leram ou encontraram na internet. Sempre estimulamos os alunos a refletir sobre o

O ALUNO VIRTUAL **33**

curso e depois utilizamos essas informações para melhorar o que acontece no próprio curso ou como material adicional para avaliação em uma próxima edição do curso. O fato de apenas pedir aos alunos para responderem às questões de discussão e às mensagens de seus colegas é o suficiente para dar início ao processo de reflexão. Os alunos aprendem que um dos aspectos mais belos da aprendizagem *on-line* é que eles têm tempo para refletir sobre o material que estudam e sobre as idéias de seus colegas antes de escreverem suas próprias respostas. Estimular os alunos a escrever *off-line* é algo que também ajuda o processo reflexivo.

- *Finalmente, algo que, provavelmente, seja o mais importante: o aluno virtual acredita que a aprendizagem de alta qualidade pode acontecer em qualquer lugar e a qualquer momento.*

O aluno virtual precisa ser flexível e aberto a novas experiências e idéias. Haverá frustração se os alunos buscarem encontrar experiências tradicionais de ensino, em que o professor é a fonte de conhecimento e de direcionamento, em um ambiente não-tradicional, como a sala de aula *on-line*, onde o conhecimento e os significados são criados em conjunto por meio da participação na comunidade de aprendizagem. Ajudar os alunos a entender que a educação *on-line* não ocorre somente pela interação com o professor é o primeiro passo do processo. O aluno *on-line* pode tornar-se alguém que aprende durante a vida inteira, buscando o conhecimento onde for e por meio da interação com os colegas, outros profissionais e com seus professores. A seguinte mensagem de um aluno ilustra bem esse conceito:

> Eu acho que a idéia de Rena é bem elaborada, e também a sua... estando muito do ambiente pronto antes mesmo de a aula começar, durante a experiência real, o facilitador pode ficar quase invisível no que diz respeito ao processo, desde que a aula se mantenha nos trilhos e se comporte adequadamente. Em vez de dirigir a experiência, conduzindo os alunos e pedindo que prestem atenção, como ocorre nas salas de aula tradicionais, o facilitador constrói um mundo a ser explorado e descoberto. Se o grupo perder-se, ou ficar batendo com a cabeça contra a parede, o facilitador pode dar uma ajuda e gentilmente redirecionar o grupo, sem obstruir a descoberta e o processo de aprendizagem. Pelo menos essa é a minha impressão. *Peggy*

PENSAMENTOS FINAIS

A Tabela 1.1 resume os conceitos apresentados neste capítulo, ela conecta as características dos alunos virtuais, que podem ser categorizadas em sete grandes áreas – acesso, abertura, habilidades comunicativas, comprometimento, colaboração, reflexão e flexibilidade –, com as técnicas instrucionais que sustentam o desenvolvimento de tais características.

34 RENA M. PALLOFF & KEITH PRATT

TABELA 1.1 Técnicas instrucionais centradas no aluno que dão apoio aos alunos *on-line*

Características dos alunos *on-line*	Técnicas instrucionais centradas no aluno
Acesso e habilidades	• Use somente tecnologia que sirva aos objetivos de aprendizagem. • Mantenha a tecnologia em um nível simples, a fim de que seja transparente para o aluno. • Certifique-se de que os alunos têm as habilidades necessárias para usar a tecnologia para o curso, por meio de pesquisas, testes ou pela realização de uma orientação tecnológica. • Projete páginas *web* que contenham apenas uma página de texto e gráficos. • Limite o uso de áudio e vídeo se for usá-los. • Certifique-se de que o uso da discussão sincrônica (*chat*) é correto.
Abertura	• Comece o curso com apresentações, envio de biografias ou perfis. • Use exercícios que "quebrem o gelo" na aula para fazer com que os alunos se conheçam. • Use atividades de aprendizagem que levem em consideração a experiência e a resolução de problemas. • Crie uma área social ou "lounge" para os alunos.
Comunicação	• Envie suas diretrizes para comunicação, incluindo a *netiqueta*. • Exemplifique como realizar uma boa comunicação. • Explique o que constitui uma mensagem substancial para discussão. • Estimule a participação na criação das diretrizes do curso. • Acompanhe os alunos que não participam ou cujo nível de participação muda.
Comprometimento	• Envie uma mensagem com suas expectativas em relação à utilização do tempo. • Desenvolva e envie expectativas claras para a realização de trabalhos, prazos de entrega e meios pelos quais a avaliação será elaborada. • Seja claro quanto aos requisitos para publicação. Considere criar uma agenda de publicação para os alunos. • Apóie o desenvolvimento das boas habilidades de gerenciamento do tempo.
Colaboração	• Inclua estudos de caso; trabalhos em pequenos grupos, atividades "quebra-cabeça", simulações e facilitação em rodízio para estimular o pensamento crítico. • Faça com que os alunos enviem seus trabalhos para o site do curso com a expectativa de que eles darão um *feedback* crítico a seus colegas. • Faça perguntas abertas para estimular a discussão e incentive os alunos a fazer o mesmo.

(continua)

TABELA 1.1 *(continuação)*

Características dos alunos *on-line*	Técnicas instrucionais centradas no aluno
Reflexão	• Imponha uma regra segundo a qual as respostas têm de acontecer sempre 24h depois da mensagem original, de modo a permitir respostas bem refletidas. • Estimule os alunos a escreverem suas respostas *off-line* e depois copiá-las para o *site*. • Inclua uma área para reflexão no curso e estimule seu uso. • Faça perguntas abertas nas discussões e que estimulem a reflexão sobre o material utilizado, bem como sua integração.
Flexibilidade	• Varie as atividades do curso para atender a todos os estilos de aprendizagem e oferecer um interesse adicional e abordagens múltiplas aos tópicos trabalhados. • Negocie as diretrizes do curso com os alunos, de modo a promover seu engajamento. • Inclua a internet como uma ferramenta e um recurso de ensino e estimule os alunos a buscar referências que possam compartilhar.

O professor precisa ajudar os alunos a entender o papel importante que desempenham no processo de aprendizagem. No próximo capítulo, exploraremos o conceito da comunidade de aprendizagem *on-line* em maior profundidade e discutiremos o papel importante do aluno para a sua formação.

O lado do aluno nas comunidades de aprendizagem *on-line*

2

Wenger (1999) observa que as questões relativas à educação devem ser abordadas em primeiro lugar com base nas identidades e nos modos de pertencimento, isto é, são os aspectos sociais da educação e a necessidade que o aluno tem de participar de um grupo que são mais importantes. O autor pensa que, depois de atendidas essas importantes questões em um ambiente educacional, o professor poderá passar a tratar das habilidades e da informação. O valor da educação, de acordo com Wenger, está na participação social e no envolvimento ativo com a comunidade; a identidade social conduz a aprendizagem. As comunidades de aprendizagem hoje, *on-line* ou não, se formam ao redor de questões de identidade e de valores compartilhados (Palloff, 1996).

Não são todos os professores, nem aqueles que pesquisam a aprendizagem *on-line*, que concordariam com tal avaliação. Com freqüência, quando conhecemos grupos de professores, há sempre uma pessoa que é da opinião de que a comunidade só pode ser construída face a face, e não *on-line*. Há desacordo sobre o fato de uma turma *on-line* poder ser considerada uma comunidade e sobre o caráter fundamental ou não da comunidade como componente de um curso *on-line*.

Preece (2000) aborda a questão e observa que, se os recursos utilizados *on-line* forem usados apenas para transmitir informação aos alunos, não se poderá considerar que a sala de aula *on-line* constitui uma comunidade de aprendizagem. Contudo, quando o desenvolvimento da comunidade é estimulado, a experiência educacional se tornará mais notável, pois as relações tendem a ficar mais fortes.

DEFININDO A COMUNIDADE DE APRENDIZAGEM *ON-LINE*

Uma das questões que alimentam o debate sobre o fato de a comunidade de aprendizagem *on-line* existir ou não existir está no modo como a definimos. Shapiro e Hughes (2002, p. 94) observam que "não há uma maneira neutra ou puramente administrativa ou técnica para construir a comunidade *on-line*", acreditando que esse é o ponto fraco da literatura corrente sobre as comunidades *on-line*. Como, então, definimos a comunidade no contexto da sala de aula *on-line*? Será que nossa definição das comunidades de aprendizagem *on-line* mudaram desde que escrevemos *Construindo comunidades de aprendizagem no ciberespaço* (Palloff e Pratt, 1999)? Há uma maneira neutra de contextualizar a comunidade quando discutimos a aprendizagem *on-line*?

As descrições das comunidades *on-line* mudaram desde a definição de Howard Rheingold (1993, p. 57), que diz: "as comunidades virtuais são agregações culturais que surgem quando um número de pessoas se encontra com freqüência suficiente no ciberespaço". Hoje se sabe que determinadas características devem estar presentes para ajudar as pessoas que se encontram com freqüência a aglutinarem-se em uma comunidade. Jenny Preece (2000) observa que uma comunidade *on-line* consiste em pessoas, em um objetivo, em políticas comuns e nos sistemas de computador. As pessoas interagem socialmente quando tentam satisfazer suas próprias necessidades ou desempenhar papéis especiais, como os de líder ou de moderador. O objetivo é um interesse ou uma necessidade comum, troca de informações ou provisão de serviços. As políticas são as hipóteses, os rituais, os protocolos, as regras e as leis que guiam a interação, e o sistema de computador é obviamente o veículo pelo qual tudo isso acontece.

De que forma a definição de Preece se aplica ao contexto da sala de aula *on-line*? As *pessoas* envolvidas são, sem dúvida, os alunos, o professor, os administradores do programa e a equipe de suporte técnico. A interação social no contexto do curso *on-line* estabelece os fundamentos da comunidade de aprendizagem. O *objetivo* é o envolvimento no próprio curso. Mesmo quando os alunos fazem um curso por ser obrigatório, a necessidade de estar presente e se envolver com o curso é muito clara. Eles ganham créditos ou, no caso de treinamento corporativo, cumprem as obrigações estabelecidas pelo empregador. Compartilhar a informação, os interesses e os recursos é parte integrante da educação *on-line*. É a base da forma construtiva de ensinar e aprender, em que o conhecimento e o significado é criado em conjunto pelos alunos e pelo professor. As *políticas* são as diretrizes que criam a estrutura do curso *on-line*. As diretrizes – se discutidas e negociadas em um nível razoável pelos alunos e pelo professor – funcionarão como regras firmes para a interação e a participação; elas não apenas ditam o modo pelo qual os alunos participarão, mas também como a interação ocorrerá. Por exemplo, quando há concordância sobre uma diretriz referente à "comunicação profissional", os alunos indicam que entendem que terão de responder um ao outro de maneira refletida, e não simplesmente com raiva ou sem pensar. O *sistema computacional* em um curso *on-line* é o *site* do curso, no qual todos – instrutores e alunos – se encontram de maneira regular para levar o curso adiante. É provável que seja um site hospedado no servidor de uma universidade e acessado das casas dos alunos, de laboratórios no campus ou de terminais públicos. A tecnologia serve como um veículo pelo qual o curso é conduzido.

Nossa própria definição de comunidade *on-line* e de como ela se forma em um curso *on-line* não variou muito desde que a apresentamos pela primeira vez e não difere da de Preece. Acrescentaríamos algumas características, contudo, que distinguem a comunidade de aprendizagem *on-line* de uma comunidade *on-line*, como uma lista de discussão, ou um grupo *on-line* em que as pessoas se encontram para compartilhar um interesse mútuo. O envolvimento com a aprendizagem colaborativa e a prática reflexiva implícita na aprendizagem transformadora é o que diferencia a comunidade de aprendizagem *on-line*. Além disso, sugerimos que os seguintes resultados indicarão se a comunidade *on-line* de fato formou-se, tornando-se parte integrante do curso:

- Interação ativa que envolve tanto o conteúdo do curso quanto a comunicação pessoal.
- Aprendizagem colaborativa evidenciada pelos comentários dirigidos primeiramente de um aluno a outro e não do aluno ao professor.
- Significados construídos socialmente e evidenciados pela concordância ou questionamento, com a intenção de chegar a um acordo.
- Compartilhamento de recursos entre os alunos.
- Expressões de apoio e estímulo trocadas entre os alunos, tanto quanto a vontade de avaliar criticamente o trabalho dos outros (Palloff e Pratt, 1999, p. 32).

Essa discussão das comunidade de aprendizagem *on-line* é neutra? Não, não é, porque acreditamos firmemente em uma abordagem centrada no aluno, e em manter uma posição em favor de uma forma construtivista de ensino. Nossa abordagem não é puro construtivismo, pois acreditamos que o papel e a presença do professor sejam fundamentais para o processo de formação da comunidade e para que a aula aconteça. Finalmente, o envolvimento ativo do aluno *on-line* na formação da comunidade é também crítico para um resultado de sucesso. Tendo isso em mente, passemos agora a três questões: o papel do aluno na formação da comunidade de aprendizagem *on-line*, a ampliação máxima da interação nessa comunidade e a transmissão de conteúdos sem o sacrifício da interação.

O PAPEL DO ALUNO NA FORMAÇÃO DA COMUNIDADE *ON-LINE*

Em nossos livros anteriores, discutimos o papel do aluno no processo de aprendizagem *on-line*: geração de conhecimento, colaboração e gerenciamento do processo (Palloff e Pratt, 1999; Palloff e Pratt, 2001). Não demos, contudo, especial atenção ao papel desempenhado pelo aluno na formação da comunidade de aprendizagem. É interessante observar que mesmo os alunos têm alguma dificuldade em entender a importância de participar de uma comunidade de aprendizagem com o objetivo de completar um curso. Tomem-se, por exemplo, os seguintes trechos de um diálogo realizado em uma turma de pósgraduação em educação, composta por um pequeno grupo de cinco alunos. Dois dos alunos mostraram-se preocupados com a falta de participação de seus colegas:

> Esta mensagem é apenas uma provocação, não é nada negativo. Nesta discussão, falamos da participação e de como "a responsabilidade de que os alunos se sintam bem e à vontade é do professor, e de como os comentários e as experiências dos alunos são valiosos". Minha impressão foi a de que Rena e Keith tinham determinado as expectativas de participação logo no início e pediram que todos concordassem com eles, o que pode ser considerado um contrato de aprendizagem. Eles falaram com freqüência do quanto todos somos importantes para o grupo e de como precisamos participar. Este grupo é tão pequeno que não há a necessidade de formar grupos menores para nos integrarmos, e temos falado bastante sobre a construção da harmonia no grupo, pois esse é um ponto fundamental para a turma. Estou curiosa para saber o que acontece quando a responsabilidade pela participação passa a ser toda dos alunos. Espero que minhas dúvidas não ofendam ninguém; estou simplesmente curiosa: gostaria de saber onde estão meus colegas, já que não tenho recebido mensagens em que haja reclamações, etc. E essa turma está se tornando um exemplo de como não construir uma comunidade de aprendizagem *on-line*. Muitos concordaram com o que eu disse no início do curso sobre a necessidade de instigar o colega a participar... pois bem: aqui está minha provocação para isso. *Christine*

A seguir, a resposta de um aluno:

> Na verdade, os comentários das duas últimas semanas me iluminaram um pouco. Tenho 92 créditos e preciso ainda fazer mais dois cursos antes do final do ano. Tenho lidado com este curso como muitos outros que fiz; tentando estar mais presente no começo e dar respostas de qualidade (mas sei que não consegui acompanhar). Admito que não tenho realmente pensado neste curso como algo em equipe, mas a partir de uma perspectiva individual, em que aprendo o máximo que posso e participo das discussões quando dá. Sou por natureza uma pessoa que gosta de ficar só e não gosta de participar de discussões e debates, ao vivo ou *on-line*. Contudo, à luz do fato de que somos apenas cinco, meus colegas ajudaram-me a ver a importância de não abandonar a linha de discussão do grupo. É claro que todos precisam saber que eu trabalhei duro e recebi

meu MBA e um grau de mestre em sistemas de informação nos cursos tradicionais, falando apenas quando tinha de apresentar um projeto. Esse é o meu jeito de ser. Mas insisto: vou me esforçar mais para participar das discussões. *Jeff*

Esta troca de mensagens aborda a questão do papel do aluno na formação da comunidade de aprendizagem *on-line*. É responsabilidade do professor determinar o tom e começar com um conjunto de expectativas de participação a que os alunos podem responder com bastante liberdade. Contudo, uma vez determinado o grau de participação necessário, os alunos devem tomar as rédeas com um empurrãozinho do professor.

Para fazer isso de maneira eficaz, o aluno virtual deve ser aberto, flexível, honesto e ter, de fato, vontade de assumir a responsabilidade pela formação da comunidade e de trabalhar em conjunto. Examinemos cada uma dessas características em separado.

Abertura

Falamos no capítulo anterior que uma característica importante do aluno virtual é ser aberto em relação a detalhes de sua vida, trabalho e outras experiências educacionais. O professor pode estimular os alunos a compartilhar essa espécie de informação no início do curso, por meio do envio de dados biográficos e apresentações pessoais. À medida que o curso progride, os alunos podem estimular esse procedimento por meio da participação na chamada área social do curso, respondendo de maneira pessoal às mensagens dos colegas. Alguns exemplos dessa interação dos alunos estão a seguir:

> Drs.:
> Estou muito feliz por saber que vocês dois co-ensinam e colaboram no curso. Isso deve funcionar tão bem quanto minha parceria com Fred nos outros cursos onde aprendemos juntos. Descobrimos que é muito mais compensador aprender em equipe e conjugar nossos esforços. Nós definitivamente aprendemos muito um com o outro e também com nossos colegas e professores.
> Também estou feliz em ver nomes conhecidos na sala de aula (oi, Alina). Esse será definitivamente um curso instigante com os participantes e professores, já começando cedo.
> Boa sorte a todos! *Chris*
>
> Oi, Chris e Fred. Estou feliz em ver amigos de Los Angeles em outra turma. Espero que tudo esteja bem. *Alina*

Esses comentários foram despertados por uma mensagem de boas-vindas que nós, os instrutores, mandamos. Contudo, os alunos levaram a discussão adiante, recebendo muito bem um ao outro e começando a formar uma comunidade de aprendizagem forte e com apoio mútuo.

Flexibilidade e humor

Seguir o fluxo de um curso *on-line*, não se deixar perturbar quando as coisas vão mal, e mesmo enfrentar as pequenas crises com humor ajudam a manter o sentido da comunidade. Com freqüência, os alunos encontrarão dificuldades técnicas que atrapalham sua participação. É importante ser capaz de retornar quando as barreiras são removidas, voltando a integrar-se ao processo de aprendizagem e à comunidade de aprendizagem. Além disso, o aluno virtual precisa aceitar o papel diferente do professor nos cursos *on-line* e saber que a aprendizagem mais profunda vem da interação com as pessoas envolvidas. Atingir esse nível de compreensão e estar pronto para assumir a responsabilidade pela criação da comunidade de aprendizagem são fundamentais. Jeff, o aluno citado anteriormente, enviou uma reflexão final sobre o curso depois de interagir com seus colegas:

> A coisa mais importante que eu aprendi neste curso é a idéia de que uma comunidade de aprendizagem *on-line* é mais do que só uma discussão assincrônica em que respondemos às mensagens dos outros. Mesmo depois de ter feito muitos cursos desse formato, eu ainda não havia percebido isso. Eu respondia às perguntas no meu ritmo e, quando via comentários interessantes, voltava a responder. Este curso me ensinou que a experiência *on-line* é muito mais gratificante quando há uma ligação ou conexão entre os alunos e os professores, que é como a aprendizagem transformadora e auto-reflexiva ocorre. Atualmente leciono em um curso *on-line* e tenho me esforçado muito para desenvolver uma "comunidade". Se não fosse este curso, eu não agiria assim. Obrigado, Jeff.

A mensagem de Jeff demonstra que a aprendizagem reflexiva ocorreu como um resultado de sua resposta a Christine. Também demonstra que ele foi bastante flexível por ter não só repensado seu ponto de vista sobre a importância da comunidade *on-line*, mas também ter incorporado esse novo modo de pensar em seu próprio trabalho. Quando o aluno virtual é aberto e flexível, a comunidade surge, e também ocorre a aprendizagem transformadora.

A capacidade de perceber o humor em um texto e rir é outro indicador da flexibilidade. O humor é necessário para criar um ambiente agradável e convidativo. O problema é que alguns comentários humorísticos podem ser mal interpretados pela ausência de sinais visuais. Assim, o cuidado com as palavras utilizadas, o uso dos *emoticons* (símbolos que demonstram emoções; veja exemplos na "caixa de ferramentas" deste livro), ou colocar entre colchetes o tipo de emoção que se quer expressar, como [estou brincando], pode ajudar os colegas a entender o conteúdo da mensagem. O humor não deve ser usado em excesso, isto é, a ponto de tornar o curso trivial. Contudo, se usado com bom senso e respeito, poderá ajudar a formar a comunidade de aprendizagem. A seguinte troca de mensagens entre nós, os professores, e nossos alunos demonstra isso. Foi algo que começou de maneira inocente, de nossa parte – estávamos curiosos para saber por que os alunos interagiam com seus colegas, mas não conosco.

Será que Rena e eu temos "sarna" virtual?
Rena acha que a razão pela qual ninguém comentou nossas biografias e apresentações é porque nós temos "sarna", mas eu sei que eu não tenho... talvez ela. Podem comentar meus dados pessoais, mas vou deixar para vocês decidirem o que fazer sobre Rena. *Keith*

Michele fala ao cara com sarna:
Eu sei que a Rena não tem sarna, isso é coisa de menino, certo??? *Michele*

"Sarna"? Posso fazer uma pergunta?
Desculpe-me, mas não estou conseguindo entender o que vocês estão falando. Aprendi inglês na universidade e o que eu entendo é mais voltado para o business English. Tenho uma cunhada norte-americana (de origem italiana) há 18 anos, mas ainda assim as coisas para mim são mais fáceis em francês (para dizer o mínimo!). Procurei na internet uma definição para a palavra sarna (cooties)* e achei várias interpretações. Esse é um bom exemplo da diferença entre informação e conhecimento. Eu só tenho a informação! Mesmo meu marido não pôde me ajudar. Ele pensou que vocês estivessem falando de "cookies", mas, quando mostrei a ele que se tratava de algum inseto ou coisa parecida, ele não entendeu mais nada também. Pode até parecer que eu tenho só 18 anos e estou com vergonha de perguntar por medo de ser considerada uma idiota, mas gostaria de saber do que vocês estão falando. Como alguém disse antes, este semestre promete. *Francine*

Que belo exemplo de como a língua pode ser causa de confusão e engano. As garotinhas dizem que os meninos têm sarna ("cootie"), isto é, algum germe que se pode pegar deles. Então, nós, meninas, não devemos chegar muito perto deles (especialmente daqueles que você gosta, tomando uma atitude recatada). Na verdade, no meu dicionário só dizem que "cootie" é piolho. *Michele*

Bom, se eu me lembro bem da infância, há muitos e muitos anos, quando um menino e uma menina estavam juntos ou perto um do outro, eles diziam que o outro tinha "cooties", o que fazia com que um não quisesse tocar no outro. Talvez alguém possa trazer uma definição melhor, mas para mim eram insetos imaginários que não deixavam que você tocasse nas garotas. *Keith*

Francine para todos:
OK, entendi. Perguntei a minha vizinha, que estava cortando a grama, o que significava essa palavra. Ela disse "piolhos"!... Depois telefonei para minha cunhada e ela me explicou tudo, com minha sobrinha de 10 anos ao fundo gritando "yeah!" quando ela falava de garotos. Isso me fez lembrar das dificuldades de encontrar as palavras certas no curso de bacharelado! A língua é realmente um problema às vezes. Obrigada pela compreensão. *Francine*

---

*N. de T. *Cooties* pode ser traduzido por piolhos, vermes ou alguma espécie de parasita. Na cultura infantil, as meninas em geral não se aproximam muito dos meninos para não pegar *cooties* (optamos pelo uso de "sarna").

> Estou rindo muito aqui em Alameda!!
>
> Estou adorando esta conversa! Não me lembro da palavra estar associada aos meninos apenas. Lembro que se dizia que algumas garotas tinham "cooties" também. Meu Deus, será que tenho usado o termo inadequadamente a vida inteira? Sabe quando um grupo tem de apresentar um trabalho e os colegas deixam a primeira fileira vazia? Quando Keith e eu estamos apresentando e isso acontece, eu sempre pergunto ao público se eles acham que nós temos sarna (cooties). Se isso é coisa só de menino, eu acho que terei de criar uma nova pergunta e questionar se eles acham que o KEITH tem sarna!!! :-} *Rena*
>
> OK, eu desisto!!! Estou em desvantagem numérica aqui, e eu admito que tenho sarna. Guardei isso por muito tempo e meu lado "feminino" fez com que eu confessasse. Já tomei algum remédio e deverei ficar bom logo.:) *Keith*

O resultado dessa troca foi o desenvolvimento de uma comunidade de aprendizagem forte. O grupo era pequeno, mas muito ativo e estava sempre atento às mensagens. O humor dessa situação e a flexibilidade dos alunos em lidar com o humor sustentaram o desenvolvimento da comunidade.

Honestidade

A mensagem de Christine, que foi enviada no meio do curso, foi um bom indicador de que uma atmosfera de segurança havia sido criada, o que permitiu a ela sentir-se à vontade em ser honesta com os colegas. Esse grau de honestidade ajuda muito a facilitar o desenvolvimento da comunidade. Sua mensagem abriu as portas para outras mensagens semelhantes. Tanya enviou o seguinte:

> Estou um pouco confusa sobre o fato de uma pessoa matricular-se em um curso e não fazer os trabalhos. Você está certo... em uma sala de aula tradicional não precisamos participar determinado número mínimo de vezes. Contudo, temos de fazer algumas tarefas. O que eu entendo é que aqui temos de responder às perguntas das discussões como se fossem parte de nossas tarefas. Como é que se justifica você fazer um curso se apenas vai à aula e não faz nada? Será que não é isso que você está fazendo? Na sala de aula tradicional, não podemos escolher quais tarefas fazer. Se fizéssemos isso, seríamos reprovados e não ganharíamos os créditos. Tenho medo de que esse tipo de comportamento de parte dos alunos é que confira pouca credibilidade à aprendizagem *on-line*. Será que não há responsabilidade no programa? De qualquer forma, não estou pedindo para ninguém desculpar-se. Nós mesmos definimos o que queríamos e o que não queríamos fazer. Obrigada por seu ponto de vista. *Tanya*

O fato importante das mensagens de Christine e Tanya é que a comunicação foi honesta e profissional. Ambas estavam provavelmente sentindo um alto grau de insatisfação com seus colegas, mas falaram de um modo que visava trazer os colegas de volta para o diálogo.

A capacidade de ser honesto em um curso *on-line* precisa ser exemplificada primeiro pelo professor; os participantes, então, se sentirão à vontade para fazer o mesmo. Os trechos de diálogos que apresentamos aqui foram estimulados pelas mensagens de nossa apresentação sobre nossas próprias preocupações relativas à baixa participação. Alguns alunos poderiam ver isso como uma reclamação e abandonar o curso. Mas, quando os alunos também se preocupam com o desenvolvimento de uma comunidade de aprendizagem e desejam participar das discussões de maneira profissional, sua honestidade é algo que está a serviço do desenvolvimento da comunidade.

Desejo de ser responsável pela formação da comunidade

A necessidade da honestidade está intimamente relacionada ao desejo de ser responsável pela formação da comunidade. Os alunos precisam entender que isso é algo que o professor considera importante, sendo um componente fundamental para a conclusão do curso. Ao dedicar bastante atenção ao desenvolvimento da comunidade já no início do curso, o professor institui um exemplo das habilidades e capacidades exigidas para tal desenvolvimento. Os alunos, então, seguirão o exemplo e darão continuidade ao trabalho. Somente interagir com os colegas não é suficiente. Os alunos começarão a questionar os níveis de envolvimento, como fez Tanya, quando sentirem que o compromisso com a formação da comunidade está ausente. Quando o professor define as bases do trabalho de maneira adequada, o aluno virtual começa a entender que seu processo de aprendizagem individual depende da participação e do compromisso dos outros alunos do grupo. Um participante de um curso de atualização de professores disse muito bem:

> Para entender a noção de comunidade virtual, acho que devemos saber que ser uma esponja pode até ser algo bom, mas não ajuda a construir a comunidade: os corais constroem a comunidade pela secreção de cada indivíduo e pela ajuda mútua.:) *Santhi*

Na reflexão de Santhi, o aluno virtual percebe que seu esforço não é individual. O compromisso com a comunidade de aprendizagem fica mais forte à medida que todos percebem a importância da colaboração.

Desejo de trabalhar em conjunto

A colaboração é uma das principais características da comunidade de aprendizagem. Participação e colaboração não são a mesma coisa nos cursos

RENA M. PALLOFF & KEITH PRATT

on-line. A colaboração vai além do envolvimento direto em atividades específicas e é algo que persiste ao longo do curso (Mayes, 2001). É um processo que ajuda os alunos a atingir níveis mais profundos de geração de conhecimento por meio da criação de objetivos comuns, trabalho conjunto e um processo compartilhado de construção de sentido (Palloff e Pratt, 2001). Quando o professor pede aos alunos, no começo do curso, que falem de seus objetivos de aprendizagem, cria-se uma atmosfera que faz florescer a colaboração. Pedir aos alunos que falem sobre o que pensam da colaboração e que negociem o caminho pelo qual trabalharão em conjunto define a espécie de colaboração que ocorrerá ao longo do curso. O exemplo a seguir ilustra como o esforço colaborativo pode começar:

> Por muitas razões que não consigo avaliar, estávamos um tanto quanto quietos semana passada – e acho que, de fato, precisamos buscar o envolvimento que nos faça atingir nossos objetivos de aprendizagem... Estou aqui para aprender, e para ensinar, e vocês terão acesso a tudo que eu puder oferecer de relevante e que me sinta à vontade de contar. Tenho muito o que fazer – como todos vocês. Para ser honesta, eu me conectei várias vezes nesta semana quando eu tinha algum tempinho livre e clicava em "não lidos", ficando aliviada por não ter perdido nada. Não estou dizendo que isso esteja certo – só acho que todo mundo tem mais tempo no final de semana.
>
> Talvez pudéssemos estruturar nossas discussões de modo a fazer com que haja menos interação durante a semana, quando estamos trabalhando, lendo, recebendo e enviando mensagens, mas sabendo que a maior parte das coisas acontecerá no final de semana. Talvez isso não seja razoável – mas a verdade é que a maior parte do tempo de que disponho (*on-line* e *off-line*) é durante o final de semana. Obrigada por lerem minha mensagem. *Peggy*

> Parece que você realmente tem muito o que fazer agora. Não posso afirmar com certeza, mas acho que seus comentários sobre freqüência são pelo menos em parte dirigidos a mim, já que fui eu que comecei esta discussão na minha segunda semana de reflexões. Se eu disse algo que lhe ofendeu, ou que tenha ofendido alguém no grupo, peço desculpas. Essa não foi a minha intenção.
>
> Pensava em, durante a semana, ser tanto uma participante (que pouco participava, para minha própria frustração) quanto uma facilitadora que ajudasse a desenvolver o curso. Obviamente, como alunos, temos objetivos e exigências de aprendizagem diferentes. Aprendo melhor quando a freqüência de interação e o *feedback* são maiores. Também prefiro interagir durante a semana, e não exclusivamente durante o final de semana. *Michele*

Embora haja certo tom de frustração nessa conversa, Michele e Peggy estão no processo de esclarecer e negociar suas expectativas e seus objetivos de aprendizagem. Pode ser desconfortável trabalhar as diferenças de opinião sobre como um curso deveria ser e definir as necessidades de cada aluno, mas fazê-lo abre as portas para a colaboração. A colaboração se sustenta quando o

O ALUNO VIRTUAL **47**

diálogo, a crítica sobre as tarefas realizadas e o trabalho em conjunto são estimulados. No entanto, é o espírito colaborativo, e não as tarefas colaborativas, que sustenta a comunidade de aprendizagem. Os alunos devem ter esse espírito para que a colaboração floresça.

AMPLIANDO AO MÁXIMO A INTERAÇÃO

Como temos observado, a simples participação não é suficiente para criar e sustentar a comunidade de aprendizagem *on-line*. Diretrizes mínimas de participação ajudam a conquistar e manter os alunos *on-line*. Contudo, apenas entrar no *site* regularmente, mas não contribuir com algo substancial para a discussão, é pouco para sustentar o desenvolvimento da comunidade de aprendizagem.

Alguns alunos gostam de participar da discussão sincrônica, ou *chat*, como um meio de construir a comunidade *on-line*. Quando usado adequadamente, o chat pode ser um bom auxiliar para o curso. Com freqüência sugerimos, por exemplo, que um grupo pequeno use a sala de bate-papo disponível no ambiente virtual utilizado pelo curso, a fim de discutirem um projeto conjunto ou para um *brainstorming*. Na maioria das vezes, o que ocorre nos *chats* é que os alunos passarão a falar de outros assuntos (socialização) em vez de discutir o tópico proposto. Isso pode ajudar a incentivar a formação da comunidade, pois as pessoas passam a conhecer-se em tempo real.

No entanto, a discussão sincrônica não deve ser o único meio para a integração dos alunos. Alguns deles talvez não queiram participar dos *chats* pelas mais variadas razões, incluindo problemas de tempo, de acesso, como a utilização de conexão discada, ou porque o *chat* pode ser algo cansativo se não for conduzido por um moderador e se houver muitos alunos participando. O texto pode passar muito rapidamente pela tela, e os alunos podem ter dificuldade de acompanhar a conversação. Portanto, é importante que o professor determine se o *chat* será algo obrigatório ou um opcional utilizado para aumentar a interatividade.

Incentivar a discussão assincrônica é a melhor maneira de sustentar a interatividade de um curso *on-line*. Uma vez que os alunos determinem um ritmo e comecem a interagir ativamente, eles assumirão a responsabilidade de sustentar esse contato, seja pela interação social, seja como uma resposta às perguntas para discussão enviadas pelo professor. Collison, Elbaum, Haavind e Tinker (2000) acreditam que os alunos "internalizarão o monólogo interior [do professor] como uma espécie de comentador, de alguém que esclarece e questiona seus pensamentos" (p. 204). É importante, então, que as questões enviadas sobre o material do curso sejam elaboradas com um olho no desenvolvimento e manutenção de um alto grau de interação.

A seguir apresentamos algumas sugestões que pensamos aumentar a interatividade e a participação (Palloff e Pratt, 1999; Palloff e Pratt, 2001):

- Seja claro sobre quanto tempo o curso exigirá dos alunos e dos professores, para que se eliminem desentendimentos potenciais sobre as demandas do curso.
- Ensine os alunos o que é aprendizagem *on-line*. Apresentaremos uma discussão mais completa sobre a orientação para a aprendizagem *on-line* mais adiante. Nesse momento, contudo, é suficiente dizer que os alunos simplesmente não sabem como aprender em um ambiente *on-line*, nem como construir uma comunidade *on-line*. Esses são dois elementos importantes que devem ser incluídos em uma boa orientação para a aprendizagem virtual.
- Como professor, dê o exemplo de como ter uma boa participação, conectando-se com freqüência ao grupo e contribuindo para a discussão e formação da comunidade. Os alunos se encaminharão para a formação da comunidade se o professor mostrar-lhes o caminho.
- Esteja disposto a estabelecer limites se a participação minguar ou se a conversação for conduzida para um caminho errado. Os professores precisam determinar os limites para aqueles que tendem a dominar a discussão, pois eles podem aniquilar a participação dos outros.
- Lembre-se de que há pessoas por trás das palavras que você vê na tela. Esteja disponível para contatar alunos que não participam e os convide a participar ou a voltar a participar, conforme for o caso.

EXPRESSANDO O CONTEÚDO SEM SACRIFICAR A INTERAÇÃO

Embora os alunos em geral saibam sustentar a interação – às vezes até ignorando a presença do professor –, o curso *on-line* precisa ser *facilitado*, caso contrário se perde o sentido de comunidade. Há maneiras de o professor manter e dar constante apoio à comunidade, assim como há maneiras de impedir seu desenvolvimento. Os professores, especialmente aqueles que são novatos no ambiente e no processo de ensino *on-line*, talvez sintam que sua presença é necessária para a transmissão do conteúdo do curso. Contudo, essa crença pode levá-los a intervir demasiadamente, bloqueando o processo de pesquisa e descoberta. A fim de transmitir o conteúdo sem sacrificar a interação e a formação da comunidade de aprendizagem, o professor deve aprender a fazer perguntas amplas e que atinjam um equilíbrio entre interação excessiva e interação insuficiente. Se as questões provocarem a reflexão, os alunos, além de respondê-las, comentarão o que pensam com seus colegas. Hudson (2002, p. 193-194) explica bem esse processo:

> A aprendizagem colaborativa adulta tem muito em comum com a escrita de uma tese. Não é uma resolução de problemas elementar, nem assimilação de conhecimento, mas um processo de encontrar e compartilhar a informação a

partir de recursos ilimitados e, acima de tudo, aprender a *tornar administrável o processo*. Diferentemente do trabalho tradicional de sala de aula, este é um processo de meta-aprendizagem, em que se aprende a aprender, o que implica saber formular problemas e gerenciá-los, não bastando apenas resolvê-los. É também necessário preparar estruturas de informação, e não apenas usar a estrutura que um livro texto oferece; fazer evoluir e intercambiar o que se aprende, em vez de apenas aplicar o que já se sabe; usar análise exploratória heurística, e não apenas os algoritmos fornecidos pelo currículo; construir modelos de teste, e não apenas absorvê-los dos outros; considerar o desempenho a partir dos resultados do grupo e não apenas de seus próprios; criar mapas de ação e não apenas seguir instruções.

PENSAMENTOS FINAIS

O papel e a responsabilidade do aluno na criação da comunidade são fundamentais para o processo de aprendizagem *on-line*. Apesar de algumas críticas feitas sobre a formação de uma comunidade *on-line*, continuamos comprometidos com a sua importância para a obtenção dos resultados que buscamos. Nossa impressão é a de que o desenvolvimento de uma comunidade de aprendizagem *on-line* a distingue de um simples curso por correspondência que faz uso do meio eletrônico.

A Tabela 2.1 resume as responsabilidades dos alunos pela formação da comunidade e apresenta dicas para o professor facilitar e incentivar os alunos a assumi-las. Um de nossos alunos observou que o professor de um curso *on-line* é como um arquiteto da comunidade de aprendizagem. Contudo, são os alunos que, como engenheiros, estruturam o curso. As sugestões a seguir devem fazer com que seja muito mais fácil para os alunos assumirem seu papel na formação da comunidade.

Prestar bastante atenção aos indivíduos que compõem a comunidade é algo fundamental para o sucesso. Nos próximos dois capítulos, discutiremos questões específicas, relacionadas aos alunos virtuais que compõem essa comunidade: seus estilos de aprendizagem e questões de gênero, cultura, expectativa de vida, estilo de vida e geografia. As comunidades de aprendizagem *on-line* são compostas por grupos de pessoas muito diversos. Os professores precisam entender as questões relacionadas à diversidade, a fim de trabalhar bem em um curso *on-line*. À medida que adquirimos maior experiência no curso *on-line*, descobrimos que nem tudo serve para todos os alunos. Assim, prestar atenção à diversidade quando se projeta e elabora um curso é algo que, sem dúvida, auxilia todos os alunos a atingir seus objetivos de aprendizagem. Primeiro lidaremos com o estilo de aprendizagem, uma questão importante que tem sido bastante discutida, seja na sala de aula tradicional, seja na sala de aula *on-line*.

50 RENA M. PALLOFF & KEITH PRATT

TABELA 2.1 Técnicas instrucionais para facilitar a responsabilidade do aluno nas comunidades de aprendizagem *on-line*

Responsabilidades do aluno pela formação da comunidade	Técnicas instrucionais para facilitar a formação da comunidade
Abertura: compartilhar detalhes acerca do trabalho e da vida fora da escola.	• Enviar apresentações pessoais e biografias. • Criar um espaço de interação social no curso. • Incentivar o uso judicioso do *chat* para a socialização. • Dar o exemplo demonstrando abertura e humor.
Flexibilidade: desenvolver a compreensão da natureza da aprendizagem *on-line* e a vontade de "seguir com a turma".	• Estar pronto a abdicar do controle, permitindo que os alunos assumam o processo de aprendizagem. • Envolver os alunos em uma aprendizagem criada também por eles. • Orientar os alunos sobre o papel do professor e as responsabilidades dos alunos na aprendizagem *on-line*. • Dar oportunidades para a reflexão sobre o papel do professor, do aluno e do próprio curso.
Honestidade: estar pronto para dar e receber *feedback* e compartilhar pensamentos e preocupações assim que apareçam.	• Dar o exemplo de uma comunicação aberta e honesta. • Orientar os alunos para que adquiram habilidades adequadas de comunicação e para que dêem e recebam um *feedback* substancial. • Orientar os alunos sobre a realidade da aprendizagem *on-line*. • Propiciar oportunidades para o *feedback*, tais como enviar textos para o *site* do curso com a expectativa de que haja retorno e enviar as avaliações das atividades colaborativas realizadas *on-line*.
Desejo de assumir a responsabilidade pela formação da comunidade: demonstrar a responsabilidade, integrando-se nas discussões e em outras atividades de aprendizagem.	• Alternar ou compartilhar com os alunos o papel de facilitador, pedindo a eles que se responsabilizem por uma ou duas semanas do curso. • Alternar a liderança dos grupos pequenos. • Usar um aluno que atue como "monitor de processos", isto é, que comente o processo e o progresso do grupo semanalmente. Alternar este papel entre os integrantes do grupo.
Desejo de trabalhar em conjunto (colaborativamente): demonstrar a capacidade de trabalhar com os colegas e também em pequenos grupos.	• Definir um envio mínimo de mensagens e monitorar o processo. • Avaliar a participação. • Enviar os critérios de avaliação em que estejam estabelecidos os níveis aceitáveis de participação e envio de mensagens. • Usar tarefas para pequenos grupos e avaliar tais tarefas em conjunto.

Estilos de aprendizagem

3

Este tópico propicia muita discussão entre os professores. É comum a preocupação com os estilos de aprendizagem nos cursos *on-line*. Alguns designers instrucionais argumentam que as atividades devem ser apresentadas sob formatos múltiplos. Quando os professores ouvem isso, entram em pânico e perguntam: "Como é que eu vou ter tempo para criar abordagens múltiplas para a mesma atividade com o tempo limitado de que disponho para o meu curso *on-line*?"

Não acreditamos que seja necessário criar várias apresentações do mesmo material para os alunos. Em vez disso, se o professor utilizar múltiplas abordagens para o material apresentado *em todo o curso on-line*, juntamente com vários tipos de tarefas, os diferentes estilos de aprendizagem serão parte do processo de aprendizagem.

Em vez de considerar os estilos de aprendizagem como meios restritivos e estreitos pelos quais os alunos aprendem, é melhor vê-los como uma preferência entre muitas outras. O estilo preferido é como o aluno está propenso a abordar o material que estuda, mas ele também sabe usar outros estilos secundários, que são mais fracos por não serem utilizados com tanta freqüência. Tais estilos, contudo, podem ser desenvolvidos e melhorados.

Será que o professor realmente precisa abordar todos os estilos de aprendizagem em um curso *on-line*? A resposta é sim. Mas o modo pelo qual isso acontece é a questão.

DEFININDO OS ESTILOS DE APRENDIZAGEM

Litzinger e Osif (1993) definem os estilos de aprendizagem como os modos pelos quais as crianças e os adultos pensam e aprendem. Os estilos de aprendizagem são às vezes descritos como filtros construídos pelas pessoas e que são usados para orientar suas relações com o mundo (O'Connor, 1997). Esses filtros são influenciados por fatores tais como idade, maturidade e experiência, podendo mudar com o tempo. Além disso, o estudo dos estilos de aprendizagem nos fornece categorias e grupos para esses filtros. Os filtros podem ser categorizados pelos sentidos – auditivo, visual ou cinestésico. Algumas pessoas talvez respondam à informação sonora mais prontamente do que à visual, por exemplo. Outros estudos dos estilos de aprendizagem têm como foco uma combinação das abordagens sensorial e cognitiva para examinar como os alunos processam a informação. Um dos resultados é a teoria das inteligências múltiplas de Gardner (Gardner, 1983), que categoriza os estilos de aprendizagem em visual-espacial (capacidade de perceber o visual), verbal-lingüístico (capacidade de usar as palavras e a linguagem), lógico-matemático (capacidade de usar a razão, a lógica e os números), corporal-cinestésico (capacidade de controlar os movimentos do corpo e manusear os objetos com habilidade), musical-rítmico (capacidade de produzir e apreciar música), interpessoal (capacidade de relacionar-se e entender os outros), intrapessoal (capacidade de auto-refletir e estar ciente do próprio estado interior) e natural (capacidade de usar a consciência do mundo natural e das ciências). Armstrong (1994) examinou o uso da teoria de Gardner na sala de aula e chegou a quatro conclusões: todas as pessoas possuem as oito inteligências, as inteligências podem ser trabalhadas, as inteligências trabalham em conjunto de maneira complexa, e há vários modos de ser inteligente. Outros teóricos observaram o estudo dos estilos de aprendizagem sob as lentes do gênero, chegando à conclusão de que os homens e as mulheres tendem a abordar a aprendizagem e as situações de aprendizagem de modo diferente (Belenky, Clinchy, Goldberger e Tarule, 1986).

Em sua revisão dos muitos estudos sobre os estilos de aprendizagem, Claxton e Murrell (1988) encontraram quatro categorizações ou modelos principais pelos quais as pessoas aprendem:

- *Modelos de personalidade*: consideram as características de nossa personalidade como sendo as que dão forma à nossa orientação no mundo (o Indicador Meyers-Briggs é um exemplo de medida das características da personalidade).
- *Modelos de processamento de informação*: tentam entender como a informação é recebida e processada.
- *Modelos de interação social*: consideram questões de gênero e o de contexto social.
- *Modelos de preferência instrucional e ambiental*: observam como o som, a luz, a estrutura e as relações de aprendizagem afetam a percepção.

ABORDANDO ESTILOS DE APRENDIZAGEM DIFERENTES

Subjacente à pesquisa acerca do estilo de aprendizagem, está a crença de que os alunos aprendem melhor quando se aproximam do conhecimento por meio de um modo em que confiam. Ainda assim, o professor pode projetar atividades que instiguem os alunos a desenvolverem suas habilidades em outro estilo de aprender (O'Connor, 1997). Independentemente de qual abordagem ou modelo de ensino o professor adote, o fundamental é reconhecer as diferenças que existem e que devem ser levadas em consideração na sala de aula *on-line*. Adotar a mesma abordagem para todos os alunos não funcionará. É um erro pensar que todo aluno virtual tem o mesmo padrão. Embora a internet seja considerada uma maneira de tornar as pessoas mais parecidas, devemos levar em consideração algumas diferenças, incluindo o estilo de aprendizagem, o gênero, a cultura e a presença de alguma deficiência.

Schroeder (1993) observa:

> Em todo o país, os professores ficam espantados e frustrados com os alunos que têm. Desconhecendo muitas das novas características, os professores vêem os alunos de hoje como pessoas incorrigivelmente despreparadas ou menos brilhantes ou motivadas do que as gerações anteriores. É certo que a maneira pela qual os alunos de hoje vêem o conhecimento e constroem sentidos é totalmente diferente daquela de seus professores. (...) Como professores, temos em geral defendido a crença de que os alunos aprendem e se desenvolvem quando o conteúdo lhes é apresentado. Estamos acostumados com um processo tradicional de aprendizagem, em que aquele que sabe (o professor) apresenta as idéias a quem não sabe (os alunos) (...) Essa abordagem talvez funcione para nós, mas não para a maioria dos alunos de hoje (p. 1-2).

Será que a questão aqui é uma formação deficiente ou é a diferença dos estilos de aprendizagem? Schroeder acredita que haja uma grande disparidade entre o corpo docente e o corpo discente de nossas faculdades e universidades. O autor aponta para o fato de que entender como os alunos aprendem e o lugar que ocupam no processo pode ajudar os professores a elaborar ambientes de aprendizagem que atendam melhor às necessidades dos alunos. Ensinar tendo como base o modelo expositivo não dá conta de todas as preferências de aprendizagem.

Oferecendo diferentes tipos de atividade

Se adicionarmos a aprendizagem e o ensino *on-line* ao quadro atual, sabendo que o aluno que estuda *on-line* é diferente, a situação ficará ainda mais complicada para o professor tradicional. Paulsen (1995) sugere que, para atender a todos os estilos de aprendizagem do aluno virtual, é necessário incorporar atividades individuais (aquelas estruturadas para um mínimo de interação com os outros), em pares (atividades feitas em duplas ou por meio de *e-mails*), professor/aluno (atividades em que há o uso de um quadro de avisos em que se pode acessar o material), em grupo (uso de técnicas de conferência por computador). Alguns exemplos dessas categorias estão a seguir:

Atividades individuais – Algumas dessas atividades são pesquisar na internet, incluindo o uso de bases de dados *on-line* e de periódicos, participar de listas de discussão relacionadas ao material estudado no curso, receber informação por *e-mail* de grupos *on-line* que produzem informação relacionada ao material do curso e aplicar o conhecimento prévio.

Atividades em pares – Incluem a realização de estudos independentes, cursos especiais, cursos por correspondência e contratos de aprendizagem assumidos pelo aluno.

Atividades professor/aluno – Incluem palestras *on-line*, sessões no *whiteboard** e simpósios *on-line* em que se usam áudio e vídeo produzidos pelo professor.

Atividades em grupo – São as atividades mais comuns. Incluem grupos de discussão, listas e o painel de discussões; debates sobre questões críticas ou controversas sobre o conteúdo do curso (os debates podem ser preparados pelo professor ou incentivados quando as questões surgirem espontaneamente no painel de discussões); simulações (visando a desenvolver habilidades ou explorar determinadas questões, os alunos podem trabalhar, em pequenos grupos, uma situação real ou hipotética apresentada pelo professor); interpretação de papéis (o professor pode determinar papéis ou os alunos podem escolhê-los para interpretar uma situação ou caso sugerido pelo professor ou que tenha surgido de forma espontânea, como resposta a uma situação apresentada por um aluno); estudos de caso (os casos podem ser apresentados pelo professor ou os próprios alunos podem elaborá-los, com base em seu trabalho ou em sua vida, para que os colegas comentem); projetos feitos em grupo de maneira colaborativa, que podem dar-se sob a forma de pesquisa feita em pequenos grupos, discussão de casos, simulações ou interpretação de papéis. Outro exemplo é o *brainstorming*, no qual os alunos recebem determinado problema a que devem responder rapidamente com suas idéias, sincronicamente ou assincronicamente (em um período aproximado de um dia). Finalmente, pode-se pedir aos alunos para assumirem alguma responsabilidade pela facilitação do curso, escolhendo um assunto ou leitura de seu interesse, enviando um ou dois parágrafos sobre o modo pelo qual compreenderam determinado tópico e, depois, requisitando uma ou duas questões de discussão ao grupo. Isso alivia um pouco a carga do professor, cria mais uma fonte de colaboração e constrói o conhecimento especializado do aluno.

---

*N. de R.T. *Whitebord* é uma ferramenta de comunicação que permite que duas ou mais pessoas distantes umas das outras desenhem em uma mesma área da tela. Geralmente é acompanhada por teleconferência de texto ou voz.

Se o professor optar por incorporar muitas dessas atividades na elaboração de seu curso, as preferências da maioria dos alunos serão atendidas. Ter como foco apenas a leitura e a discussão, excluindo todo o resto – como muitos cursos *on-line* fazem –, poderá fazer com que muitos alunos fiquem entediados. A utilização de uma variedade de atividades é, então, a melhor maneira de se garantir a permanência dos alunos.

Concordando ou discordando dos estilos de aprendizagem

Claxton e Murrell (1988) observam que os professores têm a opção de fazer com que suas atividades concordem ou discordem do estilo de aprendizagem do aluno, dependendo do propósito e dos objetivos do curso. Os autores acreditam que fazer com que as atividades estejam de acordo com o estilo de aprendizagem é algo adequado quando se trabalha com alunos que estejam começando a universidade ou que não estejam muito bem preparados para aprender, pois há menor abandono e mais eficácia quando se atende ao estilo de aprendizagem do aluno. Contudo, alguma discordância será também adequada para que os alunos possam aprender a aprender de diferentes maneiras, trazendo à baila modos de pensar e aspectos pessoais ainda não desenvolvidos.

Como o professor poderá utilizar os diferentes estilos de aprendizagem durante o curso? O'Connor (1997) observa que a tecnologia de fato aumenta a gama de atividades que um professor pode usar para atender aos variados estilos de aprendizagem. O autor considera as atividades sob três categorias gerais: *adição de alternativas, ciclos de aprendizagem* e *atividades complexas*.

Quando acrescenta alternativas, o professor disponibiliza opções para que os alunos realizem seu trabalho. Na sala de aula presencial, o aluno pode escolher uma atividade prática em vez de escrever um texto, criando, digamos, uma colagem ou um trabalho de arte que exemplifique os conceitos estudados. *On-line*, o professor pode propiciar ao aluno a criação de uma página eletrônica ou de uma apresentação no *PowerPoint*, em vez de pedir-lhe para escrever um texto. Incluir a pesquisa na internet também ajuda a atender aos múltiplos estilos de aprendizagem, porque os alunos recebem, de maneira muito ampla, a oportunidade de buscar referências e recursos que se apliquem ao conteúdo. As simulações e os jogos são outra maneira de se atingir os objetivos de aprendizagem.

Os ciclos de aprendizagem envolvem a elaboração sistemática de atividades que facilitam todos os estilos de aprendizagem antes da realização de uma tarefa. Tipos diferentes de atividades de aprendizagem são incorporados a cada fase do processo, e o material é organizado com base em temas e problemas cuja ênfase esteja no desenvolvimento de uma habilidade que deve ser resolvida antes de o aluno passar à próxima fase de aprendizagem. Várias unidades de um curso *on-line* podem ser desenvolvidas tendo-se os ciclos de aprendizagem em mente. As simulações, por exemplo, dão aos alunos a oportunidade de desenvolver e demonstrar suas habilidades, especialmente quando o fazem em grupo. Uma simulação na área de aconselhamento psicológico pediria aos alunos que desempenhassem os vários papéis presentes em um tratamento, tais como o de aconselhar, acompanhar e atuar como terapeuta familiar. Um caso real é apresentado à equipe, na qual uma série de tarefas gradativamente mais difíceis deve ser realizada. À medida que cada tarefa é finalizada, completa-se um ciclo.

Os projetos colaborativos que requerem de cada estudante um produto final são outro modo de incorporar os ciclos de aprendizagem ao curso *on-line*. Outra estratégia é fazer com que os alunos entreguem seus rascunhos ou partes das tarefas realizadas à medida que o semestre avança. Já usamos essa estratégia para trabalhar com alunos que finalizam seus projetos de mestrado. Durante cada semana do semestre, pedimos a eles que entregassem partes cada vez mais complexas de seus projetos, esperando que todos também dessem aos colegas *feedback* sobre o progresso dos trabalhos.

As atividades complexas demandam que os alunos abordem um tópico por meio do uso de habilidades múltiplas. O professor apresenta diretrizes amplas para a execução dos projetos, e os alunos, então, os organizam e finalizam com base em seus estilos e necessidades. As atividades complexas em geral duram o semestre inteiro e ajudam a organizar o curso. Os projetos complexos *on-line* podem ser a base da atividade colaborativa. Os alunos podem conectar-se por *e-mail* ou *chat* para prepararem seus projetos, e há muitos softwares para tanto. Alguns alunos podem contribuir com gráficos, ao passo que outros contribuem com textos ou organizam o material. A execução de um trabalho escrito final, realizado em grupo, é um bom exemplo da inclusão de atividades complexas no curso. Pediram-nos que preparássemos um curso para que os estudantes soubessem como utilizar as bases de dados para a área de saúde. O projeto principal do grupo era o de construir essa base, o que exigia boa dose de pesquisa, desenvolvendo, ao longo do semestre, uma compreensão da estrutura e da função das bases de dados. Essa espécie de projeto complexo cobre em geral todos os estilos de aprendizagem dos alunos participantes.

Levando os alunos adultos a aprender *on-line*

Pelo fato de as preferências quanto ao estilo de aprendizagem mudarem de acordo com a idade, a experiência e a maturidade, faz sentido dizer que as atividades preparadas para dar conta dos estilos de aprendizagem em um curso de graduação sejam diferentes daquelas preparadas para o envolvimento dos alunos adultos. Schroeder (1993) acredita que, no trabalho com alunos de graduação, começar com experiências concretas e depois passar à compreensão abstrata é uma estratégia adequada, que atende aos estilos de aprendizagem dos alunos mais jovens, menos maduros. Em outras palavras, as atividades de um curso *on-line* podem ser estruturadas para apresentar primeiro a experiência e depois a teoria na qual tal experiência se baseia.

Será que isso é diferente para os alunos adultos? Uma das coisas que sabemos sobre os alunos adultos é que eles tendem a orientar-se por seus objetivos e usam sua experiência. Os adultos em geral vêem a aprendizagem como aquisição de conhecimento que pode ser utilizado na prática ou para progredirem em suas carreiras. Quanto mais diretamente o aluno puder empregar o material que estuda, mais ele reterá o conhecimento. Assim, começar com a aprendizagem de experiências práticas não é necessariamente uma má abordagem para trabalhar com os adultos.

A diferença entre os jovens alunos de graduação e os adultos está de fato no grau de estruturação de que precisam para finalizar um curso com sucesso. Os alunos de graduação tendem a gostar de saber exatamente o que se espera deles. Preferem tarefas seqüenciais e acham desafiadoras as atividades abertas, os projetos independentes e as situações de aprendizagem individualizadas (Schroeder, 1993). Contudo, embora os adultos tenham um desempenho melhor em situações nas quais haja mais ambigüidades, não se deve pensar que a estruturação seja desnecessária. Quando trabalhamos *on-line*, a ausência de estruturação e o abandono das coisas ao acaso podem significar o fim de um curso. Mesmo quando trabalhamos com os adultos, chegamos à conclusão de que, quanto mais explícitos formos sobre as expectativas do curso, mais provavelmente eles terão sucesso. Entretanto, os adultos se dão bem com as atividades conduzidas por eles próprios e em conjunto, precisando menos direcionamento e estruturação para finalizá-las. Os estudantes adultos *on-line* sentem-se mais à vontade organizando as tarefas quando trabalham juntos e em prol de um resultado de sucesso.

Ao discutir a questão dos estilos de aprendizagem conforme se aplicam aos adultos, Boud e Griffin (1987) afirmam que todos possuem seis capacidades de aprendizagem, independentemente do estilo: racional, emocional, relacional, física, metafórica e espiritual. Boud e Griffin afirmam que a maior parte de nossa educação tem como foco o racional, concentrando-se nesse aspecto em detrimento dos demais. Afirmam também que, com o estímulo dos aspectos racional, emocional, relacional, físico e metafórico, o aspecto espiritual se desenvolverá.

Por que isso é importante na educação *on-line* para alunos adultos? A educação *on-line* continua, em sua maior parte, a ter como base o texto, cujo foco é o racional. Assim, precisamos dar maior atenção a maneiras de facilitar as outras dimensões da aprendizagem – caso contrário correremos o risco de perder nossos alunos. Schroeder (1993) observa que os jovens alunos de graduação hoje também buscam um alto grau de personalização. Embora o autor se refira à sala de aula tradicional, o mesmo vale nos cursos *on-line*.

RENA M. PALLOFF & KEITH PRATT

Desenvolver uma comunidade de aprendizagem em um curso *on-line* e usar a atividade colaborativa ao longo do processo são meios sólidos pelo qual podemos fomentar todas as seis capacidades. Os professores podem assim estimular o desenvolvimento delas:

- *Racional* – Apresentação de conteúdos, leituras e tarefas.
- *Emocional* – Inclusão e incentivo ao uso de *emoticons* e da expressão de emoção nas mensagens enviadas; descrição de eventos da vida real que podem conter um componente emocional.
- *Relacional* – Uso do painel de discussão; começo do curso com o envio de apresentações pessoais e dados biográficos; inclusão de uma área social no curso.
- *Física* – Capacidade de trabalhar a qualquer hora e em qualquer lugar; criação de um *site* aconchegante e convidativo.
- *Metafórico* – Uso de metáforas para conectar o conhecimento que já é familiar ao novo, e às vezes desnorteante, conhecimento adquirido *on-line* – por exemplo, chamar o espaço social de sala dos alunos ou criar horários de trabalho *on-line*.
- *Espiritual* – A profundidade da relação e da intimidade a que se pode chegar quando se participa de uma comunidade de aprendizagem; incentivo ao compartilhamento de detalhes sobre a vida e de fatos importantes que ocorrem fora da sala de aula; rituais para a celebração de conquistas e comunicação de perdas.

Quanto mais atenção nós, professores, dermos à formação de uma comunidade de aprendizagem *on-line* sólida, provavelmente mais conseguiremos atender aos diferentes estilos de aprendizagem e preferências dos alunos, adultos ou jovens. Não podemos esquecer que há pessoas reais ligadas às palavras que estão na tela e que elas não são uma entidade sem face, mas um grupo de indivíduos com necessidades muito diferentes.

Colaborando, complementado, integrando

Incluir a atividade colaborativa em um curso *on-line* – seja por meio de projetos feitos em grupos pequenos, simulações, trabalhos com estudos de caso ou outros métodos – é provavelmente a melhor maneira de abranger todos os estilos de aprendizagem do grupo. Os alunos trabalham com seus pontos fortes, complementando-se e integrando materiais à medida que o tempo passa. Além disso, a colaboração ajuda a promover o seguinte:

- *Desenvolvimento do pensamento crítico* – A atividade colaborativa não permite que os alunos presumam qualquer coisa de maneira exclusiva. As assunções devem ser apoiadas e verificadas pelos colegas. Trabalhar em pequenos grupos ajuda a aprofundar o processo de pensamento.
- *Co-criação do conhecimento e do significado* – A atividade colaborativa ajuda os alunos a ampliar seu pensamento sobre um tópico por meio do compartilhamento de idéias e do trabalho com todos os pontos de vista do grupo. Assim, eles envolvem-se em um processo construtivista pelo qual se cria outro conceito sobre o conhecimento e o significado do que se estuda.
- *Reflexão* – A atividade colaborativa permite que os alunos disponham de tempo suficiente para discutir e pensar o projeto que trabalham em conjunto. É claro que alguns grupos tentarão fazer seus projetos na última hora, em geral com resultados fracos. Se o grupo de fato envolver-se na prática colaborativa, o tempo utilizado para refletir ajudará o próprio grupo a produzir algo mais significativo.
- *Aprendizagem transformadora* – Ao promover a reflexão, a atividade colaborativa permite que os alunos pensem e experimentem a aprendizagem de uma nova forma. Para muitos, isso é transformação. Se os alunos, por meio da atividade colaborativa, melhorarem algumas de suas preferências de aprendizagem mais fracas e as desenvolverem, haverá uma transformação no modo pelo qual entendem a aprendizagem.

PENSAMENTOS FINAIS

Está claro que os professores não precisam criar atividades múltiplas para a apresentação de cada conceito em um curso *on-line*. Em vez disso, a utilização de meios colaborativos para atingir os mesmos propósitos fortalecerá os estudantes, à medida que estes descobrem seu potencial e desenvolvem mais amplamente múltiplos caminhos para a aprendizagem. A Tabela 3.1 sintetiza os vários estilos ou preferências de aprendizagem e as técnicas instrucionais que podem ser usadas na sala de aula *on-line* para envolver a todos.

Agora passaremos à discussão de outros elementos que criam a diversidade encontrada em um curso *on-line*: gênero, cultura, expectativa de vida, estilo de vida e geografia. Os professores precisam prestar atenção a essas questões se quiserem integrar todos os participantes do grupo, formar uma comunidade de aprendizagem sólida e de sucesso e atingir os objetivos do curso.

TABELA 3.1 Técnicas instrucionais *on-line* que abordam estilos de aprendizagem variados

Estilo ou preferência de aprendizagem	Técnicas instrucionais
Visual-verbal: prefere ler a informação.	• Use apoio visual, tal como o *PowerPoint* ou o *whiteboard*. • Apresente, sob forma escrita, um sumário do material apresentado. • Use materiais escritos, como livros textos e recursos da internet.
Visual-não-verbal ou visual-espacial: prefere trabalhar com gráficos ou diagramas que representam a informação.	• Use material visual, tal como o *PowerPoint*, vídeo, mapas, diagramas e gráficos. • Use os recursos de internet, especialmente aqueles com gráficos. • Use a videoconferência.
Auditivo-verbal ou verbal-lingüístico: prefere ouvir o material apresentado.	• Incentive a participação em atividades colaborativas e de grupo. • Use arquivos de áudio em *streaming*. • Use a audioconferência.
Tátil-cinestésico ou corporal-cinestésico: prefere atividades físicas e práticas.	• Use simulações. • Use laboratórios virtuais. • Exija pesquisa de campo. • Exija a apresentação e a discussão de projetos.
Lógico-matemático: prefere a razão, a lógica e os números.	• Use estudos de caso. • Use a aprendizagem baseada em problemas. • Trabalhe com conceitos abstratos. • Use laboratórios virtuais. • Incentive a aprendizagem que tem como base o desenvolvimento de habilidades.
Interpessoal-relacional: prefere trabalhar com os outros.	• Incentive a participação em atividades colaborativas e de grupo. • Use o fórum de discussões. • Use estudos de caso. • Use simulações.
Intrapessoal-relacional: prefere a reflexão e o trabalho com os outros.	• Incentive a participação em atividades colaborativas e de grupo. • Use o fórum de discussões. • Use estudos de caso. • Faça uso de atividades que requeiram o acompanhamento individual e de grupo.

4

Gênero, cultura, estilo de vida e geografia

A aprendizagem *on-line* atrai tanto homens quanto mulheres, pessoas de todas as idades, de todas as culturas e de todos os lugares do mundo. Com freqüência, em nossa experiência de ensino *on-line*, trabalhamos simultaneamente com alunos que vivem na Ásia, na Europa e em toda a América, do Norte e do Sul. Porém, embora seja considerado um grande nivelador, o ambiente *on-line* não transforma todos os alunos em um tipo apenas – em outras palavras, os alunos virtuais são diferentes. Suas necessidades individuais, criadas por cultura, gênero, expectativa de vida, estilo de vida e geografia, requerem a atenção do professor. Neste capítulo, exploraremos as questões envolvidas em todas essas categorias e ofereceremos sugestões para abordá-las na sala de aula *on-line*.

QUESTÕES CULTURAIS

O uso da internet na aprendizagem e no ensino aumentou a gama de práticas educacionais disponíveis aos professores. Eles podem oferecer instrução de qualidade para alunos distantes, atingir populações que têm pouco acesso a recursos educacionais, responder a diversos estilos e ritmos de aprendizagem pelos quais os alunos aprendem, quebrar barreiras de tempo e espaço e dar acesso a alunos de culturas e línguas diferentes (Joo, 1999). Ainda assim, e apesar de tudo isso, há questões culturais em jogo que podem afetar as aulas *on-line*. McLoughlin (1999) observa que a tecnologia não é neutra e que, quando a cultura interage com a tecnologia, o resultado pode ser tanto a harmonia quanto a tensão.

Quais são algumas das questões culturais que podem surgir em uma sala de aula *on-line* e como o professor pode se preparar para lidar com elas? Joo (1999) identifica determinado número de áreas em que as questões culturais podem entrar em jogo: conteúdo, multimídia, estilo de escrita, estrutura da escrita e *webdesign*. Além disso, os papéis dos alunos e do professor podem também suscitar algumas questões de cunho cultural. Aqui está uma descrição mais detalhada de cada uma dessas áreas:

- *Conteúdo* – Certos conteúdos podem causar problemas em alguns contextos, especialmente se tratarem de assuntos como ciência política, história e religião. O professor pode preparar um curso politicamente correto no Ocidente, mas ofensivo em outra cultura.
- *Multimídia* – Embora o material gráfico possa ajudar a tornar mais vivos os cursos *on-line*, o professor precisa ter cuidado com os gráficos, áudio e vídeo para não usar algo que acentue os estereótipos culturais.
- *Estilos de escrita* – Em muitas línguas, as palavras e a gramática são utilizadas para demonstrar um nível maior ou menor de polidez. Alguns alunos podem não se sentir à vontade com a linguagem informal que os alunos usam na área de contato social dos cursos *on-line* ou com as maneiras pelas quais as perguntas são feitas ou respondidas. Além disso, ter de entregar os trabalhos em inglês pode causar problemas significativos para quem não fala tal idioma como primeira língua e que está fazendo um curso em universidade norte-americana. Esses alunos talvez não tenham todas as habilidades necessárias para escrever em inglês.
- *Estrutura da escrita* – A maneira pela qual as idéias são apresentadas e os argumentos construídos pode também causar problemas em algumas culturas. Os textos traduzidos podem parecer obscuros ou as traduções talvez não sejam precisas. Se o texto está em inglês, quem não usa tal idioma como primeira língua pode ter dificuldades em entender os conceitos apresentados, precisando de mais tempo para escrever as respostas.
- *Webdesign* – O acesso aos *websites* e a sua leitura podem também ser problemáticos para quem não fala inglês. Os árabes, por exemplo, em geral lêem da direita para a esquerda; o hebraico é escrito da mesma forma. Tais alunos podem trazer essa tendência para a leitura dos sites em inglês.
- *O papel do aluno e do professor* – Em algumas culturas, não é adequado que os alunos questionem o professor sobre o conhecimento apresentado em aula. A criação conjunta do conhecimento e do significado em um curso *on-line*, juntamente com a condição de igualdade com que o professor deve atuar podem ser desconfortáveis para um aluno de cultura diferente. Ao contrário, o aluno cuja cultura é mais comunitária, e onde os processos de grupo são valorizados, pode sen-

tir-se desconfortável em um curso em que o estudo independente é o modo principal de instrução.

Como pode, então, o professor estar ciente dos aspectos culturais quando elabora um curso *on-line*, evitando alguns desses problemas e preocupações? Não se pode esperar que os professores saibam tudo a respeito da cultura de todos os estudantes. Contudo, saber que o design instrucional não pode ser culturalmente neutro é o primeiro passo de um processo para tornarmonos culturalmente mais competentes. Henderson (1996) identificou três abordagens para lidarmos com as questões culturais no design instrucional. A primeira é o *paradigma inclusivo* ou *de perspectivas*. Esse paradigma leva em conta as perspectivas sociais, culturais e históricas dos grupos minoritários, mas o faz sem causar problemas para a cultura dominante; assim, apóia a sensibilidade cultural um pouco superficialmente. O segundo paradigma é o do *currículo invertido*, no qual o professor faz uma tentativa maior para elaborar componentes ou módulos do curso a partir da perspectiva da minoria. Esse paradigma tem melhor resultado em oferecer aos alunos uma experiência educacional válida do ponto de vista cultural, mas, pelo fato de o foco estar apenas em um módulo ou componente do curso, a visão é incompleta ou potencialmente imprecisa. O terceiro paradigma é o *paradigma culturalmente unidimensional*, no qual o instrutor não faz nenhuma tentativa de incluir as diferenças culturais e presume que as visões de mundo e as experiências educacionais de todos os alunos são as mesmas.

Henderson, sem dúvida, é da opinião de que cada paradigma tem seus problemas; nenhum é culturalmente apropriado. Assim, o autor promove o que chama de *paradigma eclético*, que implica elaborar as experiências de aprendizagem flexíveis e permitir que os alunos interajam com materiais que reflitam valores e perspectivas culturais múltiplas. McLoughlin (1999) aplica essa noção à sala de aula *on-line*, afirmando que, se os professores forem capazes de reconhecer a capacidade que seus alunos têm de construir o seu próprio conhecimento e de aplicar a experiência prévia e seus modos culturalmente preferidos de aprender, provavelmente teremos uma sala de aula *on-line* mais sensível à cultura dos indivíduos que a compõem.

O trabalho do professor, então, ao responder às necessidades culturais do aluno virtual é buscar, tanto quanto for possível, materiais que representem mais do que um ponto de vista cultural. Quando isso não for possível, o professor deve incentivar os alunos a trazer tais recursos para o grupo *on-line*. Criar tarefas flexíveis e estruturas para a execução das tarefas pode também ajudar nesse processo. Pedir aos alunos que falem de suas culturas ao grupo não só os ajuda, mas também torna o grupo mais sensível às questões culturais. Reconhecer os modos diferentes pelos quais os alunos podem responder às técnicas de ensino *on-line* e estar sensível às barreiras culturais e aos obstá-

QUESTÕES DE GÊNERO

Há muito se especula que as mulheres têm uma relação diferente com os computadores e com a tecnologia. As primeiras pesquisas indicaram que as mulheres sentiam mais ansiedade ao usar o computador, preferindo trabalhar em grupo e conseqüentemente acreditando que a educação *on-line* talvez não atendesse suas necessidades (Callan, 1996). Estudos mais recentes, contudo, indicam que a ansiedade das mulheres em relação aos computadores está diminuindo (Gillett, 1996; American Association of University Women, 2001; Kirton e Greene, 2001).

Apesar de o desnível entre os gêneros haver diminuído na aprendizagem *on-line*, algumas mulheres continuam a pensar no mundo da tecnologia como uma território estranho. Apenas 28% dos alunos que fazem a graduação em ciências da computação são mulheres, número menor do que em 1984 (37%) (Vu, 2000). Gillett (1996) observa que as mulheres parecem não assumir tão prontamente quanto os homens o processo de comunicação por meio de computadores. Ainda assim, o número de mulheres que se matricula em cursos *on-line* está subindo por causa de muitos outros fatores que já discutimos: são convenientes, permitem que as mulheres trabalhem em tempo integral, dêem conta de suas responsabilidades para com a família e evitam custos adicionais com o serviço de babás para as crianças. De acordo com um relato recente da American Association of University Women (2001), 60% dos alunos *on-line* têm mais de 25 anos e são do sexo feminino.

Há duas teorias sobre as questões de gênero na comunicação *on-line*. A primeira sustenta que a comunicação *on-line* é mais justa, o que faz com que as mulheres (e possivelmente outros grupos marginalizados) sejam capazes de participar e expressar seus pensamentos, tornando, com efeito, menores as barreiras (Shapiro, 1997). A segunda teoria sustenta que a interação *on-line* é meramente o reflexo do que acontece no mundo real, onde os homens dominam. Os homens apresentam maior número de tópicos para discussão, ignoram os tópicos apresentados pelas mulheres e são responsáveis pela maior parte das mensagens enviadas (Herring, 1993, 1994). Muitos dos nossos colegas professores observaram que suas alunas participam de maneira diferente de seus cursos *on-line* – evitando a discussão de questões controversas e contribuindo menos para a discussão. Com base na informação de nossos colegas, e também em nossa experiência, concordamos que, nos grupos *on-line* em que haja homens e mulheres, estas tendem a sujeitar-se aos colegas do sexo masculino, muito embora tenham contribuições significativas a fazer. Além disso, as mulheres parecem estar menos dispostas a enfrentar os homens quando as contribuições deles são equivocadas ou inadequadas. Em seu trabalho sobre dinâmica de grupo, McClure (1998) observa que as dinâmicas de grupo diferem de acordo com o gênero. Em grupos compostos apenas por mulheres, a participação parece ser mais intensa e equilibrada. O que faz com que essas diferenças ocorram, e como o professor pode lidar com elas em uma sala de aula *on-line*?

Herring (1994) estudou as mensagens de homens e mulheres para as discussões *on-line* e chegou à conclusão de que as mensagens dos homens tendem a ser mais autoconfiantes e agressivas, chegando a ponto de enviar mensagens de ataque pessoal. O estilo masculino é o de buscar um adversário, tem mais a tendência de fazer comentários mordazes, é forte e freqüentemente briguento, além de se caracterizar por mensagens longas e constantes, autopromoção e sarcasmo. As contribuições femininas, por outro lado, são mais solidárias e contêm elementos que indicam dúvida a cerca de suas próprias posições. Herring observa que essas características representam os pontos extremos das diferenças de gênero no comportamento de homens e mulheres. Truong (1993) concorda com as observações de Herring, observando que, muito embora os sistemas de rede de computadores tornem obscuras as características físicas, muitas mulheres acham que as questões de gênero se estendem à comunidade *on-line*, estabelecendo o tom para as suas interações públicas ou privadas. Em outras palavras, o comportamento estereotipado permanece *on-line*.

De acordo com Lisa King (2000), talvez "nada tenha mudado. As mesmas pessoas que têm o poder no mundo real o detêm no mundo *on-line*. São as mesmas pessoas que criaram e controlaram as tecnologias para a realização da internet. Apenas quando outros grupos tiverem voz para opinar sobre como e quais novas tecnologias devem ser implementadas, o mundo começará a mudar". (CPSR Newsletter *On-line*, 3).

Um relatório da American Association of University Women (2001) indica que as mulheres buscam a educação *on-line* não só porque lhes é conveniente, mas também porque desejam encontrar a mesma satisfação que a educação superior propicia aos alunos residentes. As mulheres buscam a satisfação de aprender e a sensação de realização proveniente da participação em um grupo *on-line*. Contudo, as mulheres que responderam à pesquisa relataram que, de fato, acharam desanimadores alguns aspectos da aprendizagem *on-line*, incluindo o custo do ensino e do equipamento, a carga pesada do curso e o fato de que nem todos os programas de ensino *on-line* a distância sejam credenciados. Além disso, apesar de sua conveniência, a aprendizagem *on-line* ainda rouba tempo da convivência com a família. As mulheres pesquisadas foram da opinião de que não estavam agindo bem para com suas famílias por terem de reduzir o tempo que dedicavam a elas. O sucesso na aprendizagem *on-line* cresceu significativamente quando as mulheres receberam apoio de suas famílias e de seus locais de trabalho.

O relatório da American Association of University Women faz recomendações para o sucesso das mulheres nos cursos e programas *on-line*, incluindo: a expansão de programas de auxílio financeiro para ajudar alunas que atualmente participam dos cursos, mas com carga horária parcial; o envolvimento de mais mulheres que hoje ocupam a posição de administradoras, professoras ou alunas no processo de planejamento para os cursos *on-line*; a educação dos formadores de opinião sobre as dificuldades que as mães que trabalham têm de enfrentar quando querem continuar sua educação formal por meio da educação a distância; a disseminação da informação sobre a educação *on-line* para que esta atinja mulheres que pouco provavelmente buscariam *sites* de informação, como as mulheres que trabalham com assistência social ou como as mulheres mais velhas; o tratamento das alunas a distância como seres responsáveis e inteligentes, e não como consumidoras passivas da educação.

Os professores também precisam esforçar-se para que suas aulas *on-line* recebam bem as mulheres. King (2000) observa que os espaços que recebem bem as mulheres consistem em uma mistura equilibrada de gêneros e em níveis de participação compatíveis. Para chegar à comunicação equilibrada em uma sala de aula *on-line*, o professor precisa:

- Fazer um rodízio da facilitação entre os alunos, a fim de que todas as vozes sejam ouvidas.
- Alternar os líderes dos (pequenos) grupos colaborativos.
- Adotar tarefas colaborativas que dêem apoio às necessidades da mulher relativas ao grupo de trabalho.
- Comunicar-se em particular com os alunos do sexo masculino que dominam a discussão, a fim de fazer com que se tornem mais conscientes do impacto de seu comportamento no grupo.
- Confrontar o uso inadequado da linguagem ou de qualquer comportamento que não incentive a eqüidade.
- Considerar todos os alunos responsáveis pelos trabalhos.
- "Chamar" os alunos que não estejam participando, tentando determinar com eles o que atrapalha sua participação ou pedindo-lhes diretamente suas opiniões sobre determinado tópico.

QUESTÕES GEOGRÁFICAS

Keith com freqüência brinca que, apesar de viver nas montanhas ao noroeste do Arkansas, foi capaz de ter internet de alta velocidade de maneira rápida e fácil, enquanto Rena, que vive na região de San Francisco, teve de lutar durante dois anos para conseguir a internet a cabo, sendo forçada a trabalhar com a conexão discada para lecionar e fazer consultas. Apesar dessa ironia, a impossibilidade de conseguir acesso à internet rápida ou até a uma boa conexão discada é um fator real para as pessoas que vivem em áreas mais distantes. Além disso, o custo da conexão de alta velocidade pode ser alto demais para alguns alunos.

As questões geográficas podem sustentar ou interferir na capacidade de um aluno *on-line*. A capacidade de acessar a aula a qualquer momento e de qualquer lugar pode, na verdade, não acontecer quando o aluno depende de um serviço telefônico não confiável. Tome-se o exemplo do Alasca e do oeste do Estado de Nova York. Nas comunidades mais remotas do Alasca, há apenas uma linha telefônica e um ou dois computadores disponíveis para o uso do público. O acesso individual a um computador e à internet é algo quase desconhecido. Além disso, dependendo do tempo e das questões de distância, o serviço telefônico pode ser extremamente ineficiente. Um resultado disso foi o de a University of Alaska buscar oferecer um serviço por satélite para as áreas mais distantes, a fim de que as pessoas que vivem lá também possam fazer cursos a distância. O oeste do estado de Nova York é a casa de muitas comunidades rurais de baixa renda. Nossos colegas da SUNY[*] nos informaram que os alunos freqüentemente não dispõem de telefone, para não falar de computadores e *modem*. Contudo, possuem uma televisão e um videocassete, o que permite que usem outras opções de ensino a distância. Usar os laboratórios de informática nos campi é também uma opção. Pelo fato de nem todos os alunos possuírem acesso aos recursos da informática, os professores precisam ser flexíveis ao acomodar seus alunos aos cursos.

As questões geográficas e de acesso precisam ser consideradas quando se projeta um curso *on-line*. Os cursos devem ser elaborados com o serviço discado em mente. Em outras palavras, quanto mais simples, melhor. Um aluno que só tenha acesso à conexão discada provavelmente terá dificuldades em acessar páginas com gráficos muito pesados, em fazer *downloads*, em assistir a videoclipes, em fazer *download* de arquivos de som e ouvi-los e em participar de *chats* e de sessões de *whiteboard*. Devemos oferecer alternativas aos alunos para que eles não se sintam frustrados em trabalhar com a velocidade baixa da conexão discada. A última coisa que o professor ou o aluno querem enfrentar durante o curso é a luta contínua contra a tecnologia. Se tivermos em mente as necessidades do aluno "geograficamente prejudicado" quando projetarmos o curso, os problemas serão eliminados antes de começar.

QUESTÕES RELIGIOSAS E DE ESPIRITUALIDADE

Desde que escrevemos *Construindo comunidades de aprendizagem no ciberespaço* (Palloff e Pratt, 1999) continuamos a considerar as questões da espiritualidade no ambiente *on-line*. Acreditamos que o espírito é a essência de nossa humanidade, e as comunidades de aprendizagem *on-line* são essen-

---

[*]N. de R.T. SUNY – State University of New York.

cialmente espirituais por serem um veículo pelo qual os seres humanos se comunicam. Naquele livro, dissemos: "A espiritualidade ajuda a aumentar nosso nível de abertura e de consciência. A maneira cada vez mais aberta com que os alunos se comunicam *on-line* é algo espiritual (...) O que importa é que haja um sentimento de conexão entre as pessoas. Assim, apesar de seus defeitos, a comunidade *on-line* é uma comunidade espiritual" (p. 42).

A religião e a expressão de crenças religiosas, de fato, surgem na sala de aula *on-line*. É importante que os professores dêem espaço para o espiritual e para que os alunos se sintam à vontade em agir de acordo com suas crenças. É responsabilidade dos alunos comunicar ao professor quaisquer problemas ou preocupações referentes à religião. Apesar de o curso *on-line* estar aberto e disponível 24 horas por dia, um aluno judeu, por exemplo, talvez não participe aos sábados. Outros alunos talvez não participem durante os feriados religiosos. O mesmo pode acontecer com o professor. Assim, é bom que o professor faça perguntas relativas a esses impedimentos no início do curso, permitindo aos alunos que expressem suas necessidades de maneira aberta.

Em nossas viagens pelo país, ouvimos perguntas sobre a adequação de citar trechos da Bíblia em cursos *on-line*. Essa espécie de preocupação não se aplica aos cursos oferecidos por instituições religiosas, mas às instituições públicas ou privadas que não têm caráter religioso. Muitas das instituições de fundo religioso com que trabalhamos fizeram um bom trabalho ao incorporar a prática religiosa nos cursos *on-line*. Elas o fizeram por meio da criação de rituais, círculos de preces e de referências a material religioso. Quando adequadas a uma instituição, tais práticas servem como apoio à sua missão e também à crença religiosa e espiritual dos alunos matriculados.

No que diz respeito aos cursos *on-line*, nossa filosofia é permitir que a Bíblia seja citada, desde que isso sirva para sustentar uma discussão. Permitir que se façam orações, contudo, não é adequado para um curso não-religioso. Tivemos um aluno de um curso sobre mudanças de caráter social que, em seu trabalho final, reclamou por ter de analisar um texto cuja perspectiva era evolutiva e não criacionista, e que seus colegas não responderam às citações da Bíblia que ele enviara. Em nossa resposta, demos apoio à sua crença religiosa, mas frisamos que estava fazendo um curso em uma instituição em que os alunos tinham diferentes crenças. O fato de os colegas não terem respondido às citações da Bíblia foi um sinal de respeito a ele. Nenhum de seus colegas havia reclamado de suas mensagens, mostrando, portanto, respeito por sua crença religiosa. Explicamos que esperávamos que ele fosse tão tolerante com seus colegas quanto estes foram com ele. O aluno gostou de nosso *feedback*, expressando que se sentia apoiado por nós.

É importante dar espaço para a prática da espiritualidade e da religião em nível individual, mas os próprios alunos devem ser responsáveis por suas necessidades nessa área. O aluno que citamos, ao expressar sua preocupação, fez exatamente isso e deu-nos a oportunidade de apoiá-lo e de fazer com que se tornasse mais ciente das necessidades dos outros.

QUESTÕES DE ALFABETIZAÇÃO E DEFICIÊNCIA FÍSICA

Os alunos deficientes e os alunos que lêem ou escrevem mal representam um desafio a mais para a sala de aula *on-line*. Embora a aprendizagem *on-line* permita que os alunos deficientes se sintam completamente integrados na comunidade, os professores precisam prestar atenção às questões de acessibilidade, disponibilidade e de suporte a fim de garantir a participação integral (Standen, Brown e Cromby, 2001). Além disso, respeitar o American with Disabilities Act (ADA) é algo que deve acontecer na sala de aula *on-line*, assim como ocorre na sala de aula tradicional. Da mesma maneira que ocorre com as questões de cultura e gênero, a tecnologia não é neutra quando o assunto é o acesso das pessoas deficientes.

Apesar de o uso do computador depender da capacidade de ler e de escrever com a ajuda de um monitor e de um teclado, devemos também propiciar as condições necessárias para aqueles que não podem fazê-lo. Os *softwares* de assistência – tais como os programas que lêem o que está escrito na tela ou que são ativados pela voz – ajudam as pessoas que têm algum problema físico a acessar cursos e programas *on-line*. Contudo, nem todas as plataformas utilizadas nos cursos *on-line* são projetadas para funcionar com *softwares* de assistência, o que cria problemas significativos para o aluno virtual deficiente. Pelo uso dos *softwares* de assistência, há agora a necessidade de que o código HTML dos *sites* dos cursos seja uniformizado. Infelizmente, no momento em que este livro foi escrito, grande parte das empresas que fabricam os programas para o desenvolvimento de cursos *on-line* ainda não haviam incorporado um padrão compatível, embora estejamos certos de que isso ocorrerá. Os instrutores que quiserem obter mais informações sobre a adequação dos *sites* ao ADA podem visitar o World Wide Web Consortium's Web Accessibility Initiative (http://www.w3c.org/WAI) e o *site* do governo federal norte-americano sobre os métodos de codificação de *software* para a adequação ao ADA (http://www.section508.gov).

Assim, mais uma vez frisamos, o professor deve ter em mente a idéia de que o curso será melhor quanto mais simples for. Quando são utilizados apenas gráficos, áudio ou vídeo, é necessário também incluir um texto, o que possibilita aos programas de leitura converter a informação. Minimizar ou tornar opcional a participação nos *chats* e nas sessões de *whiteboard* elimina a preocupação com o aluno deficiente, que não consegue acompanhar tais atividades. Transcrever o que ocorre nessas sessões e dar aos alunos deficientes a oportunidade de responder ajudam a criar um sentido de inclusão, seja por razões físicas, seja por razões geográficas.

Os professores, com freqüência, perguntam como lidar com os alunos que não são deficientes, mas que simplesmente não sabem escrever ou ler o suficiente para participar com sucesso do grupo *on-line*. Em nossa discussão sobre os serviços ao aluno (ver Capítulo 8), mencionamos que é importante que as instituições ofereçam um laboratório de escrita, cursos de redação ou um tutorial para lidar com tais alunos. Da mesma forma que ocorre na sala de aula tradicional, as questões de escrita e competência lingüística também surgem *on-line*, mas são mais proeminentes, pois o modo principal de comunicação é a escrita.

Em nossas aulas, não corrigimos a gramática e a ortografia das mensagens dos alunos enviadas aos painéis de discussão, mas exigimos que os trabalhos escritos estejam de acordo com as regras da gramática. Porém, se as mensagens de determinado aluno forem tão mal escritas que impeçam a compreensão, contataremos o aluno, sugeriremos que primeiro escreva *off-line* em um processador de textos, que faz a correção da ortografia e da gramática, para só depois enviar o que escreveu. Também recomendamos muito ao aluno que busque o auxílio de um profissional de redação.

Em algumas ocasiões tivemos alunos cuja escrita era tão problemática que a instituição interveio, sugerindo que eles se afastassem do curso para melhorar sua redação. Esses alunos foram incentivados a matricularem-se novamente depois de finalizar um curso de redação. Embora tais casos sejam exemplos extremos, é importante que as diretrizes referentes à preparação acadêmica estejam estabelecidas e que sejam seguidas, a fim de que possamos construir e manter programas de alta qualidade *on-line* e que sejam instigantes o suficiente para reter todos os alunos matriculados. Em determinado ponto, a capacidade de escrever e ler do aluno se torna uma questão de qualidade e de padrão acadêmico. Se os professores não lidarem com ela, as críticas à educação *on-line* serão reforçadas.

A EXCLUSÃO DIGITAL

Os tópicos abordados neste capítulo testemunham que a exclusão digital – o desnível entre o acesso à tecnologia que os brancos têm em oposição aos grupos minoritários – ainda existe. A exclusão digital, na nossa opinião, existe não só entre os brancos e as minorias, mas também entre os homens e as mulheres e entre a população em geral e os indivíduos deficientes. Na verdade, a exclusão digital não foi criada apenas por questões monetárias, mas por muitas outras diferenças.

Larry Irving, em um estudo chamado "Falling through the net" ("Caindo através da rede"), de 1995, argumenta que a maior parte das pessoas que não têm acesso à informação está na área rural e nas áreas pobres das grandes cidades. Os grupos nativos que vivem nas áreas rurais, os aleútes, os esquimós e os índios norte-americanos possuem proporcionalmente o menor número de telefones – e conseqüentemente um acesso bem menor à internet –, seguidos pelos hispânicos e pelos negros que vivem na mesma região. As famílias negras das áreas pobres das grandes cidades e especialmente das áreas rurais são as que possuem o menor percentual de computadores em casa; os hispânicos das áreas pobres das grandes cidades também ocupam um lugar baixo na escala. Entre as casas que têm um computador e *modem*, os nativos e os asiáticos/residentes no Pacífico ficaram na posição mais baixa. No quesito idade, a maior desvantagem é das famílias jovens (comandadas por pessoas com menos de 25 anos), especialmente nas áreas rurais. Os cidadãos com mais de 55 anos, independentemente do local em que vivem, ultrapassam todos os outros grupos no que diz respeito à propriedade de telefones, mas na área rural são os que possuem o menor número de computadores. Entre as casas que têm computadores com modem, os jovens das áreas rurais ocupam a posição mais baixa da tabela, sendo ultrapassados pelos grupos rurais de meia idade e pelos idosos, também da região rural.

Irving argumenta que, em geral, quanto mais baixo o nível educacional, menor o número de telefones, computadores e *modems*. Segundo o autor, à medida que ingressamos no século XXI, a lacuna aumenta, e não diminui (citado em Young, 2002). Embora haja um crescimento no acesso e no uso de computadores entre as pessoas de baixa renda, como os negros e hispânicos, a lacuna continua a ampliar-se, porque inicialmente poucos membros desses grupos tinham acesso a computadores.

Para diminuir essa lacuna nos cursos e programas *on-line*, os administradores e professores devem primeiramente estar cientes de sua existência. A acessibilidade proporcionada pelos laboratórios de informática e pelas áreas de acesso público pode ajudar os alunos mais pobres a participar dos cursos *on-line*. Prestar atenção às questões relativas ao planejamento do curso pode reduzir as barreiras culturais, geográficas e referentes às deficiências físicas. Ter sensibilidade, estar atento e intervir ajuda a eliminar barreiras potenciais causadas pela iniqüidade de gênero. Assim, os professores podem ajudar a reduzir a exclusão digital. A Tabela 4.1 revisa as várias técnicas instrucionais que podem ser aplicadas para diminuir essa barreira.

PENSAMENTOS FINAIS

Embora seja possível eliminar – por meio da formação de uma comunidade de aprendizagem *on-line* em que o professor não deixe de dar atenção às questões de estilo de aprendizagem e cultura – grande parte do isolamento que o aluno virtual experimenta, os alunos *on-line* precisam também se sentir parte de uma entidade maior. Muitos alunos afirmam sentir falta de maior conexão com a instituição e dizem ser difícil que esta atenda suas necessidades mais singulares. No próximo capítulo, dedicaremos nossa atenção às necessidades institucionais do aluno virtual, às maneiras de ajudá-los a sentirem-se conectados a algo maior e aos serviços de que os alunos precisam para ter sucesso em um programa *on-line*.

72 RENA M. PALLOFF & KEITH PRATT

TABELA 4.1 Técnicas instrucionais que diminuem a exclusão digital

Questão de acesso on-line a ser abordada	Técnicas instrucionais
Cultura – Aborde e inclua todas as culturas no material do curso.	• Use material cuja perspectiva seja multicultural. • Incentive os alunos a trazer material multicultural para o curso ou a abordar pontos de vista multiculturais em trabalhos e projetos. • Use tarefas colaborativas que permitam aos alunos trabalhar com sua cultura e ensinar sobre ela. • Incentive os alunos a falar de sua perspectiva cultural nas mensagens que enviam. • Desenvolva a sensibilidade a questões culturais ao ensinar e entre os alunos, por meio de um *feedback* adequado e pelo respeito às diferenças culturais.
Gênero – Crie um ambiente agradável para ambos os sexos.	• Alterne a *facilitação* entre homens e mulheres, dando-lhes oportunidades iguais. • Incorpore tarefas colaborativas no curso. • Confronte, com respeito, qualquer uso de linguagem ou comportamento que não incentive a eqüidade. • Converse com os alunos que não participam, tentando remover barreiras que podem ter como causa questões de gênero.
Geografia – Aborde questões de acesso.	• Prepare o material do curso levando em consideração o acesso e o uso de conexão discada – simplifique. • Proporcione alternativas, tais como versões em texto para arquivos de vídeo e áudio. • Informe os alunos sobre como obter acesso grátis ou de baixo custo a um computador se o aluno não possuir um em casa.
Religião e espiritualidade – Crie um ambiente em que todas as crenças e práticas religiosas sejam respeitadas.	• Permita a inclusão de todas as crenças nas discussões *on-line*. • Dê espaço para práticas religiosas, tais como a ausência em feriados. • Incentive os alunos a responsabilizarem-se por suas necessidades nesta área por meio de comunicação regular com o professor.
Alfabetização (competência lingüística) e deficiência física – Aborde as necessidades dos alunos com deficiência física e com problemas de leitura e escrita.	• Incentive os alunos a escrever suas mensagens *off-line*, a fim de que erros ortográficos e questões gramaticais sejam verificados. • Ofereça acesso a cursos de redação. • Projete o curso com o modo de acesso em mente: use o meio textual como alternativa a áudio, vídeo e gráficos, o que permite o uso de *software* de assistência – simplifique. • Use a ferramenta *Bobby Worldwide* para verificar o *site* do seu curso quanto à compatibilidade com a ADA. (http://bobby.cast.org/htm/en/index.jsp).

O que o aluno virtual precisa

5

Os cursos *on-line* não existem isoladamente; são parte de um currículo ou de um programa de treinamento e ministrados, na maior parte das vezes, no campus de uma universidade ou em um ambiente corporativo. Podem também ser parte de um curso totalmente *on-line*, seja na graduação, na educação continuada, nos programas de treinamento ou ainda em uma universidade virtual. Independentemente do modo pelo qual esses cursos se encaixam na estrutura geral de um programa, são, contudo, geralmente parte de uma instituição maior. Assim, da mesma forma que precisam ter a sensação de estarem em uma comunidade, os alunos virtuais precisam sentir-se conectados à instituição que patrocina o curso. A conexão dos alunos com a instituição e o que eles precisam nessa instituição são o objeto deste capítulo.

ESTAR CONECTADO À INSTITUIÇÃO: O ELO PERDIDO

Muitos administradores perguntam-se por que o índice de abandono nos cursos *on-line* dos Estados Unidos chega a 50% dos alunos matriculados (Carr, 2000). Alguns entendem que o problema central é a qualidade dos cursos oferecidos ou a diferença existente quando se aprende e se ensina *on-line*, enquanto outros acreditam que as mesmas circunstâncias de vida que levam os alunos aos cursos *on-line* – obrigações profissionais e familiares – são os obstáculos. O papel da instituição na retenção do aluno virtual não pode, contudo, ser ignorado. Voltaremos a uma discussão mais extensa sobre o recrutamento e a retenção no Capítulo 10. Nosso foco neste momento são os tipos de serviço que o aluno virtual precisa quando está matriculado em um curso ou programa *on-line*.

O que os alunos virtuais buscam em suas instituições não é mistério. Strong e Harmon (1997) observam que os alunos procuram o seguinte em um programa de educação a distância: um programa baseado na capacidade de atender às necessidades educacionais de alunos não-tradicionais; foco no aluno, e não no professor; bom custo-benefício; tecnologia confiável, de fácil navegação e trans-

74 RENA M. PALLOFF & KEITH PRATT

parente para o usuário; níveis adequados de informação e de interação humana. Os alunos virtuais também querem ser tratados como clientes. Rick Skinner, da Georgia GLOBE (Georgia Global Learning *On-line* for Business and Education), entende que os alunos virtuais são como "clientes muito astutos" (Carnevale, 2001). Isso significa que eles exigem cursos e programas de qualidade e também uma boa resposta tanto dos professores quanto da instituição. Se sentirem, por exemplo, que suas necessidades não estão sendo atendidas em tempo adequado, podem frustrar-se e desistir do curso ou programa.

QUESTÕES TECNOLÓGICAS E DE APOIO

Em uma experiência recente que tivemos com uma das instituições com que trabalhamos, faltando apenas três semanas para o fim do semestre, a escola instalou um portal pelo qual os alunos podiam acessar suas turmas e outras informações. A instalação correu bem durante quase todo o tempo, mas alguns alunos descobriram que não podiam mais acessar os cursos em que estavam matriculados ou até mesmo mandar mensagens, pois elas "desapareciam". Fomos contatados por uma aluna que estava extremamente frustrada com a falta de suporte técnico que a instituição lhe oferecia para resolver o problema. O título de seu *e-mail* era "SOCORRO, SOCORRO, SOCORRO!"

> Depois de esperar vinte e sete minutos, finalmente consegui contatar o suporte técnico. Hum! Acho que vão reiniciar o servidor. Acho que estou ficando frustrada porque eles também não me deram acesso aos dois cursos de primavera que começavam ontem. Telefonei quatro vezes (depois de mais de quinze minutos de espera) e tudo o que me diziam é que eu deveria conseguir acessar em uma ou duas horas. Acho que esse foi um bom teste de paciência, mas eu simplesmente odeio ter de ficar para trás em dois cursos, já tendo o horário pesado que tenho. *Teri*

Contatamos imediatamente os administradores na universidade para informá-los sobre o problema, e sua comunicação com a aluna foi quase imediata. Embora ela ainda tenha esperado pelo suporte técnico, pelo menos percebeu que tínhamos dado atenção a seu problema, e sua frustração diminuiu. A resposta urgente às solicitações que o aluno faz ao suporte técnico é uma maneira de fazer com que ele se sinta conectado e ouvido pela instituição.

O aluno virtual espera ser o foco do curso ou programa *on-line*. Ele espera ser parte de uma parceria, com os professores e com a instituição, que resultará na satisfação de seus objetivos de aprendizagem (Bates, 2000). Hanna, Glowaki-Dudka e Conceição-Runlee (2000) explicam a diferença entre uma filosofia centrada no aluno e uma filosofia centrada no professor. Na abordagem centrada no professor, a organização do curso, o conteúdo e as atividades contêm um mínimo de participação do aluno. Trata-se de um modelo baseado na exposição, no qual os alunos talvez não se envolvam em muitos debates, sejam entre eles, sejam com o professor. Uma abordagem centrada no aluno, ao contrário, implica um processo de participação dos alunos na seleção e no desenvolvimento do conteúdo. Há negociação entre o conteúdo e a estratégia para explorá-lo. Há um grau significativo de interação entre os alunos e destes com o professor.

Hanna, Glowaki-Dudka e Conceição-Runlee acrescentam ainda duas filosofias de ensino: centrada na comunidade de aprendizagem e conduzida pela tecnologia. Definem o ensino centrado na comunidade como aquele que promove a interação social como componente essencial da aprendizagem. Alertam contra o ensino conduzido pela tecnologia, pois a interação neste tipo de ensino é controlada pela tecnologia e não pelos alunos ou professores. A interação é da pessoa com a máquina, e não da pessoa com outra pessoa. São esses cursos que têm causado problemas ao ensino *on-line*, pois eles são vistos como algo impessoal, em que falta rigor acadêmico. Acreditamos que uma combinação da abordagem centrada na comunidade com a abordagem centrada no aluno é a que atinge maior sucesso em manter os alunos envolvidos e participativos *on-line*.

INTEGRANDO OS SERVIÇOS AO ESTUDANTE NOS CURSOS E PROGRAMAS *ON-LINE*

Rodney Everhart (2000) contribui para essa discussão quando afirma que colocar o conteúdo *on-line* é apenas o começo do que precisa acontecer em um programa *on-line*: "A área de comunicação mais carente hoje é a que diz respeito ao acesso à grande comunidade composta pela instituição e pelos recursos por ela oferecidos" (p. 48). Muitos alunos virtuais têm acesso limitado a bibliotecas, livrarias em que haja textos acadêmicos, serviços de aconselhamento e mesmo suporte técnico. Assim, ao planejar cursos e programas *on-line*, a instituição precisa planejar e abordar tais questões de maneira abrangente e integrada.

Buchanan (2000) afirma que os alunos *on-line* enfrentam desafios e obstáculos quando tentam achar, por telefone ou *e-mail*, a pessoa certa para tratar de questões administrativas e para obter materiais para matrícula, transcrições e formulários para crédito educativo. Há uma lacuna entre o *software* administrativo utilizado em muitos campi e o *software* usado para apresentar os cursos *on-line*. Com freqüência, o *software* administrativo não pode ser conectado aos cursos *on-line*, o que cria obstáculos adicionais nas matrículas e também na avaliação do curso. Embora a questão do *software* esteja sendo tratada pelas pessoas que desenvolvem *software* para cursos *on-line*, ela ainda pode criar problemas para o aluno virtual.

Além do mais, esses alunos têm de, com freqüência, buscar sua própria orientação e assistência profissional em recursos que não estão associados com o campus universitário. Todas essas barreiras podem estar contribuindo para que haja taxas mais altas de abandono associadas aos cursos e programas *on-line*.

Buchanan sustenta que há maneiras de uma instituição remover os obstáculos enfrentados pelos alunos *on-line*, tais como oferecer acesso telefônico gratuito até às pessoas que trabalham especificamente com eles, endereços eletrônicos destinados à solução de problemas e a perguntas sobre os serviços, assistência profissional por meio de meios eletrônicos, como *workshops on-line*, e *links* para os serviços de biblioteca e livraria.

As sugestões de Buchanan são a base de um programa bem integrado e amplo de serviços ao estudante virtual. Além disso, oferecer aos alunos a possibilidade de acessar informações sobre o curso, registrar-se *on-line* e acessar um arquivo *on-line* no qual estão as notas e outros materiais do aluno também é algo útil e que faz com que se sintam conectados à instituição em que se matricularam.

O *website* apresentado no Exemplo ilustrativo 5.1, chamado iGuide, é da Capella University e demonstra como todos os serviços de que falamos podem ser oferecidos em um só lugar, com fácil acesso para os alunos.

Nesse *site*, os alunos podem acessar seus cursos e também uma variedade de serviços, incluindo a matrícula, informação sobre crédito educativo, recuperação de formulários necessários, serviços de orientação assincrônica e sincrônica, descrição dos cursos, gravações e transcrições e tutoriais *on-line*. Comunicados importantes também devem estar ao alcance do aluno, a fim de que ele se sinta bem informado e conectado à instituição. Os alunos que pretendem ingressar nos cursos *on-line* também podem usar o *site* para fazer uma avaliação dos serviços. Um *website* assim ajuda a reduzir sentimentos de isolamento e remove as barreiras para acessar informações a distância.

Alguns *links* de muita ajuda no iGuide são os de serviços da biblioteca, da livraria e uma sala comunitária em que os alunos podem conectar-se para falarem sobre sua vida social e de outros assuntos. Oferecer orientação sobre o *software* utilizado no curso – e também sobre as expectativas do professor – é uma maneira bastante eficaz de manter o aluno conectado à instituição. O fato de os alunos usarem o iGuide como um meio de acessar suas turmas significa que esse é um lugar que freqüentam diariamente. É importante que tudo esteja disponível aos alunos em um só local, pois assim não precisarão procurar longe o que precisam para terem sucesso *on-line*.

COBRAR OU NÃO COBRAR? EIS A QUESTÃO!

Tornou-se mais complicado saber quanto se deve cobrar por um curso *on-line*, pois as instituições enfrentam custos crescentes com o material necessário para tais cursos plataformas para EAD, com a infra-estrutura tecnológica necessária ao suporte técnico, bem como com as necessidades do próprio

O ALUNO VIRTUAL **77**

EXEMPLO ILUSTRATIVO 5.1 Exemplo de um *site* de serviços ao aluno

campus. No ano 2000, as faculdades e universidades dos Estados Unidos esperavam gastar 1,2 bilhão de dólares não só em *software*, mas também em *hardware* com os departamentos acadêmicos (Market Data Retrieval, 2002). Será que o aluno virtual deve pagar os mesmos valores que paga o aluno que freqüenta o campus? Ou deve haver uma estrutura diferente, incluindo taxas pela tecnologia? As instituições continuam a lutar com essas questões à medida que adentram o mundo da educação *on-line*.

O que sabemos é que os alunos virtuais questionam e até se ofendem por ter de pagar taxas por algumas atividades, já que é muito improvável que venham a usar os recursos oferecidos pelo *campus* (Carnevale, 2001). A reação pode ser mais amena ao pagar taxas relativas à tecnologia se forem levados a compreender para que servem tais taxas. Em vez de cobrar taxas, algumas instituições cobram mais caro pelas matrículas para cursos *on-line*, mas os alunos não entendem por quê. As políticas variam de acordo com a instituição: algumas não cobram taxa alguma, mas cobram mais pelas matrículas; outras cobram o mesmo pelo ensino e pelas taxas, independentemente de os alunos usarem ou não os serviços do campus. Buchanan (2000) sugere que as instituições eliminem algumas taxas por serviços que os alunos não usarão, como o transporte, os grupos de estudo do campus e as atividades esportivas. As taxas cobradas dos alunos constituem uma questão a ser abordada de maneira planejada pelas instituições, caso contrário podem passar a ser mais um obstáculo para o aluno virtual.

O DESENVOLVIMENTO DE POLÍTICAS ADEQUADAS

Os cursos e programas *on-line* em geral começam a funcionar sem que se considere a questão das políticas que adotam. Pelo fato de os cursos e programas não terem sido necessariamente bem planejados, as políticas parecem desenvolver-se depois dos problemas que as instituições e os alunos tiveram de enfrentar. Além da questão das taxas, outras requerem o desenvolvimento de uma política adequada, como o uso da biblioteca e a possibilidade de utilização da biblioteca a distância; estruturas de ensino para alunos residentes em outros Estados; ajuda financeira; participação e uso de laboratórios de outras instituições; exames supervisionados; segurança e brechas na segurança, uso de senhas e arquivamento dos cursos; questões relativas ao bem-estar; assédio e uso de drogas ou álcool; privacidade; expectativas quanto à realização de trabalhos por parte do estudante e o tempo da resposta dos professores a esses trabalhos; padrões e critérios de avaliação; expectativa de conclusão do programa; questões de propriedade intelectual e de direito autoral; alunos problemáticos.

Uma vez que estejam elaboradas as políticas da instituição nessas áreas, é importante publicá-las no *site* do curso e também imprimi-las, a fim de que os alunos possam reportar-se a elas quando necessário. Também se deve disponibilizar informação sobre o pessoal que pode ajudar quando algum problema ocorrer em qualquer dessas áreas.

HABILIDADES BÁSICAS DE ESCRITA E SERVIÇOS DE ENSINO

Como observamos no Capítulo 4, não se pode garantir que todos os alunos virtuais saberão escrever adequadamente ao entrarem em um curso *on-line*. Embora a habilidade da escrita provavelmente melhore com o envio constante de mensagens para os painéis de discussão, é necessário estar atento aos alunos que tenham dificuldades em sua redação ou em outros aspectos acadêmicos. Não recomendamos corrigir a gramática e a ortografia dos alunos nas mensagens que mandam para os painéis de discussão, a não ser que a escrita do aluno seja tão deficiente que impeça a comunicação de suas idéias. De acordo com nossa experiência no ensino *on-line*, descobrimos que comentar ou editar as mensagens dos alunos cria uma espécie de "angústia do desempenho", que resulta em menor participação. Da mesma forma que a maior parte dos professores não pensaria em corrigir a gramática de um aluno que estivesse falando na sala de aula presencial, nós não corrigimos a ortografia ou a gramática de uma mensagem, porque ela é o equivalente da fala no curso *on-line*. Porém, exigimos que os trabalhos contenham um texto de qualidade, incluindo boa ortografia, gramática e formatação.

Quando os alunos freqüentam as aulas no *campus*, contam com o apoio de serviços de ensino ou de centros acadêmicos. Isso nem sempre ocorre com o aluno *on-line*. Pode-se arranjar uma espécie de serviço tutorial e editorial *on-line*, de maneira que os alunos possam trabalhar virtualmente com o que necessitam. Além disso, algumas instituições propiciam cursos de redação ou tutoriais por meio do próprio programa *on-line*. Não se deve ignorar a escrita deficiente – o aluno virtual merece todos os serviços oferecidos ao aluno que freqüenta o *campus*. A atenção à escrita e à qualidade acadêmica não é apenas um serviço que as instituições e os professores podem oferecer, é um componente fundamental para o desenvolvimento de cursos e programas *on-line* de qualidade.

A QUALIDADE É O SEGREDO

Fica cada vez mais claro que o aluno virtual está buscando cursos e programas *on-line* de alta qualidade e que deles precisa. Mas como ele pode ter certeza de que o curso ou programa que vai fazer é de alta qualidade? A National Education Association, juntamente com a Blackboard, Inc., apresenta, com base em uma pesquisa, uma lista que serve como referência para os cursos e programas de qualidade. As três áreas mais pertinentes nessa discussão sobre os serviços dispensados aos alunos e as suas necessidades são o apoio institucional, a estrutura do curso e o apoio ao aluno. As referências fundamentais que dizem respeito ao apoio institucional envolvem o planejamento e a manutenção de uma forte infra-estrutura para o ensino a distância. As referências na área da estrutura do curso são as seguintes:

- *Um programa de aconselhamento que ajude os alunos a determinar sua motivação, compromisso e acesso às exigências tecnológicas mínimas.* Como discutiremos no próximo capítulo, essa espécie de informação pode ser apresentada simplesmente pelo envio de um arquivo de auto-avaliação e outro de perguntas mais freqüentes.
- *Informações sobre o curso em que estejam delineados objetivos, conceitos, idéias e resultados da aprendizagem.* Os professores em geral são responsáveis por apresentar a informação sobre o curso. Contudo, é possível disponibilizar um catálogo *on-line* sobre os cursos que inclua não só a descrição dos mesmos, mas também os objetivos e os resultados de aprendizagem, juntamente, talvez, com uma amostra do plano de ensino. Com a posse desse conhecimento, os alunos virtuais estarão mais aptos a escolher os cursos que se adaptam a seus próprios planos de estudo e a se manter dentro dos mesmos.
- *Acesso digital satisfatório a recursos da biblioteca.* As instituições não podem ter como certo que os alunos terão acesso a bibliotecas nos locais em que residem. Portanto, para que os alunos tenham sucesso em seus cursos, é essencial que as instituições ofereçam *links* para bases de dados e outros meios que permitam aos alunos acessar o material da biblioteca.
- *Um acordo sobre as expectativas relativas à realização de trabalhos por parte do estudante e à resposta do professor.* Ser explícito no que diz respeito às políticas e expectativas que se tem dos alunos fará com que eles tenham maiores chances de sucesso. Um componente essencial de um curso ou programa de qualidade é explicar antes do início do curso o que se espera dos alunos em termos de realização dos trabalhos e o que os próprios alunos podem esperar do próprio professor em termos de *feedback*. Essa espécie de política precisa ser institucional, integrando-se a todo o curso. Voltaremos à discussão da comunicação de expectativas no próximo capítulo.

Quanto ao apoio ao aluno, as referências de qualidade sugeridas estão intimamente relacionadas aos elementos de um bom programa de serviços ao aluno:

- *Informação sobre os programas, incluindo as exigências para a admissão, o ensino e as taxas, exigências técnicas e de fiscalização dos exames, e os próprios serviços de apoio ao aluno.* Juntas, essas características são a base de um bom programa de serviços ao aluno.

- *Treinamento prático e informação que auxilie os alunos a ter acesso permanente à base de dados, arquivos do governo, serviços de notícias e outras fontes.* A integração dos recursos da biblioteca é fundamental para o sucesso do aluno virtual. Saber como acessar e usar esses serviços é o primeiro passo do processo.
- *Acesso à assistência técnica.* O acesso precisa ir além do horário comercial, pois a maior parte dos alunos virtuais acessa seus cursos tarde da noite ou bem cedo pela manhã.
- *Pessoal para responder às perguntas e dar conta das reclamações.* Buchanan (2000) é da opinião de que as instituições deveriam dispor de um profissional que estivesse disponível regularmente aos alunos.

LIDANDO COM AS NECESSIDADES DOS ALUNOS QUE MAIS PRECISAM

Embora o aluno virtual de sucesso seja considerado alguém que aprende com bastante independência e com poucas necessidades a serem supridas pelo professor ou pela instituição, isso nem sempre se aplica a todos. De acordo com nossa experiência, os alunos com o mais alto desempenho acadêmico podem, na verdade, ser aqueles que mais precisarão de ajuda no ambiente *on-line*. Na sala de aula presencial, esses alunos têm como observar a reação de um professor, um sorriso ou um pequeno movimento negativo da cabeça, quando contribuem com sua opinião. Como isso não ocorre *on-line*, a ansiedade relativa a seu desempenho pode aumentar.

Há pouco tivemos uma experiência com duas alunas desse tipo em grupos diferentes. Ambas pareciam reagir da mesma forma – embora suas contribuições para as discussões fossem bem pensadas, demonstrassem um bom pensamento crítico e recebessem uma avaliação positiva de seus colegas, elas, em geral, perguntavam ao final de uma mensagem: "O que vocês acham, Rena e Keith?" Recebemos também grande quantidade de *e-mails* dessas alunas – uma delas levantava muitas questões sobre o seu projeto e demonstrava-se muito angustiada sobre o trabalho que tentava realizar; a outra repreendia-nos, pois não respondíamos a ela do modo que ela achava necessário durante a aula.

O resultado de ambas situações foi, felizmente, bom. A primeira aluna começou seu projeto e passou a enviar seus trabalhos. A segunda percebeu – com o auxílio de seus colegas – que a necessidade de *feedback* estava relacionada à sua angústia e busca de aprovação, e não ao que nós, os professores, fazíamos ou deixávamos de fazer em aula. Se as conseqüências tivessem sido menos positivas, teríamos trabalhado mais de perto com essas alunas, indicando-lhes o serviço de aconselhamento oferecido pela instituição, a fim de que suas necessidades tivessem sido atendidas.

Não podemos pensar que todos os nossos alunos virtuais terão a capacidade de agir independentemente. Quando não o conseguem, os professores precisam indicar-lhes os serviços que os levem a ser mais autônomos. Apresentar diretrizes sobre como e quando daremos *feedback* ao trabalho dos alunos pode ajudar. Aqui estão alguns exemplos:

- Os alunos podem estar certos de que responderemos a cada uma de suas apresentações pessoais, como uma forma de bem recebê-los no curso.
- Responderemos quando uma questão é dirigida a nós, especialmente se o aluno chamar nossa atenção para ela, colocando nossos nomes na linha "assunto" da mensagem.
- Enviaremos uma mensagem quando um aluno ou grupo de alunos estiver perdido ou precisar produzir mais sobre determinado assunto.
- Enviaremos uma mensagem quando um aluno ou grupo de alunos for além das nossas expectativas em um painel de discussão ou trabalho.
- Enviaremos uma mensagem quando alguém mandar algo interessante para a discussão, esperando incluir mais alunos nela.
- Enviaremos nosso *feedback* à discussão pelo menos duas vezes por semana, fazendo comentários sobre o processo, informando ao grupo se estão no caminho certo ou para resumir o que foi apresentado.

Incluir essa informação em uma mensagem de boas-vindas ao grupo, ajudar os alunos quando ficam angustiados sobre seu desempenho nos cursos *on-line* e garantir ao grupo que o professor está presente e prestando atenção ao que acontece pode impedir que haja problemas no decorrer do curso.

PENSAMENTOS FINAIS

O aluno virtual precisa, em essência, de todos os serviços que são oferecidos ao aluno presencial. Contudo, deve-se prestar especial atenção a outras necessidades e questões criadas pelo trabalho a distância, tais como sensação de isolamento e problemas potenciais no acesso aos recursos. A seguir, então, apresentamos um resumo do que a instituição precisa oferecer a fim de atender às necessidades do aluno virtual.

- Uma experiência educacional de alta qualidade.
- Acesso a todos os serviços e recursos disponíveis no campus.
- Uma forte infra-estrutura tecnológica disponível noite e dia, juntamente com o suporte técnico.
- Bom custo-benefício.
- Programas e cursos centrados no aluno.

A Tabela 5.1 resume tais necessidades, e lista os meios pelos quais as instituições podem responder a elas.

TABELA 5.1 As necessidades do aluno virtual e as respostas institucionais

Necessidade do aluno virtual	Resposta da instituição e do instrutor
Foco no aluno – Os cursos e programas são desenvolvidos com o aluno em mente, e o aluno é tratado como um cliente.	• Os programas e cursos atendem às necessidades educacionais identificadas no aluno. • Os cursos são focados no aluno. • A tecnologia utilizada é confiável e de fácil navegação. • Os programas e os cursos têm bom custo-benefício. • Os programas e os cursos contêm uma quantidade adequada de interação. • Os alunos são informados do que precisam fazer para obter sucesso no programa.
Treinamento e suporte técnico – Os alunos são treinados para utilizar a tecnologia empregada no curso e têm acesso aos serviços de suporte técnico.	• O treinamento ocorre regularmente, *on-line* ou pessoalmente. • Tutoriais *on-line* e perguntas freqüentes são enviados para facilitar o acesso. • O suporte técnico está disponível dia e noite, ou especialmente à noite e aos finais de semana, quando os alunos em geral fazem seus trabalhos.
Serviços integrados ao aluno – Os alunos virtuais precisam acessar os mesmos serviços oferecidos aos alunos do campus.	• Um programa integrado de serviços ao aluno é oferecido, incluindo consultoria, matrícula, crédito educativo, livraria, serviços de biblioteca, tutoriais e aconselhamento profissional. • Há um grupo de contato *on-line* para a integração social dos alunos. • Há uma área para comunicados ou notícias, em que informações importantes são postadas. • O pessoal que presta serviço aos alunos está preparado para lidar com as necessidades deles.
Taxas e desenvolvimento de políticas – As políticas que atendem às necessidades dos alunos devem ser desenvolvidas e implementadas.	• As taxas pelos serviços não utilizados pelos alunos virtuais são eliminadas. • Políticas de amplo alcance são desenvolvidas para o aluno virtual, incluindo o uso da biblioteca, do laboratório de informática, uma política de ensino de segurança, de bem-estar e de privacidade. • As expectativas tanto para os alunos quanto para os professores são elaboradas e tornadas públicas, incluindo o tempo para o *feedback*, a avaliação, as questões de propriedade intelectual e o direito autoral, e o comportamento aceitável *on-line*.

Nesta primeira parte do livro, pintamos o retrato dos alunos virtuais, explicando seu papel na formação da comunidade de aprendizagem *on-line* e expondo o que eles querem e precisam que as instituições ofereçam. Na Parte II, analisaremos mais profundamente as necessidades do aluno virtual e várias técnicas instrucionais para atendê-los. Para começar, o aluno virtual tem de ser orientado tanto para o material do curso quanto para as diferenças entre aprendizagem *on-line* e aprendizagem face a face. No próximo capítulo, observaremos os elementos que compõem a boa orientação para o aluno virtual.

Parte II

UM GUIA PARA TRABALHAR COM O ALUNO VIRTUAL: QUESTIONAMENTOS, INQUIETAÇÕES E ESTRATÉGIAS

Elaborando uma boa orientação para o estudante

Na segunda parte do livro, mudaremos um pouco nosso foco para o modo pelo qual podemos abordar os questionamentos e as inquietações do aluno virtual, abandonando um pouco o que vimos na primeira parte, que foram o seu perfil e as suas necessidades. Neste guia para trabalhar com o aluno virtual, a intenção é sugerir técnicas instrucionais e também abordagens institucionais. Neste capítulo, apresentaremos a importante questão da orientação dos alunos para o curso ou programa *on-line*.

Os alunos geralmente ingressam em um programa *on-line* com a expectativa de que os cursos serão mais afinados às suas necessidades do que os cursos presenciais. Isso talvez signifique que os cursos são mais convenientes por causa da distância, do trabalho ou das obrigações familiares. Ou talvez signifique que os alunos não gostem das salas de aula presenciais, esperando que haja maior interação com o professor no ambiente *on-line*. Independentemente do que leve o aluno para a sala de aula *on-line*, o fato é que ele pouco sabe das exigências que o ensino *on-line* apresentará. Pelo fato de os alunos entrarem nos cursos ou programas *on-line* com expectativas que não estão de acordo com a realidade, algumas instituições agora oferecem cursos *on-line* para ensinar como aprender *on-line*, em que explicam não só como usar o *hardware* e o *software*, mas também quais são as diferenças entre ensinar e aprender e como ser um aluno eficiente. Outras instituições incorporaram algumas sessões presenciais obrigatórias para apresentar aos alunos uma orientação sobre o programa e os cursos. Qualquer que seja o método, a boa orientação ao aluno traz a mesma hipótese: ampliar ao máximo o potencial educacional tanto para a sala de aula *on-line* quanto para o aluno *on-line*. Neste capítulo, revisaremos os elementos de uma boa orientação para o aluno virtual. Também fazemos sugestões para a incorporação de alguns elementos de orientação nas salas de aula *on-line*, ofereçam ou não as instituições um programa de orientação em separado.

ANTES DE COMEÇAR

Antes mesmo de começar uma orientação *on-line*, os alunos precisam determinar se a aprendizagem *on-line* é o seu método preferido. Gilbert (2001) faz a seguinte sugestão para descobrir o potencial do aluno virtual: "O primeiro passo é descobrir se o que você quer aprender é oferecido. A seguir, deixe claro para você mesmo por que motivo quer estudar a distância. Depois, descubra, por conta própria, antes de matricular-se, se você saberá jogar bem esse jogo" (p. 57).

Os professores em geral nos perguntam como podemos prever se um aluno terá ou não sucesso *on-line*. É certo que identificamos características que parecem aplicar-se, mas não há critérios absolutamente certos para o sucesso ou quaisquer instrumentos de classificação confiáveis que possam ser usados para medir a possibilidade de sucesso. Conseqüentemente, a previsão do sucesso é algo que fica a critério de quem faz o curso.

Na nossa caixa de ferramentas do aluno *on-line* de sucesso (p. 161), incluímos exemplos de auto-avaliação que algumas instituições utilizam. A maior parte delas inclui as habilidades, os objetivos, as atitudes e as capacidades, que podem ajudar um aluno que está prestes a tomar uma decisão sobre continuar ou não com o curso *on-line*. Porém, uma auto-avaliação não pode determinar se o aluno terá de fato sucesso. Se, por exemplo, o aluno notar que se sente mais à vontade com um nível mais alto de estruturação, a aprendizagem *on-line* não terá de ser necessariamente colocada de lado. Algumas turmas são projetadas com tamanha estrutura que o aluno se sentirá confortável. Conseqüentemente, se os alunos tiverem informações suficientes sobre o que está implicado no curso ou no programa *on-line*, além da sua própria auto-avaliação, eles estarão mais aptos a tomar uma decisão bem informada.

ELEMENTOS PARA UMA BOA ORIENTAÇÃO

Uma orientação abrangente para a aprendizagem *on-line* deve levar em consideração o seguinte:

- Conhecimento básico da internet, incluindo como usar um navegador, acessar o *site* do curso, usar o ambiente *on-line* do curso, salvar e imprimir materiais encontrados *on-line*, fazer pesquisas básicas na internet e enviar *e-mails*.
- Conhecimento básico de informática, tal como saber usar um processador de textos.
- Aquilo que se quer para um aluno ter sucesso *on-line*, incluindo questões relativas ao tempo e seu gerenciamento.
- Diferenças entre os alunos *on-line* e os alunos presenciais, incluindo o papel do professor, do aluno e as expectativas sobre a avaliação do aluno.

- Interações do professor com os aluno e dos alunos entre si.
- Como dar *feedback* a outros alunos.
- Interação e comunicação adequadas, incluindo as regras da *netiqueta*.
- Como obter ajuda quando necessário.

Nos parágrafos seguintes, observaremos cada um desses itens individualmente e apresentaremos sugestões para cumpri-los.

Conhecimento básico de internet

Não se pode supor que, pelo fato de o aluno decidir-se por fazer um curso *on-line*, ele possua as habilidades necessárias para usar a internet. Nem se deve excluir um aluno que não tenha tais habilidades. Tivemos uma aluna que carinhosamente se chamava de "tecno-retardada", pois não sabia como usar um computador, nunca havia enviado um *e-mail* e não tinha a mínima idéia do que a internet oferecia. Essa aluna matriculou-se no curso com a intenção expressa de melhorar sua habilidade. Seu filho a ajudou, e sua capacidade de usar a tecnologia melhorou substancialmente. Muitas pessoas incorretamente supõem que os alunos que saem do ensino médio hoje sabem usar a internet. O que constatamos é que muitos alunos jovens sabem jogar *on-line* e participar de *chats*, mas se perdem um pouco quando o assunto é a aplicação do seu conhecimento da internet aos cursos *on-line*.

É importante que informações sobre o uso básico da internet esteja disponível aos alunos que delas precisem antes de começar o curso. Além de tudo, a maior parte dos alunos beneficia-se com o fato de aprender a fazer uma pesquisa *on-line* e a salvar o material útil encontrado. Algumas instituições ensinam essas técnicas por meio de atividades lúdicas. O que os alunos aprendem pode ser aplicado também em outros cursos, não necessariamente *on-line*.

Conhecimento básico de informática

Embora ensinar a utilizar o computador pareça algo que toma tempo, é fundamental que o aluno virtual conheça o básico de um processador de textos, saiba criar um documento, copiá-lo e colá-lo. Da mesma forma que ocorre com aquele que não sabe utilizar a internet, o aluno que tem problemas com o processador de textos não deve ser excluído. O curso, nesse caso, deve oferecer-lhe um tutorial ou um suporte adequado. Com freqüência, recomendamos aos alunos que busquem auxílio em sua própria cidade – seja por meio de programas educativos, cursos *on-line* projetados para ensinar a usar o computador ou outros recursos de baixo custo. Na orientação, dedicar um pouco de tempo a esse assunto e apresentar aos alunos algum material relativo a ele – pelo menos para verificar o nível em que se encon-

O que faz um aluno *on-line* de sucesso

É importante que o aluno tenha consciência de questionamentos e inquietações suscitados pela aprendizagem *on-line*. O gerenciamento do tempo é um assunto importante sobre o qual os alunos devem pensar antes de começarem um curso. Em geral, os alunos que fazem cursos presenciais organizam seu tempo com base no horário das aulas. Pode ser que terminem a leitura do texto a ser abordado em sala de aula no dia anterior ou até no mesmo dia. A mesma coisa acontece na entrega de trabalhos. Contudo, o ritmo de um curso *on-line* é diferente, pelo fato de as turmas nunca se encontrarem ao vivo e de as aulas ocorrerem ao longo da semana. Por isso, os alunos precisam encontrar uma nova maneira de organizar seu tempo, a fim de manter as leituras em dia, enviar mensagens para os painéis de discussão e finalizar trabalhos.

Ensinar os alunos a utilizar corretamente o tempo pode ajudar a reduzir a sobrecarga de informação, pois auxilia os alunos a lidar em bloco com as leituras e o envio de mensagens. Pode, por exemplo, ser melhor para os alunos entrar no site do curso "apenas para ler", passando depois algum tempo refletindo e preparando uma resposta às perguntas do professor ou de outros colegas. Fazer essa sugestão talvez reduza a ansiedade dos alunos, pois eles passam a perceber que não têm de responder ao que é pedido a toda a hora. Voltaremos às questões de tempo, gerenciamento do tempo e comprometimento com o tempo no próximo capítulo.

Diferenças entre os cursos presenciais e os cursos *on-line*

Um fator fundamental de sucesso para os alunos virtuais é compreender o que se quer em um ambiente *on-line*. Como já assinalamos, a sala de aula *on-line* não é um local em que os professores ensinam de maneira tradicional e os alunos também assim aprendam. Ao contrário, os alunos virtuais devem ser muito mais responsáveis pelo processo de aprendizagem e às vezes têm de trabalhar em um ambiente menos estruturado.

Mostrar aos alunos *on-line* qual é sua responsabilidade e quais são as expectativas que se têm deles pode ajudá-los a entender o que é a aprendizagem *on-line* antes de continuarem no curso, eliminando, assim, surpresas. Isso, repita-se, só pode aumentar a probabilidade de que os alunos permaneçam no curso até o fim, alocando tempo suficiente e estando prontos para serem responsáveis pela própria aprendizagem.

O aluno virtual precisa ver o professor como um guia que cria a estrutura e o ambiente para o curso, permitindo que os alunos criem em conjunto o conhecimento e os sentidos dentro dessa estrutura. Os alunos precisam entender que o professor os ajuda a começar a jornada do descobrimento e que é, então, responsabilidade deles seguir o mapa traçado, em qualquer que seja o destino contido nos objetivos de aprendizagem do curso.

Muitas instituições usam determinados critérios para avaliar o desempenho dos alunos em um curso *on-line*. É importante apresentar esses critérios aos alunos e explicar como são utilizados, a fim de que os alunos entendam como serão avaliados, evitando, assim, questões e suposições. Exemplos de critérios de avaliação podem ser encontrados no Capítulo 8 (Tabela 8.1) e em nossa "caixa de ferramentas" do professor, que está no final do livro. É importante lembrar que, quanto mais claros forem os professores, menos haverá confusão e frustração entre os alunos, o que lhes propicia maiores possibilidades de atingirem o sucesso.

Interação do professor com os alunos e destes entre si

Além de compreender os papéis do professor e do aluno no curso *on-line*, é necessário entender a natureza da interação *on-line*. Na maior parte dos cursos, espera-se que os alunos enviem mensagens de resposta às perguntas dos painéis de discussão criadas pelo professor, e que depois reflitam e comentem as respostas de seus colegas. Às vezes, os professores pedem aos alunos que façam isso de maneira estruturada. Podem, por exemplo, pedir aos alunos que usem o que se chama de "modelo dois mais dois de envio de mensagens" – duas reflexões positivas e duas reflexões críticas sobre o material enviado pelos colegas. Independentemente do modelo usado, o aluno virtual precisa entender que se espera que ele interaja. Fazer um curso *on-line* não significa "apenas ler". Os comentários feitos pelas alunas Christine e Tanya, citados no Capítulo 2, foram uma resposta a um colega que achava correto apenas entrar no *site* para ver se havia algo novo e se podia aproveitar em seu trabalho alguma coisa das mensagens dos colegas. Tal aluno sentia ter pouca responsabilidade em contribuir para o espírito da formação da comunidade de aprendizagem. Como resultado disso, os colegas sentiram-se lesados e que sua aprendizagem estava sendo prejudicada. Os alunos precisam entender sua responsabilidade na criação de uma comunidade de aprendizagem e a importância de sua interação.

A política de interação professor/aluno deve também ser apresentada durante a orientação. Algumas instituições, por exemplo, têm políticas determinadas sobre o *feedback* do professor aos trabalhos dos alunos, determinando os dias para que os alunos recebam a resposta. Outras instituições têm uma política para a resposta de *e-mails* – os alunos, por exemplo, devem receber determinado tipo de resposta no prazo de 24 horas.

Embora o papel do professor *on-line* seja diferente, os alunos não podem sentir-se abandonados. Entender as diferenças que existem na interação das aulas *on-line* e das aulas presenciais e também assistir os alunos na correta avaliação de sua experiência de aprendizagem *on-line* pode ajudar a aliviar sentimentos de isolamento.

Em um estudo do processo de construção da comunidade em cursos *on-line*, Brown (2001) observa que os alunos novatos na aprendizagem *on-line* tendem a precisar de mais tempo para conhecer a tecnologia, para entender as novas abordagens relativas ao ensino e à aprendizagem *on-line* e para familiarizar-se com os conteúdos do curso que precisam para envolver-se na construção da comunidade. Os próprios participantes observaram que aprender antecipadamente o que é uma comunidade *on-line*, como se chega a ela, e a sua importância para a aprendizagem, aumenta a probabilidade de que eles participem do processo de construção da comunidade. Conseqüentemente, é importante, ao orientar os alunos para o trabalho *on-line*, incluir informações sobre a construção da comunidade. Tais informações podem trazer a base lógica que está por trás da necessidade de envolver-se com a comunidade, ou seja, expressar como é uma comunidade de aprendizagem que funciona bem e o que pode oferecer ao aluno, além da importância da colaboração *on-line*.

Como dar *feedback* a outros alunos

Como dar e receber *feedback* é um assunto que não se aborda freqüentemente. Brookfield e Preskill (1999) observam que os alunos devem estar preparados para envolver-se em debates, e que isso deve ser ensinado a eles. Os alunos não sabem de maneira automática o que é necessário fazer para dar e receber um bom *feedback*. Precisam também entender a importância de fazê-lo na comunidade *on-line*. Explicamos antes o que consideramos ser um *feedback* substancial e o que é uma mensagem substancial: "Uma mensagem substancial responde às questões de um modo em que há uma sustentação clara de um ponto de vista, pode dar início a uma nova discussão ou, de alguma forma, contribuir para ela, refletindo criticamente sobre o assunto em pauta ou levando a discussão para um novo rumo. Simplesmente conectar-se para dizer 'concordo' não é sinal de uma mensagem substancial" (Palloff e Pratt, 2001, p. 79-80). Dizer "concordo" ou "bom trabalho" pode ajudar a construir a comunidade, mas não são exemplos de *feedback* substancial.

Um bom programa de orientação fornecerá informação sobre a natureza do *feedback*, o que constitui uma mensagem substancial, que tipos de questões os alunos podem encontrar em seus cursos *on-line* e as expectativas sobre o *feedback* que dão aos colegas. (Exemplos de como dar e receber *feedback* estão na "caixa de ferramentas" para o aluno, ao final do livro.) A orientação deve também esclarecer como dar e receber *feedback* será importante para a avaliação do desempenho do aluno. Se a instituição tiver alguma política padrão sobre como a participação é convertida em nota, tal política deve ser informada ao aluno.

Interação e comunicação adequadas

Uma questão importante é ensinar os alunos a usar a *netiqueta*. Brookfield e Preskill (1999) observam que "as regras de conduta e os códigos de comportamento são cruciais para determinar se os alunos levam as discussões a sério ou não" (p. 53). Embora os autores estejam falando sobre o ensino presencial, eles fazem eco à nossa crença de que todas as aulas *on-line* deveriam começar com o envio, por parte dos professores, de uma mensagem de diretrizes e expectativas. Dessa forma, os alunos se envolverão em um processo de negociação, observando as diretrizes mutuamente discutidas a fim de que sirvam como um contrato entre o professor e todos os participantes. Embora esse tópico deva estar presente em todo curso, é importante frisar que a orientação deve também incluí-lo.

Uma maneira de negociar as regras básicas, de acordo com Brookfield e Preskill, é pedir aos alunos que compartilhem suas reflexões sobre as discussões de que participaram, indicando o que tornou tais discussões satisfatórias, ou não. Os professores podem também perguntar aos alunos como eles gostam que lhes falem *on-line*. Em geral pedimos aos alunos para falarem sobre como gostam de receber *feedback*, como o *feedback* pode ser mais significativo, para depois negociarmos as regras em conjunto em aula.

Quanto às regras da *netiqueta*, nada é mais incômodo do que um aluno que resolve romper a segurança e o bem-estar do grupo por meio de ataques (*flaming*) às mensagens de outros participantes ou que envia material que não tem relação com o que se discute ou debate. É importante então revisar as regras da *netiqueta*, para que os alunos estabeleçam, depois de discuti-las, um código de comportamento a ser respeitado. Se alguém fugir desse código, será fácil para o professor ou administrador do programa lembrar-lhe de que houve um acordo e, se necessário for, encaminhar o aluno para aconselhamento. Também apresentamos diretrizes básicas para a *netiqueta* ao final do livro.

Como obter ajuda

Um tema muito importante e que se deve incluir na orientação diz respeito a como e onde obter ajuda. Se a ajuda estiver disponível apenas durante determinados horários, deve-se dizer isso claramente aos alunos. É também importante informar quem é responsável pelo setor e quais as dúvidas que devem ser enviadas. Uma pessoa responsável pelo suporte técnico de uma instituição observou que, em geral, as questões recebidas no *help desk* eram sobre como pesquisar na biblioteca ou encontrar informação sobre trabalhos. Perguntas sobre assuntos como senhas, *hardware* ou *software* eram menos freqüentes. Se isso acontece em grande parte das instituições, e suspeitamos que sim, seria bom que todos os professores oferecessem aos alunos uma lista de endereços e telefones em que pudessem encontrar as respostas para suas perguntas sobre os cursos *on-line*. Essa informação pode ser disponibilizada primeiramente na orientação e depois postada no *site* da instituição. Os instrutores e a equipe de suporte, contudo, devem estar sempre prontos para atuar como "alguém" que faz uma espécie de triagem quando os alunos telefonam ou mandam *e-mails* com perguntas cujas respostas se encontram em outros lugares.

INCORPORANDO A ORIENTAÇÃO À AULA *ON-LINE*

Se a instituição não pode ou não oferece treinamento sobre como aprender *on-line*, será então responsabilidade do professor fazer sugestões aos alunos. Na verdade, mesmo que haja uma orientação institucional, acrescentar informações é sempre uma boa idéia. Os professores podem orientar seus alunos do curso *on-line* desta forma:

- Se possível, faça sua orientação presencialmente, para mostrar aos alunos o *site* do curso e discutir a aprendizagem *on-line*.
- Disponibilize uma orientação ao curso no *site* do próprio curso como primeiro item para discussão.
- Disponibilize uma lista das perguntas mais freqüentes e também as respostas a essas perguntas.
- Coloque as informações sobre como navegar pelo *site* do curso na primeira página.
- Envie uma mensagem por *e-mail* ou carta contendo a orientação sobre o curso para todo aluno matriculado (Palloff e Pratt, 2001, p. 43).

O Exemplo ilustrativo 6.1 traz uma página do curso de introdução à internet desenvolvido por nossa colega Debbie King, do Sheridan Community College em Wyoming. O exemplo demonstra como King oferece material em seu curso. Em sua página, o primeiro ícone que se vê é "Informações sobre o curso", juntamente com uma nota "Leia-me primeiro", o que dá aos alunos um indicativo de por onde devem começar.

Quando os alunos clicam nesse ícone, abre-se outra página, demonstrada no Exemplo ilustrativo 6.2, que apresenta o plano de ensino do curso, o qual, por sua vez, está subdividido em políticas de sala de aula (Exemplo ilustrativo 6.3), requisitos mínimos do computador (Exemplo ilustrativo 6.4) e informações sobre a participação em aula (Exemplo ilustrativo 6.5).

O *site* de King apresenta de maneira clara e bem organizada as informações que os alunos precisam para começar o curso com sucesso. É fácil encontrar o material de orientação, que cobre todas as questões básicas consideradas fundamentais para que os alunos entendam o que se espera deles, encontrem o que procuram e naveguem pelo curso.

O ALUNO VIRTUAL **95**

EXEMPLO ILUSTRATIVO 6.1 Amostra de página de boas-vindas em que se apresenta material de orientação do curso

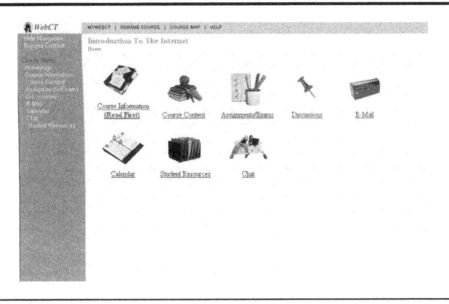

EXEMPLO ILUSTRATIVO 6.2 Amostra de página de informação sobre o curso

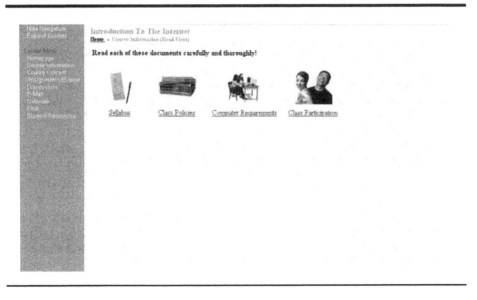

EXEMPLO ILUSTRATIVO 6.3 Amostra de página de procedimentos e da política de sala de aula

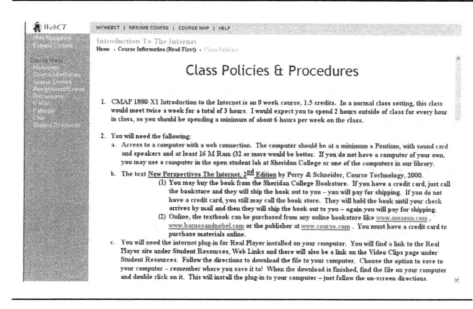

EXEMPLO ILUSTRATIVO 6.4 Amostra de página de requisitos mínimos do computador

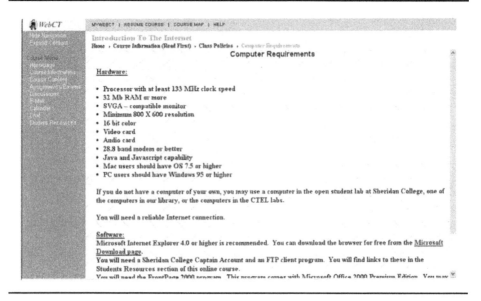

EXEMPLO ILUSTRATIVO 6.5 Amostra de página de diretrizes para participação

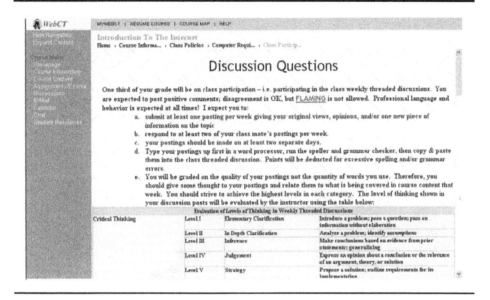

PENSAMENTOS FINAIS

Independentemente de como é apresentada, a orientação é fundamental para os alunos virtuais. Os professores e administradores dos programas não podem dar por certo que os alunos saberão intuitivamente como acessar o curso ou navegar por ele. Para que experiências de aprendizagem de alta qualidade sejam criadas e facilitadas para os nossos alunos, é responsabilidade de todos nós garantirmos que recebam a melhor preparação possível. A Tabela 6.1 resume as necessidades de orientação do aluno virtual, juntamente com as técnicas sobre as quais falamos para abordar tais necessidades, seja em um programa de orientação formal, seja durante o curso *on-line*.

Como mencionamos antes, um ponto fundamental a ser coberto durante a orientação é o gerenciamento do tempo. Por ser uma questão muito importante, dedicaremos o próximo capítulo para discutir extensivamente como o aluno pode aprender a gerenciar seu tempo nas aulas *on-line*.

TABELA 6.1 Abordagem das necessidades de orientação do aluno virtual

Necessidade de orientação do aluno virtual	Respostas da instituição e do professor
Orientação ao programa (oferecida pela instituição)	• Disponibilize um serviço de auto-avaliação para determinar se a educação on-line é adequada. • Disponibilize orientação on-line ou presencial sobre o software educacional utilizado, com tutoriais on-line. • Ensine o básico da internet. • Ensine o básico da pesquisa e busca on-line: ofereça informações sobre as demandas da aprendizagem on-line, o gerenciamento do tempo e as diferenças do papel do professor e do aluno. • Ofereça informação e instrução sobre a comunicação adequada on-line, incluindo os modos de dar e receber feedback, netiqueta e uso de emoticons. • Disponibilize informação sobre como e onde obter ajuda. • Disponibilize informações sobre as políticas do curso e do programa, sobre avaliação e expectativas. • Coloque no site do curso uma explicação sobre o próprio curso, plano de ensino e biografia dos professores. • Disponibilize informação sobre os requisitos tecnológicos para os cursos e programas on-line. • Disponibilize informações sobre qualquer política referente ao curso ou programa.
Orientação ao curso (disponibilizada pela instituição e pelo próprio curso)	• Coloque no site do curso o plano de ensino, explicações e biografias dos professores. • Disponibilize informações específicas sobre como o curso e o site do curso são organizados. • Disponibilize informações sobre as expectativas referentes aos alunos, exigência de envio de mensagens, trabalhos e avaliação. • Apresente um arquivo de perguntas e respostas mais freqüentes sobre o curso. • Disponibilize informações específicas sobre o que os professores esperam dos alunos e sobre o que os alunos podem esperar dos professores. • Disponibilize informações sobre qualquer política referente ao curso ou ao programa.

Tempo e comprometimento

7

Com freqüência, o aluno virtual não se dá conta de quanto tempo é necessário para participar de um curso *on-line* e finalizá-lo. Em vez de ser a maneira "mais fácil e leve", estima-se que os cursos *on-line* tomem pelo menos o dobro de tempo do aluno, pela quantidade de leituras e dos procedimentos inerentes a essa espécie de aprendizagem (Palloff e Pratt, 1999; Gilbert, 2001). Assim, a participação em um curso *on-line* exige um comprometimento real no processo, tanto da parte do aluno quanto da parte do professor. Embora o gerenciamento do tempo deva ser explicado na orientação ao curso ou programa *on-line*, é bom que os professores revisem o tópico também durante o curso, pois provavelmente os alunos necessitarão de ajuda nesse quesito.

PRINCÍPIOS BÁSICOS DE GERENCIAMENTO DO TEMPO

Os conselhos mais conhecidos quando o assunto é gerenciamento do tempo costumam começar pela atenção que se dispensa aos objetivos. Uma vez estabelecidos os objetivos, as prioridades podem ser listadas e o tempo ser organizado de acordo com elas. Tal abordagem pode ser útil também para o aluno virtual no modo pelo qual planeja as demandas impostas por um curso *on-line*, além de evitar a sensação de sobrecarga. Aqui estão alguns conselhos para o aluno virtual:

- *Seja claro ao estabelecer objetivos* – A aprendizagem *on-line* não é a maneira mais leve e fácil de finalizar um curso. Estima-se que os alunos precisem de 12 a 15 horas semanais para se dedicar a um curso *on-line* (Gilbert, 2001). Portanto, é fundamental planejar-se.
- *Faça uma avaliação de quanto tempo você tem disponível para o estudo on-line* – Fazer uma avaliação realista de quanto tempo é necessário para acomodar todas as atividades diárias, como trabalho, tempo de transporte e tempo para a família, é importante para determinar quanto tempo há em cada dia para o estudo e para o trabalho *on-line*. Essa

avaliação também ajuda a determinar quantas aulas você pode fazer em determinado semestre. Não é incomum ficarmos sabendo que um aluno matriculado em três cursos *on-line* teve impossibilidade de continuar com os mesmos.

ESTABELECENDO OBJETIVOS

O aluno virtual que estabelece objetivos provavelmente terá sucesso. Se o aluno tiver uma noção clara do que quer, tanto do programa acadêmico quanto do curso que faz, a possibilidade aumenta ainda mais. Os alunos adultos talvez estejam buscando uma qualificação para avançarem em suas carreiras. Os alunos mais jovens, em geral, não têm sua carreira em mente, mas a determinação de obter uma qualificação é suficiente para manter muitos deles motivados.

Os alunos virtuais devem ser incentivados a determinar seus objetivos não só pelo resultado do programa como um todo, mas pelos resultados obtidos em cada um dos cursos que farão. Mesmo que o curso seja um pré-requisito, uma obrigação para se obter o diploma, é importante estabelecer o tempo necessário para dar conta dos trabalhos. Se, por exemplo, a meta final for atingir a nota necessária para ser aprovado em um curso *on-line* da disciplina de estatística e se os objetivos de fato contiverem a necessidade de compreender melhor os vários pontos estudados em tal disciplina, o aluno poderá avaliar as exigências que lhe são impostas à luz de suas metas e objetivos, determinando as prioridades para estudo independente, tempo *on-line*, tempo para realização de trabalhos, etc. O tempo destinado para cada uma dessas atividades deve, então, ser planejado e marcado em um calendário. Quando sugerimos aos professores que incentivem seus alunos a compartilhar seus objetivos no começo do curso para que a comunidade de aprendizagem se estabeleça, acabamos por atingir um segundo resultado – o primeiro passo para o gerenciamento do tempo.

Faça-se, porém, um alerta quando incentivamos os alunos a estabelecer metas e objetivos: precisamos lembrar-lhes da importância de ser flexível. A aprendizagem *on-line* ocorre no mundo real; o aluno cria um espaço em seu ambiente para ela. A vida pode ser maior do que os planos, meta e objetivos mais bem-estruturados. Quando coisas inesperadas acontecem, o aluno virtual deve ser incentivado a manter contato com o professor, a fim de não ficar muito para trás. O professor precisa também ser flexível e trabalhar com os alunos a fim de superar barreiras e obstáculos; além disso, deve determinar se essas barreiras são de fato reais. No ambiente *on-line*, as desculpas para não realizar um trabalho são diferentes. O aluno não diz mais "Meu cachorro comeu meu trabalho". As desculpas apresentadas aos instrutores são algo como "Deu pau no meu computador" ou "Apaguei um arquivo sem querer" ou ainda esta, que recentemente ouvimos: "um técnico reformatou meu disco rígido por engano". É importante permitir que os alunos tenham alguma margem para resolver problemas técnicos, mas, se as desculpas forem muito freqüentes, é também necessário questionar o quanto os problemas técnicos são, de fato, reais.

ESTABELECENDO PRIORIDADES

Uma vez estabelecidos os objetivos, o aluno pode passar às prioridades. Devemos incentivar os alunos a pensar sobre a importância e a urgência das atividades, a fim de que possam determinar o rumo que elas tomarão. A Figura 7.1 pode ajudar os aluno a priorizar suas atividades.

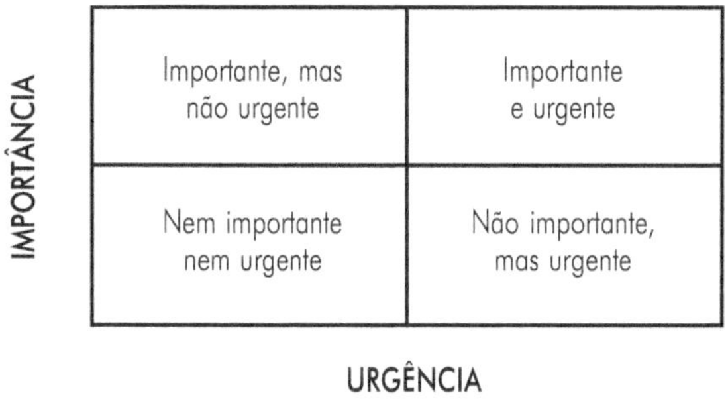

FIGURA 7.1 Priorizando o comprometimento com o tempo.

Consideremos brevemente todos os quadrantes do diagrama e discutamos as atividades que podem ser encaixadas neles.

Nem importante nem urgente

Embora alguns alunos argumentem que essa categoria pode ser completamente ignorada, na verdade é necessário que observem quanto tempo dedicam a essas atividades. Incluem-se aqui coisas como falar ao telefone, assistir à televisão ou jogar "paciência" no computador. Essas atividades fazem com que os alunos percam tempo e se envolvam toda vez que precisam relaxar ou "dar um tempo" das atividades mais rigorosas. Os alunos precisam controlar essas atividades e reservar um tempo para elas, pois mesmos os mais motivados precisam desligar-se às vezes. Essas atividades ociosas ajudam-nos a recarregar as baterias para que possamos ser produtivos em outras áreas. A questão é não perder muito tempo nas atividades deste quadrante.

Não importante, mas urgente

Muitos de nós nos sentimos estressados, pressionados e apressados, o que faz com que nos perguntemos, ao final do dia, o que de fato realizamos. Envolver-se com atividades que não são importantes, mas parecem urgentes, pode fazer com que os alunos virtuais se sintam como uma mera peça da engrenagem. Temos recebido muitos *e-mails* indignados de alunos que se incomodam por não conseguir fazer tudo o que se lhes exige. Quando conversamos com eles, constatamos que estão dedicando seu tempo a atividades não importantes em vez de priorizar o que precisam fazer. Responder à questão "Quais serão as conseqüências se eu não fizer isso hoje?" pode ajudar a colocar as coisas em perspectiva, especialmente quando se descobre que as conseqüências são mínimas. Com freqüência, é nossa própria perspectiva que cria a noção de urgência, e não a atividade em si.

Importante, mas não urgente

É difícil trabalhar com esta categoria, pois as atividades tendem a ser postergadas até que se tornem urgentes. Por exemplo, começar a fazer um trabalho ou a escrever um artigo é importante, mas, se o prazo de entrega estiver longe, não é urgente. Incentivar os alunos a prestar atenção aos trabalhos cujos prazos são longos pode não ser fácil, mas, para atender à necessidade de gerenciar o tempo a longo prazo, será algo benéfico. Pode, por exemplo, ser útil sugerir aos alunos que coloquem todos os prazos em um calendário e que criem um roteiro para a realização dos trabalhos. Dessa forma, as atividades importantes não se perderão entre as mais urgentes.

Importante e urgente

Muitos alunos (e em geral muitos de nós) são motivados pela urgência. Esperar até a última hora para enviar um trabalho, finalizar um artigo ou responder a uma discussão aumenta ainda mais a importância e a urgência de tais atividades. Quando os alunos operam somente nesse quadrante, a noção de construção da comunidade de aprendizagem pode perder-se. Se, por exemplo, um aluno esperar pelos finais de semana para enviar seus trabalhos ou comentários, e a maior parte dos alunos já os houver enviado, estes poderão sentir-se prejudicados por não terem recebido nada desse colega. Muitos alunos virtuais, assim como os alunos presenciais, optam por descansar durante o final de semana, o que também cria hiatos significativos no desenvolvimento da comunidade. Aqui está o modo pelo qual uma aluna reagiu:

> Nesta semana, minha impressão foi a de que tivemos apenas monólogos, e não diálogos. Enviei minhas idéias e até sábado pela manhã ninguém as havia comentado. Comecei a pensar (a) será que estou fazendo alguma coisa errada ou minhas idéias estão erradas, (b) será que há algo errado com meus colegas? Estão ocupados? Será que não gostam de mim? Será que disse alguma coisa que fez com que eles não quisessem conversar comigo? Talvez eu esteja exagerando um pouco porque, pelo fato de ser uma aluna com mais experiência *on-line*, sei que, às vezes, outras coisas são mais prioritárias do que a aula, independentemente de nossas boas intenções. Se eu fosse uma aluna novata no ambiente *on-line*, eu poderia pensar que nada estivesse funcionando. Será que é possível que todos concordemos que, quando não tivermos condições de enviar algo, pelo menos comuniquemos isso aos colegas? Talvez fosse bom incluir isso em nossas diretrizes, não? Já que nosso relacionamento está começando a ficar mais forte e já que os outros são importantes para nós, seria bom saber onde estão nossos colegas, se estão bem. *Michele*

Gerenciar bem o tempo e estabelecer prioridades para lidar com as demandas de um curso *on-line* são princípios fundamentais para a formação da comunidade *on-line*. Se os alunos não se comprometerem em colocar seus estudos acima de outras atividades não urgentes e não importantes, os outros participantes do grupo sofrerão com sua ausência.

CALCULANDO O TEMPO PARA OS ESTUDOS E PARA A INTERAÇÃO *ON-LINE*

Gilbert (2000) observa que há meios eficientes documentados para estudar, *on-line* ou face-a-face. A autora sugere uma abordagem do tipo "preverver-revisar". *Prever* implica analisar o curso como um todo antes de começá-lo, o que inclui ler e revisar o plano de ensino e o planejamento que se fez para os trabalhos, artigos, exames e quaisquer sessões de *chat*. *Ver* significa, de fato, fazer o trabalho do curso e manter-se atento, acompanhando o que nele ocorre. *Revisar* é algo que acontece depois de o curso começar e implica analisar os fóruns de discussão já realizados e outros materiais, a fim de preparar exames, testes, artigos, atividades colaborativas em pequenos grupos e a reflexão sobre o conhecimento e a aprendizagem já ocorridos. A fim de fazerem essa revisão, os alunos devem certificar-se de que têm todos os materiais e notas de que precisam, o que é mais fácil de fazer *on-line*, pois a maior parte do material está sempre disponível no *website* do curso.

Em qualquer curso, pode ser fácil para os alunos eliminar alguma coisa e dedicar-se apenas ao que é básico para finalizá-lo. No entanto Gilbert observa que, para adquirir um conhecimento mais profundo em um curso *on-line*, os alunos precisam concentrar-se também no significado daquilo que o professor lhes oferece ou cria, conectar as novas idéias ao conhecimento prévio e relacionar fatos e informações da sala de aula à experiência da vida real. Dessa forma, os alunos estarão envolvidos com as práticas reflexivas e transformadoras que são a marca da aprendizagem *on-line*, tornando-se pessoas com pensamento mais independente e crítico.

A fim de atingir uma abordagem reflexiva na aprendizagem *on-line*, o aluno virtual deve reservar algum tempo por semana para concentrar-se no curso. Um dia apenas por semana para a leitura e a realização dos trabalhos não será suficiente; em média dois ou três dias serão necessários para o envio e a troca de mensagens. Os alunos não serão capazes de responder adequadamente às idéias dos colegas e contribuir para as discussões em apenas um dia. O aluno virtual precisa, então, praticar sua eficiência e sua eficácia no trabalho *on-line*. Mais uma vez usaremos uma figura para ilustrar tal procedimento (Figura 7.2).

EFICIÊNCIA	Coisas não-importantes, bem-feitas	Coisas importantes, bem-feitas
	Coisas não-importantes, malfeitas	Coisas importantes, malfeitas
		EFICÁCIA

FIGURA 7.2 Calculando o tempo eficiente e eficazmente.

Coisas não-importantes, malfeitas

Se um aluno faz coisas não importantes de maneira deficiente, isso indica tanto baixa eficácia quanto baixa eficiência. Em vez de dar atenção a coisas não-importantes e não fazê-las a contento, o aluno deveria ser incentivado a deixar de lado o que não é importante, centrando-se nas tarefas realmente importantes.

Coisas importantes, malfeitas

Se as coisas importantes forem malfeitas, há indicação de alta eficácia, mas baixa eficiência. O trabalho está feito, mas e daí? Em geral quando o aluno espera até o último minuto para realizar uma tarefa é esse o resultado. Em nossas aulas, constatamos que é necessário devolver os trabalhos para que os alunos o refaçam, a fim de aumentar o nível de eficiência. Infelizmente, descobrimos que somos uma exceção nesse quesito, pois, em geral, os alunos declararam que jamais recebiam uma segunda chance em outros cursos. Deixar que o trabalho seja feito sempre de maneira apressada aumentará a probabilidade de que a aprendizagem dos alunos virtuais será prejudicada. Da mesma forma que ocorre no grupo presencial, é importante esclarecer que o simples fato de entregar os trabalhos não significa que as notas serão boas.

Coisas não-importantes, bem-feitas

Se o aluno faz bem as coisas não-importantes, temos a indicação de uma baixa eficácia e de uma alta eficiência. Da mesma maneira que ocorre com as coisas importantes que são malfeitas, a pergunta é "E daí?". Tivemos alunos que passaram muito tempo fazendo algo que era completamente irrelevante para o curso, mas que nos enviavam com muito orgulho, e que lhes era devolvido, para a sua surpresa, como algo inaceitável. Dedicar tempo ao que é importante sem dúvida ajudaria esse tipo de aluno.

Coisas importantes, bem-feitas

Assim como acontece com os dados da figura anterior, nossa esperança é a de que o aluno virtual se esforce por permanecer nesse quadrante, que indica alta eficácia e alta eficiência. Quando os alunos administram o tempo eficazmente e executam suas tarefas de modo eficiente, aumenta a probabilidade de que atinjam os objetivos de aprendizagem, contribuam para o aprendizado da comunidade de aprendizagem e finalizem o curso com sucesso.

Se os alunos aprenderem a utilizar bem seu tempo, tudo isso será possível. Alguns alunos constatam que, se de fato organizassem melhor seu tempo, dedicando períodos determinados para cada atividade, alcançariam os objetivos de eficácia e eficiência máximas. Outros preferem trabalhar pela ordem de prioridade das tarefas. O truque é manter as atividades não-importantes sempre fora da lista, de maneira que, quando as atividades importantes estejam feitas, haja tempo para trabalhar em um projeto cujo prazo de entrega ainda esteja distante. Fazer o trabalho por períodos ou por ordem de prioridade ajuda a evitar a sobrecarga, pois as atividades urgentes, mas não importantes, são colocadas em segundo plano, o que reduz o estresse e dá maior sensação de controle sobre o processo de aprendizagem.

EVITANDO A SOBRECARGA

No curso *on-line*, deve-se também incluir um tempo para descanso semanal. Pelo fato de a sala de aula *on-line* estar realmente aberta 24 horas por dia, sete dias por semana, não é difícil ficar conectado muito tempo a ela, o que leva à sensação de sobrecarga. Isso se aplica tanto ao aluno quanto ao professor. À medida que adquirimos mais experiência com o ensino *on-line*, chegamos a conclusão de que o tempo de descanso é fundamental. Na Capella University, à qual estamos afiliados, há sempre uma semana de folga durante o semestre nos cursos *on-line*. No início, achamos essa prática um pouco estranha, mas passamos a valorizá-la. A semana de folga é um momento para colocar em dia trabalhos e mensagens que ficaram para trás. É uma boa forma de "respirar um pouco" em um ambiente um tanto quanto intenso.

Recomendamos que os alunos e os professores também construam um momento de folga durante a semana. Os professores podem, por exemplo, comunicar aos alunos que não visitarão o *site* do curso aos sábados, ou mesmo durante todo o final de semana, dependendo da demanda de sua casa. É razoável indicar que os *e-mails* não serão respondidos pelos professores durante o final de semana. Desde que se avise com antecedência, não haverá problema, e os alunos poderão estabelecer seus próprios dias de folga de acordo com isso.

Tanto os alunos quanto os professores que trabalham *on-line* ou estudam *on-line* reconhecem que tal modalidade de ensino permite que haja tempo para viajar. Não estamos sugerindo que os alunos e os professores tirem férias durante o semestre, mas indicando que um dos benefícios do estudo *on-line* é a possibilidade de viajar a trabalho com maior tranqüilidade. Uma ausência inevitável, prevista pelas diretrizes do curso, pode ser acomodada com maior facilidade mantendo a sensação de que a comunidade está preservada.

A sobrecarga pode ser significativa na aprendizagem *on-line*. Pelo fato de "os alunos relatarem que há sobrecarga de informação, ansiedade na comunicação, em relação às respostas atrasadas no ambiente assincrônico, maior trabalho e responsabilidade, dificuldade em navegar *on-line* e em acompanhar as discussões" (Harasim, Hiltz, Teles e Turoff, 1996, p. 15), outros modos para evitar a sobrecarga devem ser apresentados. Algo que contribui para que haja sobrecarga é a tendência que alguns professores têm de, especialmente aqueles que se iniciam no ambiente *on-line*, incluir muito material para pouco tempo de curso. O ritmo de um curso *on-line* é mais lento; demora-se mais tempo, por meio da discussão assincrônica, em cada tópico do que se demoraria em uma sala de aula presencial. Além do mais, em um curso *on-line,* os alunos têm de embarcar em uma verdadeira viagem de descobrimento, pela qual buscarão material relacionado ao conteúdo do curso e que deverá ser, depois, apresentado ao grupo. Portanto, o professor precisa apenas oferecer material suficiente para a preparação do palco; os alunos farão o resto. As seguintes sugestões podem ajudar os alunos a evitar a sobrecarga:

- Conecte-se ao *site* do curso com a intenção de apenas fazer *downloads* e ler.
- Imprima as novas mensagens, se possível, para lê-las com mais calma.
- Depois de ler e revisar as mensagens, formule uma resposta. Não se sinta como se a resposta devesse ser imediata, pois essa não é a característica da comunicação assincrônica.
- Para refletir mais sobre suas respostas, prepare-as no editor de textos e depois copie e cole no *site* do curso. Se não houver espaço no disco rígido ou se alguém estiver usando o computador do laboratório, copie suas respostas para um disquete e faça o *upload* (Palloff e Pratt, 1999, p. 53).

Minimizar o uso do *chat* (debates sincrônicos) é outra maneira de reduzir a sobrecarga. As preocupações com a disponibilidade de tempo necessária para uma sessão de *chat*, juntamente com a intensidade das sessões em que há muitas pessoas ao mesmo tempo podem ser causa de um nível significativo de ansiedade. O *chat* é melhor quando há um número bem pequeno de pessoas trabalhando em tarefas colaborativas, para acompanhar uma sessão no *whiteboard* ou nas horas de expediente do professor. É também conveniente deixar aos alunos a escolha de participar ou não do *chat*. Finalmente, se for possível, é bom arquivar as sessões e disponibilizá-las para os alunos que não puderam participar, mas que, assim, teriam a chance de acessar alguma informação que lhes tivesse escapado.

COMO OBTER CREDIBILIDADE JUNTO AOS ALUNOS E O SEU COMPROMETIMENTO

Como dissemos no capítulo anterior, o gerenciamento do tempo deve ser discutido durante a orientação para o curso *on-line*. Contudo, pelo fato de muitas instituições ainda não oferecerem um programa de orientação, tal tarefa fica a cargo do professor, ou de um conselheiro. Há coisas que os professores podem fazer para incentivar o começo de um curso *on-line*, seja para tratar de questões de gerenciamento do tempo, seja para adquirir credibilidade junto aos alunos e o seu comprometimento para com o processo.

Acreditamos que a primeira semana de um curso *on-line* deve ser utilizada para as atividades de construção da comunidade, tais como o envio de apresentações pessoais e dados biográficos, discussão de objetivos de aprendizagem e das diretrizes do curso. Isso estabelece o ambiente adequado para o curso *on-line*, antecipa aos alunos o que acontecerá no curso durante o semestre, ajudando-os a desenvolver expectativas realistas sobre o tempo que precisarão dedicar ao curso. Apresentar o plano de ensino de uma maneira lúdica, por meio de um jogo em que os alunos devem buscar vários elementos sobre o curso e depois trazê-los para discussão, é uma boa idéia.

Alguns instrutores fazem uma espécie de teste, que é uma pequena parte da avaliação do aluno. Tudo isso é feito para garantir que os alunos leiam e entendam o plano de ensino e as expectativas que deles se tem. Depois, em geral, pedimos aos alunos para nos enviar um *e-mail*, ou uma mensagem para o fórum de discussão do *site*, em que declaram ter lido e compreendido o plano de ensino, além de concordarem com os termos nele contidos, tais como as exigências relativas ao envio de mensagens. Isso cria um contrato de aprendizagem, ao qual se pode referir quando houver problemas ou quando as diretrizes precisarem ser renegociadas.

Alguns professores argumentam que dedicar a primeira semana a atividades desse tipo, para a construção da comunidade, causa problemas de tempo em cursos já muito cheios. Contudo, se os objetivos de aprendizagem estabelecidos forem passíveis de concretização, se houver uma quantidade razoável de material e se houver a intenção de capacitar os alunos a explorarem o território em conjunto, o tempo dedicado à construção da comunidade terá sido bem empregado. Sempre pedimos aos alunos que comecem a ler para as discussões da segunda semana já na primeira semana. Também pedimos para que relacionem sua apresentação pessoal ao conteúdo do curso. Uma questão introdutória que se faz ao aluno em um curso sobre mudanças sociais poderia ser: "Apresente-se ao grupo e diga-nos como você vê as mudanças que ocorreram em sua vida. Qual foi a natureza da mudança pela qual você passou e como você lidou com ela?"

PENSAMENTOS FINAIS

Ter certeza de que os alunos entendem as demandas da aprendizagem *on-line* e contar com o seu comprometimento com o processo talvez não seja o único modo de determinar o sucesso, mas é um passo certo que se dá em direção à manutenção do envolvimento e do engajamento dos alunos. A tabela 7.1 resume os elementos do gerenciamento do tempo que são importantes para a aprendizagem *on-line*, juntamente com técnicas de ensino que incentivam um bom gerenciamento.

Quando envolvemos os alunos no processo e os ajudamos a gerenciá-lo por si mesmos, a próxima preocupação passa a ser como avaliar os resultados, tanto os relativos ao desempenho do aluno quanto aos objetivos do curso como um todo. Será que os alunos foram bem-sucedidos? Será que nós, professores, conseguimos estruturar o curso de forma a propiciar aos alunos a consecução de seus objetivos? Agora voltaremos nossa atenção para essas e outras importantes questões, discutindo como avaliar o trabalho dos alunos e os cursos *on-line*.

O ALUNO VIRTUAL **109**

TABELA 7.1 Gerenciamento do tempo e aprendizagem *on-line*

Questão referente ao gerenciamento do tempo	Técnicas para incentivar o gerenciamento do tempo
Estabelecer objetivos	• Ajude os alunos a serem mais claros sobre seus objetivos na aprendizagem *on-line*, oferecendo-lhes informações detalhadas sobre as demandas do curso. • Incentive objetivos realistas e flexíveis. • Incentive o estabelecimento de objetivos que levam todos os cursos (disciplinas) em conta e que busca a conclusão do programa ou obtenção do diploma.
Estabelecer prioridades	• Incentive os alunos a prever, ver e revisar os materiais do curso, a fim de determinar quais elementos e tarefas são importantes. • Envie mensagens para lembrar os alunos dos prazos com bastante antecedência, de maneira que não façam seus trabalhos sob um clima de urgência.
Organizar o tempo	• Ofereça aos alunos uma estimativa realista de quantas horas por semana precisarão dedicar para o curso. • Incentive os alunos a organizar seu tempo diariamente para a preparação das tarefas e participação *on-line*. • Incentive os alunos a visitar diariamente, se possível, o *site* do curso para que verifiquem se há algo novo e para manterem-se em dia com o material do curso. • Incentive os alunos a serem flexíveis e a comunicarem-se com o grupo se alguma coisa em suas vidas interferir ou intervir em sua participação. • Minimize o uso do *chat*, ou faça com que as sessões sejam opcionais, a fim de reduzir os problemas relativos ao tempo.
Evitar a sobrecarga	• Dê um exemplo de bom gerenciamento do tempo, estabelecendo, como instrutor ou facilitador, um horário de descanso. Incentive os alunos a terem um horário de folga em sua agenda semanal. • Incentive os alunos a fazer o *download* do material do curso, para dar-lhes mais tempo de reflexão. • Incentive os alunos a esperar 24 horas antes de responder ao material do fórum de discussões, a fim de reduzir o ritmo e ajudá-los a comandar melhor seu tempo. • Intervenha quando os alunos mandarem muitas mensagens ou quando suas mensagens forem longas demais, a fim de permitir que outras vozes sejam ouvidas e de reduzir a sobrecarga dos outros alunos.

(continua)

TABELA 7.1 *(continuação)*

Questão referente ao gerenciamento do tempo	Técnicas para incentivar o gerenciamento do tempo
Comprometimento e credibilidade	• Faça testes sobre o seu plano de ensino, para garantir que os alunos tenham lido e compreendido o que leram. • Peça aos alunos que enviem uma mensagem ao fórum de discussões em que declaram ter lido e compreendido o plano de ensino, além de estarem preparados para aceitar os termos lá contidos – isso cria o contrato de aprendizagem. • Durante a primeira semana de aula, envolva os alunos em uma discussão sobre as diretrizes do curso e os objetivos de aprendizagem, a fim de chegar a um consenso, bem como obter credibilidade junto aos alunos e o seu comprometimento.

Avaliação dos alunos e do curso

8

Em nosso trabalho com grupos de professores pelos Estados Unidos, constatamos que um dos assuntos que causam maior pressão é o que diz respeito à avaliação dos alunos e à avaliação dos cursos. Pelo fato de os cursos *on-line* basearem-se muito nas discussões ou debates, os professores costumam perguntar-se como avaliar a contribuição de seus alunos. Há também alguma preocupação sobre os cursos *on-line* serem avaliados da mesma maneira que os presenciais – para os propósitos de desenvolvimento do curso, do programa e da eficácia do professor. Os professores, contudo, observam que os cursos *on-line* são significativamente diferentes. Assim, a avaliação que fazem dos cursos *on-line* deve também ser diferente. Neste capítulo, trabalhamos com as questões referentes à avaliação do desempenho do aluno, à avaliação do curso e ao importante tópico do plágio e da "cola".

ACOMPANHAMENTO DO DESEMPENHO DO ALUNO

De acordo com Morgan e O'Reilly (1999), o propósito da avaliação dispensada ao aluno é dar a ele o apoio e o *feedback* necessários à ampliação de sua aprendizagem e relatar o que já realizou. Angelo e Cross (1993) afirmam que a maior parte dos professores aspira a avaliar mais do que o conhecimento que os alunos têm do conteúdo ensinado. Em vez disso, "esperam usar a matéria estudada para ensinar os alunos a pensar – isto é, desenvolver habilidades cognitivas mais elevadas: resolver problemas, analisar argumentos, sintetizar informações de diferentes fontes e aplicar o que aprendem a novos e desconhecidos contextos" (p. 106). Como fazer isso eficazmente é a primeira preocupação do professor. Será que os testes devem ser usados? Se não, como avaliar o progresso do aluno? Como atribuir notas às discussões que ocorrem nos fóruns?

Angelo e Cross acreditam que, para ser eficaz, a avaliação do desenvolvimento do aluno deve fazer parte do projeto do curso. Os autores observam

112 RENA M. PALLOFF & KEITH PRATT

que a avaliação eficaz tem várias características: é centrada no aluno, dirigida pelo professor, mutuamente benéfica, formativa, específica ao contexto, contínua e firmemente enraizada na boa prática. Embora estejam falando da avaliação na sala de aula presencial, os mesmos princípios se aplicam *on-line*. Observemos cada um deles em sua relação com a aprendizagem *on-line*:

Centrada no aluno

Já que um curso *on-line* bem projetado deve ser focado e centrado no aluno, a avaliação do estudante também deve ser. Como Angelo e Cross afirmam: "Para melhorar a aprendizagem, talvez seja mais eficaz ajudar os alunos a mudarem seus hábitos de estudo ou a desenvolverem suas habilidades metacognitivas (...) do que mudar o comportamento do professor. Ao final, para tornarem-se alunos independentes e que não deixam de aprender, devem ser totalmente responsáveis por sua aprendizagem". (1993, p. 4). O processo reflexivo que deve ser incentivado nos cursos *on-line* é a base da avaliação centrada nos alunos. Estes devem receber crédito por sua auto-reflexão, e a auto-reflexão deve ser incorporada ao projeto e às expectativas do curso *on-line*.

Dirigida pelo professor

Embora o ensino e a aprendizagem *on-line* sejam focados no aluno, o professor decide o que avaliar, como avaliar e como responder a qualquer material de avaliação contido na reflexão enviada pelos alunos. A informação sobre a avaliação deve ser oferecida nas diretrizes do curso e comunicada aos alunos no começo. Os critérios de avaliação podem ser úteis para determinar como o material de reflexão será avaliado. O Exemplo ilustrativo 8.1 demonstra os critérios desenvolvidos por Debbie King, do Sheridan College, para avaliar a discussão do curso. Esses critérios dão um direcionamento claro ao aluno e também reduzem ou eliminam quaisquer desacordos sobre as notas ao final do curso. Outros exemplos de critérios de avaliação estão na "caixa de ferramentas", ao final do livro.

Mutuamente benéfica

Angelo e Cross afirmam que "cooperando na avaliação, os alunos reforçam sua capacidade de entender o conteúdo do curso e de fortalecer suas habilidades de auto-avaliação" (1993, p. 4-5). Se eles avaliarem de maneira colaborativa seu próprio progresso e o progresso do curso, passarão a con-

O ALUNO VIRTUAL **113**

EXEMPLO ILUSTRATIVO 8.1 Amostra de critérios de avaliação para as discussões *on-line*

Pontuação	Nível de participação durante uma semana
0 ponto	Número mínimo de mensagens não atingido.
7 pontos	Mínimo atingido; toda a discussão em nível I.
8 pontos	Mínimo atingido; pelo menos um exemplo de discussão acima do nível I.
9 pontos	Mínimo atingido; pelo menos um exemplo de discussão acima do nível I e pelo menos um acima do nível II.
10 pontos	Mínimo atingido; pelo menos dois exemplos de discussão acima do nível I e pelo menos um acima do nível III.

Avaliação dos níveis de pensamento em discussões realizadas semanalmente

Pensamento crítico	Nível I	Esclarecimento elementar	Apresenta um problema; faz uma questão; passa informação sem elaborar.
	Nível II	Esclarecimento em profundidade	Analisa um problema; identifica hipóteses.
	Nível III	Inferência	Tira conclusões baseado no que foi dito antes; generalização.
	Nível IV	Julgamento	Expressa uma opinião sobre uma conclusão ou a relevância de um argumento, teoria ou solução.
	Nível V	Estratégia	Propõe uma solução; delineia requisitos para sua implementação.
Processamento da informação	Nível I	De superfície	Repete informação; faz declarações sem justificá-las; sugere uma solução sem explicá-la.
	Nível II	Em profundidade	Traz novas informações; demonstra conexões, propõe uma solução com explicação; demonstra evidência de justificação; apresenta uma visão mais ampla.
Habilidades	Nível I	Avaliação	Questiona suas idéias sobre uma abordagem ou tarefa; por exemplo: "eu não entendo ..."
	Nível II	Planejamento	Demonstra evidências de organizar os passos necessários e de prever o que está por acontecer; por exemplo: "Eu acho que deveria fazer tal coisa..."
	Nível III	Regulação	Demonstra evidências de implementação de uma estratégia e de avaliação do progresso; por exemplo: "Eu já fiz tal e tal coisa ..."
	Nível IV	Autoconsciência	Por exemplo: "Tenho consciência de que..." ou "Constatei que..."

fiar nos princípios básicos da comunidade de aprendizagem – estarão envolvidos em algo que é maior do que a soma das partes. Estarão não só engajados em um processo de aprendizagem, mas também terão a capacidade de melhorar esse processo para si próprios e para os outros, dando um retorno ao professor. Ao fazê-lo, aumentam a sua capacidade de refletir e dar um bom *feedback*.

Formativa

Quando os alunos participam da avaliação, refletindo e oferecendo *feedback* ao longo do curso, estão criando em conjunto um curso que atende às suas necessidades de aprendizagem. O *feedback* recebido pelo professor deve ser considerado com cuidado. As alterações devem ocorrer no curso à medida que ele avança e se os alunos acharem isso algo positivo e que venha a ajudar em seus objetivos de aprendizagem. Nós, por exemplo, conduzimos um seminário de desenvolvimento de professores nos quais os participantes sentiram que o tempo para cada unidade do curso simplesmente não era suficiente para realizar as atividades. Os professores, então, pediram que lhes déssemos dez dias para cada atividade, em vez de sete. Fizemos a modificação e, pelo fato de não termos adotado um modelo tradicional de trimestre ou semestre, ajustamos também a data final do curso. Os participantes ficaram satisfeitos com o tempo extra, sentiram que havíamos ouvido suas reivindicações, e que haviam participado do processo de aprendizagem, criando-o em conjunto conosco.

Específica ao contexto

O que funciona em um curso *on-line* pode não funcionar em outro. Por exemplo, em um curso como o de contabilidade ou o de matemática pode ser necessário usar testes para determinar se os alunos estão adquirindo as habilidades e o conhecimento apresentado. Em um curso onde as discussões estejam mais presentes do que os cálculos, tais como os cursos de comportamento organizacional ou outros cursos das áreas de ciências sociais e humanas, os testes talvez não sejam a melhor ferramenta de avaliação. Artigos e a avaliação do material discutido seriam mais apropriados. Além disso, pelo fato de os grupos serem sempre diferentes, é necessário ser flexível. O professor pode decidir fazer um teste, caso as discussões não estejam sendo proveitosas e impeçam que se avalie em que ponto do processo de aprendizagem os alunos estão. Em resumo, o acompanhamento deve ser uma resposta às necessidades e características dos alunos, do professor e da matéria que se estuda.

Contínua

A boa avaliação em um curso *on-line* começa no primeiro dia e vai até o final do processo. Quando os alunos enviam suas apresentações pessoais e objetivos de aprendizagem, recebem *feedback* tanto do professor quanto de seus colegas – e isso é o começo da prática de avaliação, que continua ao longo do curso. Incluir no ambiente do curso uma área para reflexão também ajuda; o mesmo vale para uma avaliação estruturada no meio do semestre. Considere o seguinte comentário de uma aluna, retirado da área de reflexão de um curso:

> Acho que estamos acertando no alvo com o nosso plano de ensino. Tenho gostado das discussões e estamos chegando ao ponto central das Comunidades de Aprendizagem Eletrônica (CAE). Uma das coisas por que passo nos cursos de que participo é ficar com o sentimento negativo de que eu, de fato, não sei o que sei, se é que isso tem algum sentido. Agora falamos sobre o que é uma comunidade de aprendizagem eletrônica e eu tenho minhas idéias, mas ainda parece que tenho muita coisa para aprender, como comunidade eletrônica, *e-learning*, comunidade de aprendizagem eletrônica..., isto é, não tenho ainda certeza de que sei a diferença entre esses três conceitos. Quando visito todos esses *sites*, tudo é chamado de comunidade de aprendizagem eletrônica, mas não está de acordo com o que temos falado. Parece que o termo é tão mal empregado que as pessoas podem chamar qualquer coisa de comunidade de aprendizagem eletrônica, mas ninguém define sob qual aspecto está usando a expressão, e os significados são muito diferentes... Tive a impressão de que eu não estava entendendo mais nada, mas, quando comecei a visitar os sites chamados de CAE, e quando percebi como se conceituavam, ficou claro que cada um tinha uma perspectiva diferente da CAE. De qualquer forma, a CAE é como muitos outros conceitos novos, está ainda evoluindo. *Cheryl*

Os comentários iniciais de Cheryl indicavam que ela pensava que o curso estava acertando no alvo, mas, nesta avaliação do meio do semestre, ela ainda expressava a necessidade de que alguns conceitos fossem esclarecidos. Assim, o processo de avaliação ajudou a garantir para ela própria que sua compreensão era maior do que pensava e que ela estava caminhando na direção de seus objetivos de aprendizagem.

Firmemente enraizada na boa prática

A questão da melhor prática é em geral discutida pelos professores quando o assunto é o ensino *on-line*. Acreditamos que os professores devem aproveitar a sua melhor prática da aula presencial e usá-la *on-line*; também acreditamos que uma boa prática de avaliação do aluno seja parte da boa prática de ensino. Quando constrói os componentes de avaliação do aluno e avaliação de um curso *on-line*, o professor precisa voltar-se ao que funcionou bem na aula presencial. Precisa perguntar-se se testes e provas foram uma ferramenta eficaz de avaliação dos alunos; se foram, como fazer para aplicá-los ao ambiente *on-line*? Será que os artigos escritos e as tarefas colaborativas são melhores? Se são, então devem ser a base da avaliação do aluno. Independentemente do que se escolha, se a avaliação for bem elaborada, clara e de fácil compreensão para os alunos, deverá funcionar bem *on-line*.

Morgan e O'Reilly (1999) apresentam seis qualidades fundamentais da avaliação dos alunos *on-line*: uma justificativa clara e uma abordagem pedagógica consistente; valores, metas, critérios e padrões claros; tarefas autênticas e holísticas; uma estrutura facilitadora; acompanhamento formativo suficiente e adequado; consciência do contexto de aprendizagem e das percepções inerentes a ele. Dito de maneira mais simples: se o curso for elaborado com diretrizes e objetivos claros, se as tarefas e atividades forem relevantes não só para a matéria estudada mas para a vida dos alunos e, finalmente, se os alunos entenderem o que se espera deles, a avaliação estará de acordo com o curso como um todo, deixando de ser uma tarefa isolada e incômoda. Quando o curso e a avaliação estão alinhados, os professores e os alunos ficam mais satisfeitos com o resultado do processo de aprendizagem. Quando isso não ocorre, os alunos podem frustram-se. Alguns exemplos ilustrarão essa idéia.

Um de nós estava lecionando em um curso de psicologia social *on-line*, elaborado por outro professor. O curso era bem-feito, incluindo boas questões para discussão que permitiam intensa participação, bem como tarefas escritas que faziam com que os alunos trouxessem experiências relevantes de suas vidas para melhor compreender os conceitos fundamentais apresentados. O problema estava em um exame, que não estava de acordo com a maneira pela qual o curso havia sido conduzido até então, mas que valeria 50% da nota final dos alunos. No exame, pedia-se, em questões de múltipla escolha, que os alunos lembrassem de detalhes mínimos de suas leituras e que também definissem alguns termos. Os alunos, que em sua maioria haviam feito um bom trabalho nas discussões e nos trabalhos escritos, tiveram notas ruins no exame. Quando a questão foi levada à chefe de departamento, ela respondeu que o exame era a única maneira de ter certeza de que os alunos haviam realizado seu trabalho por conta própria. A chefe de departamento não estava à vontade com a noção de que a avaliação contínua e formativa dos alunos tivesse mais peso e talvez fosse mais relevante. O resultado foi que os alunos sentiram-se frustrados e descontentes com suas notas, pois sua impressão foi a de que o exame não estava de acordo com o restante do curso.

É importante equilibrar as necessidades dos alunos, do professor e da administração para criar uma avaliação alinhada com os objetivos de aprendizagem e os métodos de ensino do curso. Nesse exemplo, o exame poderia ter

O ALUNO VIRTUAL **117**

sido o processo de culminância de testes mais simples, do mesmo formato. Ou o exame poderia ser substituído por um ensaio, algo mais próximo das atividades realizadas pelos alunos durante o semestre. Weimer (2002) observa que há uma série de atividades que podem ampliar o potencial de aprendizagem de um exame, tais como a inclusão de pequenas atividades ao longo do curso que incentivem a revisão dos conteúdos, nas quais os alunos têm de resumir regularmente o que aprenderam. Outra alternativa é pedir aos alunos que elaborem uma questão de teste para cada módulo estudado, e depois utilizar essas questões para elaborar o exame final. A avaliação centrada no aluno implica convidá-los a participar de sua construção. Isso se aplica tanto a exames quanto a outros meios de avaliação do aluno durante o semestre.

O ponto de vista de Morgan e O'Reilly, segundo o qual a avaliação deve ser autêntica, relevante e também estar alinhada com os objetivos do curso, é um fator primordial a ser considerado na elaboração dos critérios de avaliação. A Tabela 8.1, retirada de um curso de graduação de comportamento organizacional, é um bom exemplo de como alinhar os objetivos de aprendizagem e da avaliação. O mais interessante é a variedade de técnicas utilizadas para avaliar o progresso do aluno no curso.

Byers (2002) observa que adotar uma abordagem interativa para a avaliação cria um processo que é tanto formativo quanto somativo. Uma abordagem interativa inclui a percepção do professor, a percepção do aluno e o desempenho do aluno. Os testes e as provas não são necessariamente maneiras de contribuir para a abordagem interativa de avaliação, podendo, na verdade, criar ansiedade a ponto de impedir que a aprendizagem ocorra. Com freqüência, a política institucional impõe o uso de exames, o que é um desafio para os professores que optam pela abordagem interativa. Ainda assim, um exame final pode ser uma boa maneira de avaliar, desde que esteja significativamente conectado ao curso. Outras maneiras de avaliar os alunos *on-line* são:

- Testes e provas.
- Auto-avaliação.
- Avaliação realizada pelos colegas, incluindo a avaliação colaborativa.
- Reflexões escritas sobre o curso, as tarefas e a aprendizagem como um todo.
- Projetos, artigos e tarefas colaborativas de grupo.
- Avaliação crítica das contribuições para o fórum de discussão.
- Diários e portfólios.

Em resumo, o modo como a avaliação ocorre não é tão importante quanto ela é relevante para o conteúdo do curso e objetivos de aprendizagem.

TABELA 8.1 Alinhamento dos objetivos de aprendizagem e da avaliação

Objetivo de aprendizagem	Avaliação
Compreensão e aplicação dos conceitos de comportamento organizacional.	Discussões de grupo, atividades experimentais.
Análise organizacional e resolução de problemas.	Análise de estudo de caso apresentado pelo professor, realização de análise de um caso próprio.
Compreensão da interação entre indivíduos e de grupo.	Atividades experimentais, discussões em grupo.
Domínio do vocabulário de comportamento organizacional e conceitos teóricos.	Exames, testes, discussões em grupo, artigo final.
Aplicação de tecnologia na aprendizagem, pesquisa e resolução de problemas.	Uso da internet, envio de trabalhos por via eletrônica, participação de sessões de *chat*.

AVALIAÇÃO DO CURSO

Angelo e Cross (1993) sugerem que os professores façam-se três perguntas quando tentam desenvolver uma boa avaliação do curso: Quais são as habilidades e o conhecimento que tento ensinar? Como posso constatar que os alunos as estão aprendendo? Como posso ajudar os alunos a aprenderem melhor?

Assim como a avaliação do aluno, a avaliação do curso deve estar alinhada com os objetivos de aprendizagem e ser um processo contínuo.

Os professores preocupam-se com o fato de os métodos tradicionais de avaliação do curso não medirem a eficácia da instrução *on-line*. Brookfield (1995) observa que a avaliação tradicional de um curso raramente mede o que queremos medir. Em vez de avaliar se o curso, como foi preparado, dava a sustentação necessária para que os alunos atingissem seus objetivos de aprendizagem, as avaliações tendiam a medir se os alunos gostavam do professor como uma espécie de apresentador – em outras palavras, a avaliação do curso virou um concurso de popularidade.

Na aprendizagem *on-line* – em que é importante observar certo número de questões, como a estrutura do curso, o uso da tecnologia e se há uma comunidade de aprendizagem formada para dar sustentação à aprendizagem –, a avaliação de um curso tradicional quase não tem utilidade. O professor do curso é representado pelas palavras na tela, o que diminui consideravelmente a transformação da avaliação do curso em um concurso de popularidade. Ainda assim, os alunos avaliarão a presença do professor no curso e o seu envolvimento nele, de acordo com o que fica demonstrado pelo número e pela qualidade das mensagens enviadas pelo professor, pela resposta que dá às questões, pelo apoio e assistência aos projetos, artigos e trabalhos. Portanto,

O ALUNO VIRTUAL **119**

os professores *on-line* tendem a dar o exemplo do tipo de comportamento que querem ver em seus alunos, para depois avaliar se tudo correu bem.

A avaliação formativa, que ocorre continuamente no grupo, ajuda mais a avaliar sua eficácia do que a tradicional avaliação que ocorre somente ao final do curso. Essa avaliação final não deve ser abandonada, mas não deve ser usada como o único meio de avaliar a eficácia. Constatamos que, quando uma comunidade de aprendizagem sólida se desenvolve, os alunos ficam mais abertos a serem honestos em relação a suas impressões do curso, compartilhando o que pensam com o professor. Por causa da avaliação formativa executada durante o curso, só raramente nos surpreendemos com os resultados apresentados nas avaliações feitas ao final. Aqui estão alguns comentários de nossos alunos sobre um de nossos cursos, cujo tópico era a mudança social:

> Tenho de dizer que, no início, achei esta aula um pouco difícil. Foi complicado entender o texto que tínhamos de ler. Mas logo percebi que, quando eu relacionava o texto aos comentários de meus colegas e dos instrutores, era capaz de ter uma compreensão muito melhor dos conceitos. Aprendi muito com a interação do grupo. O conhecimento, os *insights* e o *feedback* de todos é inestimável. Gostei de saber das experiências e das idéias de todos. Embora a matéria estudada fosse difícil para mim e, para ser honesta, não a minha favorita, a experiência com os colegas fez com que essa aula tivesse alto valor. *Teri*

> Passei a perceber que é difícil entender o mundo. As soluções pareciam muito mais simples antes desse curso. Eu não entendia bem a tendência em prol da democracia liberal e do capitalismo antes de fazer esse curso. A constância da mudança está até mais clara, assim como a resistência a ela. Com freqüência falamos dos fatos do 11 de setembro e das situações dele decorrentes, e sobre a resistência à mudança. Nada ocorre como esperávamos. As pessoas não estão acostumadas à mudança. Mudar é algo que assusta e amedronta. Mas percebemos que, se não mudarmos, corremos o risco de desaparecer. O mundo está mudando e continuará a mudar. Ficar preso ao passado, julgar se um lado ou o outro está certo ou a quem pertence isso ou aquilo é uma maneira de resistir à mudança, de evitar a mudança. Estamos, no mundo, indo em direção a uma comunidade global, à economia global e à cultura global. À medida que isso cresce, as pessoas que resistirem à mudança vão lutar para tentar impedir que essa tendência irreversível ocorra. Foi essa a grande lição que aprendi. Obrigado pelo modo que vocês conduzem os trabalhos. Tem sido um prazer participar. *Mike*

Os comentários desses alunos indicam que eles atingiram os objetivos de aprendizagem, e não se gostaram ou não do professor. Como resultado, tais comentários serão muito mais úteis para os professores ministrarem seus próximos cursos.

Uma técnica para realizar a avaliação final de um curso, segundo Brookfield (1995), é fazer com que os alunos escrevam uma carta para os próximos alunos que farão o mesmo curso. Brookfield sugere que essas cartas sejam sintetizadas por um representante do grupo e que os dados sejam apresentados ao grupo e ao professor. Contudo, descobrimos que na comunidade de aprendizagem *on-line*, pelo relativo anonimato do meio, os alunos preferem comunicar-se diretamente entre si ou com o professor. Também preferimos dar um certo número de pontos, mas não uma nota, pela entrega desse tipo de carta. Uma carta ou reflexão final sobre o curso pode valer, por exemplo, 10% do total de pontos do curso. Adaptamos as indicações de Brookfield:

> Escrevendo uma carta para a próxima turma a fazer o curso:
> Neste exercício, gostaríamos que você escrevesse uma carta para os novos alunos, que farão o curso depois de você. O que gostaríamos que você dissesse a eles em especial é o que acha que eles deveriam saber para ir adiante e progredir. Alguns dos tópicos que você pode considerar:
>
> - O que você sabe agora, mas que gostaria de ter sabido desde o início do curso.
> - A coisa mais importante a fazer para manter-se tranqüilo durante o curso.
> - Os erros mais comuns que você cometeu e viu seus colegas cometerem.
> - Qualquer conselho que você tenha a dar para que os novos alunos tenham sucesso.
>
> Esses tópicos servem como guia – você pode usá-los ou não. Depois de ter escrito sua carta, poderá enviá-la para a seção do curso destinada às reflexões do aluno ou enviar-me por *e-mail*.

A maior parte das instituições exige alguma avaliação do curso ao final do semestre. É importante criar uma avaliação que reflita a natureza da aprendizagem *on-line* e não seja uma réplica da avaliação que se faz nos cursos presenciais. Uma avaliação final deve conter os seguintes elementos:

- A experiência que se teve no curso como um todo.
- A orientação para o curso e para o material usado nele.
- O conteúdo, incluindo a quantidade de material apresentado e a qualidade da apresentação.
- Debates com outros alunos e com o professor.
- Auto-avaliação do nível de participação e do desempenho no curso.
- A plataforma de ensino a distância utilizada; facilidade de uso e capacidade de sustentar a aprendizagem.
- Suporte técnico.
- Acesso aos recursos.

Incluir todos esses elementos em uma avaliação final faz com que ela passe a outro nível, em que não mais apenas o desempenho do professor é focado, mas também a experiência total por que o aluno virtual passou no curso. Da mesma forma que ocorre com o desenvolvimento e o ensino de cursos *on-line*, as instituições precisam pensar de maneira criativa quando avaliam tais experiências.

ALGUMAS PALAVRAS SOBRE PLÁGIO E FRAUDE

Pelo fato de o professor não controlar o processo de aprendizagem no ensino *on-line* e pela impossibilidade de ver os alunos, diz-se que o plágio e a fraude são mais comuns nesse meio. Morgan e O'Reilly (1999) observam que algumas instituições adotaram métodos de fiscalização, como o uso de câmeras e leitores de retina, para verificar a autenticidade da identidade do aluno virtual durante os exames. Contudo, os autores acreditam que tais técnicas refletem o pensamento institucional de que os alunos "nasceram para colar". Morgan e O'Reilly afirmam que "em contextos abertos e a distância, a maior parte dos alunos é composta por adultos que não estão interessados em fraudar ou em usar o trabalho de outrem" (1999, p. 96). Tal perspectiva pode ser bastante otimista, porque a fraude e o plágio estão mesmo presentes *on-line*. De acordo com estudos recentes, o plágio e a fraude ocorrem tanto quanto ocorrem nas aulas presencias (Kellogg, 2002).

Mesmo que a fraude e o plágio não ocorram com tanta freqüência quanto pensamos, isso não é razão para que ignoremos a possibilidade. É muito mais eficaz realizar ações que impeçam tal atitude do que negar tal possibilidade ou reagir de maneira exagerada, deixando os alunos em uma situação delicada em que há ausência total de confiança.

Quando um curso é bem construído, centrado no aluno e na comunidade, e quando incentiva a capacitação e a reflexão, os problemas da fraude e do plágio provavelmente diminuem. Além disso, incluir trabalhos que incentivem o pensamento crítico e a colaboração, em vez do individualismo e da competição, também ajuda a reduzir a tentação de colar. Nos ambientes de aprendizagem colaborativa, os alunos não estarão apenas fraudando a si mesmos, mas ao grupo, se plagiarem o trabalho de alguém.

Algumas precauções que o professor pode adotar:

- Esteja alerta para as mudanças no comportamento dos alunos ou nas diferenças no estilo de sua escrita nas mensagens enviadas aos fóruns de discussão e nos trabalhos. Os alunos têm um jeito pessoal de comunicar-se. Se seus trabalhos forem muito diferentes do seu estilo, talvez seja necessário examinar o que aconteceu.
- Modifique as perguntas do fórum e dos trabalhos com certa freqüência. Isso reduz a possibilidade de que o aluno seja capaz de usar as respostas de algum colega ou um texto escrito por outra pessoa. Além disso, os professores precisam estar atentos a semelhanças entre o trabalho de um aluno e outro trabalho qualquer já apresentado, questionando o aluno sobre esse procedimento.

- Harris (2002) observa: "De acordo com minha experiência, com exceção do plágio de um trabalho inteiro ou cópia integral parágrafo por parágrafo, o plágio ocorre, muitas vezes, porque o aluno não sabe como citar, parafrasear ou mencionar as fontes utilizadas. Muitos alunos simplesmente ignoram o que estão fazendo" (Conselho final aos instrutores, parágrafo 1). Portanto, é útil explicar minuciosamente aos alunos o que é plágio e a importância de citar o trabalho de outra pessoa. Se usarem a idéia de outro colega, é importante citá-lo também. Em geral, pedimos aos alunos para usar citações das leituras em suas mensagens, informando-lhes que a presença da citação será avaliada.
- Quando há testes ou provas, é importante que sejam supervisionados ou que haja, então, alguma pergunta de natureza pessoal, que apenas aquele aluno em particular saberá. No início do curso, por exemplo, pedimos que os alunos nos informem algo pessoal, como a cor dos olhos de seus pais, e depois perguntamos por tal informação no teste. Esse método, porém, não é infalível. A melhor forma possível é a supervisão pessoal de um profissional indicado pela instituição.
- Considere a realização de trabalhos que são entregues aos poucos, ao longo do semestre e em datas diferentes.
- Exija o uso de fontes recentes; muitos dos textos copiados ou disponíveis (à venda) estão desatualizados ou usam fontes antigas.
- Verifique as fontes, especialmente as da internet, e, se você tiver problemas, peça aos alunos para enviar cópias de suas fontes juntamente com os trabalhos.
- Quando nada disso funcionar, e houver ainda a suspeita de plágio, use serviços como o TurnItIn.com ou Plagiarism.com para determinar em que medida o texto de seu aluno foi copiado sem a devida citação. Esses serviços informam o necessário para você aconselhar o aluno ou tomar alguma ação disciplinar, de acordo com o que sua instituição estabelece.

Repita-se: uma abordagem colaborativa que enfatize a formação da comunidade de aprendizagem é a melhor defesa contra o plágio e a fraude.

PENSAMENTOS FINAIS

Byers (2002) afirma: "O ambiente centrado no aluno é amplamente aceito como o paradigma educacional ideal. Esse paradigma implica que os próprios alunos sejam o ponto mais importante da aprendizagem, isto é, que o professor, como aquele que elabora o ambiente de aprendizagem, deve, sinceramente e com seriedade, levar em consideração as necessidades e as opiniões do aluno sobre sua própria aprendizagem, respondendo a eles de maneira eficaz e oportuna, informando-lhes sobre as ações que toma e por que as toma...

O ALUNO VIRTUAL **123**

Aplicar essas mudanças nos rumos do curso, enquanto o próprio curso está acontecendo, demonstra aos alunos que a opinião deles tem efeito e torna manifesto que a sua aprendizagem é um esforço cooperativo realizado por eles e pelo professor" (Conclusão, parágrafo 2). Quanto mais envolvemos nossos alunos na avaliação contínua de seu próprio desempenho e do curso, mais significativo o curso será para eles e mais provavelmente produziremos alunos capacitados e prontos para aprender durante toda a vida. Um resumo de nossas sugestões para incluir a avaliação dos alunos e a avaliação do curso a um curso *on-line* está na Tabela 8.2.

O plágio e a fraude são assuntos que se prestam a um exame mais profundo. Como os professores podem ajudar os alunos a entender o que é plágio? Como podemos ensinar questões sobre o direito autoral e sua aplicação ao trabalho dos alunos? Agora, ao estudarmos as questões legais enfrentadas pelos alunos virtuais e seus professores, focalizaremos essas questões.

TABELA 8.2 Sugestões para incluir a avaliação dos alunos e a avaliação do curso *on-line*

Questão de avaliação	Técnica de avaliação
Avaliação dos alunos	• Elabore uma avaliação centrada no aluno e que inclua a auto-reflexão. • Elabore e inclua critérios de avaliação para a avaliação das contribuições dos alunos às discussões. • Faça uma avaliação colaborativa, por meio do envio de artigos juntamente com comentários de aluno para aluno. • Estimule os alunos a desenvolver as habilidades de enviar *feedback*, elaborando diretrizes para isso e por meio do seu próprio exemplo. • Use técnicas de avaliação que se encaixem no contexto e estejam de acordo com os objetivos de aprendizagem. • Elabore uma avaliação clara, de fácil compreensão e que funcione no ambiente *on-line*. • Peça e incorpore as contribuições do aluno na forma pela qual a avaliação deve ser feita.
Avaliação do curso	• Inclua a avaliação no curso, torne-a contínua. • Disponibilize uma área no *site* do curso para a avaliação e reflexão. • Use meios criativos para avaliar o curso, tais como cartas aos próximos alunos, e dê crédito aos alunos que o fizerem. • Inclua tanto a avaliação formativa quanto a avaliação final no curso.

(continua)

124 RENA M. PALLOFF & KEITH PRATT

TABELA 8.2 *(continuação)*

Questão de avaliação	Técnica de avaliação
Avaliação do curso *(continuação)*	• Elabore avaliações finais que vão além de comentários sobre o professor; inclua a avaliação da experiência de aprendizagem, do suporte técnico e da tecnologia utilizada.
Plágio e cola	• Use uma variedade de técnicas de avaliação, incluindo testes e provas, diários, além de trabalhos, artigos e projetos colaborativos. • Esteja alerta para mudanças nas mensagens enviadas pelos alunos e no estilo dos trabalhos. • Modifique a cada semestre as questões de discussão e dos trabalhos. • Peça para os alunos concluírem os trabalhos progressivamente. • Minimize o uso de situações individuais e competitivas, aumentando o uso da colaboração e da construção da comunidade. • Verifique as fontes citadas nos trabalhos dos alunos. • Faça exames supervisionados. • Ensine aos alunos o que constitui um plágio. • Se nada funcionar, use um serviço de detecção de plágio.

As questões legais
e o aluno virtual

9

Embora muito tenha sido escrito, e continue a ser, sobre as questões da propriedade intelectual e do direito autoral, pouca ou nenhuma atenção tem sido dada a como tais questões afetam o aluno virtual. Quando os alunos participam de um curso *on-line*, estão, na verdade, criando, em conjunto com seus colegas e o professor, um texto sobre o assunto. Apesar disso, raramente se pede permissão aos alunos para que suas contribuições sejam arquivadas no servidor da universidade. Além disso, os alunos podem fazer contribuições originais ao curso sob a forma de artigos, projetos ou material de referência que podem ser incorporados às revisões futuras do curso. Como dissemos, raramente se pede aos alunos autorização para isso e nem se faz nenhum acerto para compensá-los por sua contribuição – assume-se que isso é uma parte, uma parcela, da participação no curso *on-line*. Neste capítulo, daremos atenção a essas questões e discutiremos o seguinte:

- Quem detém a propriedade do trabalho quando ele é colocado no fórum de discussões?
- Que questões de privacidade precisam de atenção em um curso *on-line*?
- Como lidar com o arquivamento dos cursos e o seu uso posterior?
- Como a propriedade intelectual e as questões de direito intelectual afetam os alunos?
- Quais são as questões legais e as tendências?
- O que os especialistas dizem sobre tais questões?
- O que recomendamos que os professores e os administradores façam quando o assunto são as questões legais nos cursos *on-line*?

QUEM É O DONO DE MEU TRABALHO?

Nos últimos anos, os professores têm discutido com suas instituições as questões relativas à propriedade do curso *on-line* e ao direito de propriedade intelectual. A American Association of University Professors (1999), em sua declaração sobre propriedade intelectual e educação a distância, afirma que a educação *on-line* "invariavelmente apresenta problemas administrativos, técnicos e legais que, em geral, não se encontram na sala de aula presencial" (p. 41). Como resultado, as instituições estão revendo suas políticas relativas à propriedade intelectual para definir o que é essa propriedade, o que são os direitos autorais quando se desenvolve um curso *on-line*, como os cursos *on-line* desenvolvidos pelos professores podem ser usados, como os professores serão compensados pelo desenvolvimento desses cursos e quem será responsável e imputável pela administração das políticas de propriedade intelectual. Quando o assunto, porém, são os estudantes, pouca atenção se dá a tais questões, exceto às que dizem respeito as infrações do direito autoral por eles cometidas. De onde, então, virão as políticas adequadas?

O American Council on Education (2000) já abordou essa questão, mas não apresentou ainda uma política para lidar com elas. O conselho sugere que tais questões dizem respeito à privacidade do aluno, observando que algumas instituições já requisitaram aos alunos que participam do ensino a distância *on-line* uma renúncia legal, que permite o uso de sua imagem ou contribuições. Constance Hawke (2001), que discute as questões relativas à privacidade dos alunos, afirma que, apesar de o Departamento de Educação norte-americano usar uma interpretação ampla do que constitui um documento educacional privado de acordo com o Family Educational Rights and Privacy Act (FERPA), alguns tribunais fazem uso de uma visão bem mais especializada. Ela observa que até agora a questão tem sido abordada em relação a questões disciplinares, mas não ainda no que diz respeito a documentos gerados eletronicamente e mantidos pela universidade. Perguntamo-nos, então, se o simples fato de o aluno renunciar, para arquivamento institucional, aos direitos de que disponibiliza *on-line* é suficiente.

Os alunos fazem contribuições significativas para o processo de aprendizagem *on-line* e para o desenvolvimento do curso. Será então suficiente apenas exigir-lhes uma cessão de direitos? Acreditamos que os alunos têm o direito de saber como os cursos serão arquivados, quem terá acesso aos arquivos, o propósito pelo qual o material será usado e por quanto tempo o arquivo será mantido. Essas são questões que os alunos nos fazem com freqüência e suspeitamos que outros professores já as ouviram também. Raramente os alunos se opõem a que suas contribuições sejam arquivadas. No entanto, às vezes isso acontece e os alunos deveriam ter a oportunidade de remover quaisquer fotos ou representações gráficas que enviaram para o curso se assim desejassem.

Se os alunos fizerem contribuições substantivas para o desenvolvimento ou revisão de um curso *on-line*, tais como a apresentação de artigos usados como material suplementar de leitura ou modelos utilizados para sustentar a aprendizagem do próximo grupo que fizer o curso, será necessário organizar diferentemente as questões de compensação e de direitos autorais. Nós, por exemplo, trabalhamos com um curso de mestrado *on-line*. Periodicamente nos solicitam alguns exemplos de trabalhos excepcionais para serem usados como modelo para outros alunos e para serem divulgados pela instituição. Só usamos o material desse modo se o aluno concordar. Constatamos que a maioria dos alunos se sente honrada pelo pedido e concorda alegremente em ceder seu material sem pedir nenhuma espécie de retribuição por isso. Nós, contudo, jamais usaríamos seu material sem autorização prévia.

Outra questão relacionada a isso é se a autorização formal deveria ser assinada ou se o aluno poderia autorizar o uso de seu material por *e-mail*. De acordo com o que observamos, os alunos preferem o *e-mail* ao envio pelo correio de um documento assinado. Ainda não se sabe claramente se a autorização por *e-mail* tem validade legal. Assim, utilizar tanto o *e-mail* quanto o documento assinado pelo aluno é, legalmente, o melhor caminho.

POSSO REALMENTE DIZER O QUE QUERO?

Questões de privacidade e de liberdade de expressão podem também ocorrer no ambiente *on-line*. Na maior parte dos casos, incentivamos nossos alunos a expressarem-se livremente, mesmo que suas opiniões sejam controversas. Contudo, pelo fato de os cursos *on-line* serem confidenciais e protegidos pelo uso de uma senha, alguns limites devem ser determinados e respeitados, incluindo:

- *Assédio*: Hawke (2001) observa: "Pode surgir algum conflito quando o 'discurso' eletrônico, que não é passível de condenação, criar um ambiente hostil ou injurioso para determinado grupo de usuários. O discurso utilizado na internet pode ser discriminatório no que diz respeito a questões étnicas, raciais ou religiosas. Contudo, à luz da proliferação de material sexual disponível, a preocupação dominante parece ser a do assédio sexual" (p. 63). Ao criar as diretrizes para um curso *on-line*, o professor talvez queira incluir informações específicas sobre o que constitui o assédio ou a discriminação, deixando claro que ambos não serão tolerados e informar quais atitudes serão tomadas se algo ocorrer. O assédio não se limita ao fórum de discussões do curso. O assédio e a perseguição já ocorreram por *e-mail*. Se um aluno relatar que está sendo perseguido por algum colega, deve-se tomar uma atitude imediata, não só para proteger o aluno, mas para preservar a segurança da comunidade de aprendizagem.
- *Pornografia*: sabe-se que os alunos às vezes enviam material pornográfico para os cursos *on-line*. Quando isso ocorrer, o professor preci-

sa trabalhar rapidamente para retirar o material. Deve-se contatar imediatamente o aluno, exigindo que retire o material. Se o aluno recusar-se, o professor deve fazê-lo e pensar sobre uma ação disciplinar futura, tais como bloquear a senha do aluno para acesso ao curso. Os alunos precisam saber que incluir pornografia no *site* é um comportamento inaceitável e que não será tolerado.

- *Flaming* (uso de linguagem agressiva): Hawke observa que os tribunais definem as palavras utilizadas para ofender como uma comunicação que é capaz de criar a ruptura *imediata* da paz. Até hoje, não houve ainda nenhum caso legal estabelecido em relação ao ambiente eletrônico e o uso de tais palavras; a questão ainda está limitada aos ambientes presenciais. Quem ensina *on-line*, contudo, sabe que o *flaming* – um ataque pessoal agressivo – pode ter resultados devastadores para o grupo. Quando ocorre, os alunos em geral relatam não se sentirem seguros e nem à vontade, o que impede a livre expressão por medo de retaliação. Embora não saibamos de nenhuma acareação resultante de alguma situação de agressão verbal *on-line*, a possibilidade certamente existe. Mais uma vez, o professor precisa agir rapidamente quando ocorrer essa espécie de agressão, comunicando-se com o aluno responsável e lembrando-lhe da diretriz para a comunicação profissional. Se a situação não puder ser resolvida fora ou dentro da sala de aula *on-line*, o aluno deve ser suspenso e os demais informados de sua suspensão.

Incluir, nas diretrizes do curso, material que trate dos limites da comunicação é um modo de evitar problemas. Em vez de parecer algo punitivo, poderá ajudar a criar uma sensação de segurança e bem-estar, necessária para o desenvolvimento de uma comunidade de aprendizagem forte. De acordo com nossa experiência, só raramente tivemos de invocar as sanções discutidas com os alunos. Além disso, pedir aos alunos que "assinem" as diretrizes – indicando que eles as leram, entenderam e com elas concordam – ajudará muito quando um aluno desviar-se do que foi acertado.

USO DO TRABALHO DO ALUNO NAS PESQUISAS DO PROFESSOR

A pesquisa, a escrita e a publicação são elementos significativos no trabalho dos professores. Cada vez mais os professores escrevem sobre assuntos relacionados à aprendizagem *on-line*, especialmente à medida que ganham experiência em vários aspectos do trabalho nesse meio. Com isso, o papel do aluno virtual em tal pesquisa está crescendo. Nosso próprio trabalho é prova disso, pois pedimos aos alunos que sejam parte integrante do que fazemos. Como, então, os professores devem incluir o aluno virtual na pesquisa sem violar os direitos de privacidade?

Quando escrevemos, tendemos a pesquisar em nossos cursos para buscar temas, questões, preocupações, fatos, itens de pesquisa e novas idéias que podem não nos ter ocorrido antes. E, como fizemos neste livro, gostamos de usar as mensagens dos alunos para ilustrar alguns pontos. Acreditamos que nossos alunos não só têm algo significativo a dizer, mas, às vezes, dizem-no melhor. Assim, temos o máximo cuidado de pedir aos alunos a permissão para publicar seu material em nosso trabalho. Pelo fato de gostarmos que suas mensagens venham assinadas com o primeiro nome, também pedimos sua autorização, dando-lhes a opção de utilizar um pseudônimo. Finalmente, para proteger sua privacidade, retiramos qualquer informação de identificação que pudesse conectá-los a alguma instituição ou local de trabalho.

Constatamos que nossos alunos são extremamente generosos em permitir a utilização de seus escritos. No entanto, alguns professores relataram que, quando fazem outras formas de pesquisa, os alunos relutam mais em consentir que usem seus escritos, em participar de pesquisas ou em contribuir de alguma outra maneira significativa. Outros professores já se declaram um pouco confusos por terem a necessidade de pedir permissão aos alunos, especialmente quando relatam os resultados de seus cursos e similares.

Primo e Lesage (2001) afirmam que o uso de material enviado para uma lista ou para um fórum de discussão deve ter a permissão do indivíduo e do grupo. É uma boa prática contatar os alunos quando se faz uma pesquisa, notificando-os da intenção e pedindo-lhes a autorização para utilizar o material. Há pouco tempo, enviamos uma mensagem ao painel de discussão de um dos nossos cursos, pedindo aos alunos para usar o material enviado. Dissemos a eles que era possível dizer não. Ao fazê-lo, obtivemos autorização individual e do grupo para utilizar o material.

Algumas instituições pedem, no começo do curso, uma autorização "documentada" aos alunos para arquivar suas contribuições e para utilizá-las em pesquisas posteriores depois de o curso terminar. Essa espécie de autorização inclui uma descrição de como poderia ser a pesquisa e de como os direitos individuais seriam protegidos. Embora essa seja uma boa prática, acreditamos que os alunos ou ex-alunos devem ser também contatados individualmente quando a pesquisa começa, a fim de garantir que entendam a natureza da pesquisa e para verificar mais uma vez sua vontade de contribuir. Nossos alunos não são apenas palavras na tela; são pessoas cuja privacidade e confidencialidade precisam ser preservadas.

CAPACITANDO OS ALUNOS EM QUESTÕES DE DIREITO AUTORAL E PROPRIEDADE INTELECTUAL

Morgan e O'Reilly (1999) afirmam que a maior parte dos plágios ocorre como resultado da ignorância das regras de citação, não sendo algo intencional. Pelo fato de os alunos virtuais trabalharem *on-line* e usarem muito a internet como uma ferramenta de pesquisa, aumenta a confusão sobre como e quando citar. Primo e Lesage (2001) afirmam: "com o uso intenso da educação a distância, a quantidade de informação e o nível de acesso público cresceram exponencialmente. Um número cada vez maior de cursos de aprendizagem a distância, especialmente na internet, estão redefinindo os limites da propriedade intelectual" (New Challenges to Copyright Issues for Distance Learning, parágrafo 1). Além disso, cada nova versão dos manuais de estilo a que os alunos se referem quando escrevem seus trabalhos modifica as regras para citação do material da internet, o que aumenta a confusão. Pelo fato de os sites da internet serem muito fáceis de acessar, os alunos podem, por engano, achar que tudo é domínio público, dispensando a citação. Já passamos por duas situações em que os alunos copiaram quase que inteiramente o que estava escrito em um site da internet, ficando surpresos ao descobrir que o que fizeram constituía plágio.

A questão não se limita à internet, porém. Com freqüência os alunos retiram grandes trechos de um livro ou artigo científico, dão crédito ao autor e pensam que isso basta. Na verdade, em alguns países e culturas onde as leis de direito autoral não são tão severas quanto nos Estados Unidos, tal prática não é considerada plágio.

Um meio eficaz de reduzir a possibilidade de plágio ou violação de direitos autorais é treinar os alunos a usar material regido pela lei de direitos autorais. Criar uma parceria com as bibliotecárias para ensiná-los pode ser útil, pois elas, em geral, são especialistas no assunto. Tal treinamento pode e deve ser incluído na orientação a um curso *on-line*. Contudo, algumas instituições estão criando cursos especialmente voltados à questão do plágio e dos direitos autorais. Tais cursos são oferecidos não somente aos alunos virtuais, mas também aos presenciais. Aqui estão alguns tópicos importantes abordados durante o treinamento:

- Definições de direito autoral e seu uso adequado.
- Evitando o plágio e as violações ao direito autoral.
- Técnicas de busca.
- Usando recursos eletrônicos, tais como bases de dados e *sites* da internet.
- Citação adequada para textos eletrônicos ou impressos.
- Avaliação de *websites* e outros recursos digitais ou impressos como referência para artigos.
- Validação de informação encontrada em *sites*.
- Escrevendo e formatando um artigo de pesquisa.

É importante, frisamos novamente, adotar uma postura bem intencionada – os alunos não são trapaceiros por natureza; eles, em geral, plagiam sem saber que o fazem. Adotar uma postura positiva pode reduzir ou eliminar problemas antes de eles começarem, além de ajudar os alunos a aprender como pesquisar.

TORNANDO OS ALUNOS PARTE INTEGRANTE DO PROCESSO

Tony Bates (2000) sugere que os alunos sejam parte das forças-tarefas e comitês encarregados pelo planejamento dos cursos e programas *on-line*. Ao incluir os alunos no processo, as instituições fazem deles parceiros integrais para o desenvolvimento desses cursos e programas, e também ensinam-lhes as questões que a própria instituição, os professores e seus colegas enfrentam na elaboração de um curso e ao ministrá-lo. Quando os alunos são incluídos, as instituições aprendem sobre o papel do aluno, sua visão e suas necessidades.

Como isso afeta as discussões sobre o direito autoral e a propriedade intelectual para o aluno virtual? Os alunos precisam envolver-se no desenvolvimento dos programas de treinamento sobre essas questões e também no desenvolvimento de uma política que responda às suas necessidades, respeite sua privacidade e recompense suas contribuições para o desenvolvimento do curso *on-line*.

Primo e Lesage (2001) observam que as instituições devem facilitar o desenvolvimento de critérios para estabelecer a propriedade, o uso futuro e os direitos de distribuição para o material produzido pelos professores, alunos e instituição. O aluno virtual não pode ser ignorado nesse processo, devido às contribuições que faz para o desenvolvimento dos cursos *on-line*. Primo e Lesage estão de acordo com nossos próprios pensamentos quando afirmam que "a legislação e a prática aceita devem mudar e adaptar-se, a fim de tirar o máximo das possibilidades da aprendizagem a distância" (New Challenges, Few Answers, parágrafo 1).

Não se pode fazer o que sempre se fez em um meio que é diferente de tudo que se conhecia. Assim, à medida que progredimos no desenvolvimento e no modo como ministramos cada vez mais cursos e programas *on-line*, devemos prestar atenção redobrada ao papel do aluno nas questões de propriedade intelectual e de direito autoral.

PENSAMENTOS FINAIS

As questões legais envolvidas na aprendizagem *on-line* surgem, sem dúvida, a toda a hora. Não existem ainda políticas ou regras claras nessa área. Com base na literatura atual, porém, acreditamos no seguinte:

- Os alunos *on-line* são proprietários de seu trabalho. Portanto, têm o direito de dizer como será e como não será utilizado.

132 RENA M. PALLOFF & KEITH PRATT

- Se os alunos contribuem significativamente para o curso, e suas contribuições são incorporadas às novas edições do mesmo curso, eles precisam ser compensados de alguma forma.
- Os alunos precisam aprender sobre as questões de privacidade, e sua privacidade deve ser respeitada.
- Os alunos precisam de treinamento para saber como utilizar material alheio adequadamente e para lidar com questões de direito autoral e plágio.
- As instituições não podem continuar passivas no que diz respeito às questões legais presentes na aprendizagem *on-line*. Devem desenvolver políticas que respondam às necessidades dos alunos e dos professores.
- O ponto de vista e a voz do aluno devem ser incluídos no desenvolvimento das políticas referentes a essas questões.

A Tabela 9.1 resume o material deste capítulo, as questões legais enfrentadas pelo aluno virtual e pelos professores, e as respostas institucionais a tais questões. Embora algumas dessas questões devam ser tratadas por meio da política institucional, certas questões legais poderiam e deveriam ser abordadas também na sala de aula *on-line*.

O próximo capítulo deste guia para o trabalho com o aluno virtual tem como foco as questões do abandono do curso, retenção e tamanho do grupo. Como podemos atrair os alunos para os cursos e programas *on-line*? Quais são os obstáculos potenciais para o seu sucesso, e como os professores e as instituições podem minimizar tais obstáculos? No Capítulo 10, discutiremos essas questões e faremos sugestões para minimizar o abandono e aumentar ao máximo o sucesso.

TABELA 9.1 Abordagem de questões legais na sala de aula *on-line*

Questões legais na sala de aula *on-line*	Técnicas para a abordagem das questões legais
Propriedade do material.	• Disponibilize um termo de consentimento em relação à propriedade do material do curso e peça que os alunos o assinem, no começo do curso *on-line*, para que você possa utilizar tal material. • Quaisquer modificações no termo devem ser tratadas individualmente e no momento em que ocorrerem – o termo inicial deve ser modificado quando necessário. • Considere um modo de compensar os alunos quando suas contribuições para o curso resultarem em revisão ou acréscimo ao material do curso.

(continua)

O ALUNO VIRTUAL **133**

TABELA 9.1 *(continuação)*

Questões legais na sala de aula *on-line*	Técnicas para a abordagem das questões legais
Privacidade.	• Ensine os alunos sobre comportamento aceitável e inaceitável *on-line*. • Confronte ou intervenha imediatamente quando houver quebra da ética ou da privacidade nas comunicações dos alunos. • Inclua as questões de privacidade nas diretrizes do curso e peça aos alunos para aprovarem essas diretrizes pelo envio de uma mensagem ao *site* do curso.
Arquivamento dos cursos.	• Informe os alunos sobre que material será arquivado e como o arquivo será usado. • Dê tempo suficiente para os alunos retirarem o material que considerarem pessoal, tais como fotografias ou representações gráficas, antes do arquivamento. • Peça autorização aos alunos para arquivar discussões inteiras. • Se o material arquivado for utilizado com o propósito de revisar o curso ou para a pesquisa do professor, peça a autorização do aluno.
Uso dos trabalhos dos alunos na pesquisa dos professores.	• Peça autorização aos alunos quando seus trabalhos forem utilizados na pesquisa dos professores ou nas discussões dos fóruns. • Se os alunos forem citados, dê a eles a opção de utilizar nomes fictícios. Retire qualquer outro fator de identificação, tais como a instituição do aluno ou seu local de trabalho.
Propriedade intelectual e direito autoral.	• Ofereça informação ou treinamento em questões de plágio e direito autoral. • Inclua no treinamento informação sobre o formato adequado de citação e as definições de direito autoral e uso correto. • Inclua os alunos no desenvolvimento das políticas e nos programas de treinamento voltados às questões legais.

Abandono, retenção e tamanho do grupo

10

Muitas pessoas que criticam a educação *on-line* apontam os altos índices de desistência como uma medida de sua má qualidade. Como mencionamos antes, o abandono nos cursos *on-line* é de cerca de 50% dos alunos matriculados no país (Carr, 2000). Diaz (2002) indica que as altas taxas de abandono não necessariamente indicam má qualidade ou insucesso acadêmico. Na verdade, Diaz afirma: "Os alunos *on-line* com freqüência têm um aproveitamento melhor que os alunos tradicionais quando o sucesso é medido pelo percentual de estudantes que atingem o conceito C ou superior, desempenho geral em sala de aula (por exemplo, acertos nos exames) ou satisfação dos alunos" (Performance Differences, parágrafo 1). Então por que os alunos *on-line* desistem de suas aulas em maior número e o que pode ser feito para impedir isso? Neste capítulo, trabalharemos algumas das razões para o abandono em cursos *on-line* e também algumas medidas para elevar o índice de retenção. Fechamos com nossa fórmula para a qualidade no curso *on-line*, pois acreditamos que a qualidade é o fator mais importante para determinar se o aluno continuará no curso até o final.

IMPEDINDO O ÊXODO: LEMBRANDO O QUE OS ALUNOS PRECISAM PARA TER SUCESSO

Muitas especulações ocorreram sobre o porquê de os alunos abandonarem mais os cursos *on-line* do que os presenciais. Diaz (2002) observa que há muitas razões para alguns alunos continuarem *on-line* e outros desistirem. Ele inclui a demografia como sendo um dos fatores, além da qualidade da aula, da disciplina do curso, de fatores socioeconômicos, da falta de habilidades, ou da simples apatia.

A demografia confirma-se amplamente: o aluno tende a ser mais velho, a ter um trabalho e a estar envolvido com atividades da família e com a comunidade. O que leva esses alunos ao curso *on-line* é a conveniência, pois o curso lhes dá tempo para administrar questões igualmente importantes em suas vidas.

Já observamos algumas características do aluno virtual de sucesso neste mesmo livro:

- O aluno virtual tem acesso à tecnologia e ao computador.
- O aluno virtual de sucesso tem a mente aberta e compartilha detalhes sobre sua vida, trabalho e outras experiências educacionais.
- O aluno virtual não se sente prejudicado pela ausência de sinais auditivos ou visuais no processo de comunicação.
- O aluno virtual deseja dedicar quantidade significativa de seu tempo semanal a seus estudos e não vê o curso como "a maneira mais leve e fácil".
- O aluno virtual é, ou pode passar a ser, uma pessoa que pensa criticamente.
- O aluno virtual tem a capacidade de refletir.
- O aluno virtual acredita que a aprendizagem de alta qualidade pode acontecer em qualquer lugar e a qualquer momento.

Vamos agora rever cada uma dessas características em sua relação com a retenção de alunos em cursos e programas *on-line*.

Acesso à tecnologia e saber usá-la

Os alunos não terão sucesso em um curso *on-line* se o seu acesso à internet for ruim ou inexistente. Alguns alunos já abandonaram nossos cursos porque seus computadores pararam de funcionar e eles não conseguiram encontrar outro jeito para continuar. A tecnologia pode ser fonte de frustração para o aluno virtual, pode impedir o progresso e tornar-se um obstáculo que ele não consegue transpor. Além disso, se um curso for construído de tal maneira que partes dele não sejam acessíveis àqueles que dependem de conexão discada ou que tenham problemas físicos, as taxas de abandono podem aumentar, pois os alunos percebem que estão ficando para trás. Se um aluno encontrar dificuldades técnicas, é importante informar-lhe de que existem outras opções para acesso, tais como um laboratório de informática no campus ou em uma biblioteca pública. Embora tais opções possam ser menos convenientes, elas permitem que os alunos continuem a fazer seu trabalho.

Mente aberta quanto ao compartilhamento de informações pessoais

Se o aluno sentir que os limites pessoais estão sendo rompidos pela quantidade de troca de informações que ocorre *on-line*, poderá parar de enviar mensagens ou desistir do curso. Como já dissemos, não temos a expectativa de que o curso seja como uma sessão de terapia para os alunos, mas esperamos que haja certa abertura para que se humanize o ambiente e se crie a sensação de que todos estão ligados uns aos outros. Quando a troca de informações é muito íntima, contudo, pode haver um sentimento de desconforto para os alunos que não estão acostumados a discutir detalhes de sua vida pessoal com os outros, seja *on-line* ou não. Quando se estabelece uma norma acerca de tais questões pessoais no grupo e um ou mais alunos não conseguem cumpri-la, talvez a única opção que lhes reste seja abandonar o curso. Nesse caso, é fundamental que o professor intervenha e converse com tais alunos para ajudá-los a encontrar outro modo de interagir. A seguinte mensagem de um aluno indica que ele não se sentia à vontade com o fato de a participação ser obrigatória:

> Eu, pessoalmente, gosto de ler os comentários dos colegas, mas, em geral, não respondo a todos eles se não houver algo que eu realmente queira comentar. Sei que, se todo aluno pensasse assim, não teríamos muito o que conversar no fórum de discussões, mas isso não faz da comunidade de aprendizagem um fracasso. É claro que o professor exige que os alunos respondam aos comentários de todos os colegas (em outro curso isso aconteceu), o que faz com que você receba comentários a toda a hora, mas comentários que não são de fato muito sinceros... Neste curso, por exemplo, o título é "Estratégias para construir uma comunidade de aprendizagem *on-line*", ou seja, é um curso, não deixa de ser um curso e, por isso, como aluno, estou mais interessado em aprender alguns conceitos e em elaborar uma ampla compreensão do que de fato "existir" em uma comunidade de aprendizagem *on-line*. É claro que, se eu me mantiver em dia com as questões do fórum, nada do que eu disse importará. Se eu fizer isso, serei, então, um integrante da comunidade sem ter de pensar muito sobre isso. Espero que tenham me entendido. *Jeff*

Os comentários de Jeff indicam que ele está passando por algumas dificuldades em participar, mas, ao mesmo tempo, significam que desenvolveu um modo de lidar com isso: se ele responder às perguntas do fórum, ficará mais à vontade no processo. Sua abordagem é certamente aceitável, pois não se espera que os alunos revelem o conteúdo de suas almas no curso *on-line* – espera-se apenas que participem.

Facilidade com o ambiente *on-line*

Uma discussão recente, que ocorreu em uma aula *on-line*, ilustra certo desconforto com a ausência de sinais visuais e auditivos:

> Pensei duas vezes antes de escrever meus comentários sobre o texto, pelo fato, que você mencionou, de estarmos em um programa de doutorado. Acho que

138 RENA M. PALLOFF & KEITH PRATT

> parte do desafio que enfrentamos é o de não termos de ir à aula para discutir alguns tópicos difíceis e ter a oportunidade de falar sobre eles como meio de entendê-los. Posso buscar os termos de que necessito, isso não é difícil. Só preciso de um jeito para fazer com que o processo pareça mais real e, se for como algo que sonhei, que eu receba algum esclarecimento ou validação do que penso. Só não me acho capaz de entender tudo acuradamente e preferiria não ter de esperar que meus artigos recebessem uma nota para eu descobrir que confundi as coisas. *Kristine*

> Este estilo é um problema para quem gosta de falar. Eu, por exemplo, gosto de estar na aula para discutir o que penso e esclarecer as coisas de maneira imediata. *Glen*

> Precisamos aumentar nossa confiança. Concordo. Só precisamos fingir que o teclado é a nossa voz. *Nita*

Esses alunos, que se iniciam na aprendizagem *on-line*, estão tentando compreender como se faz para suplantar a ausência dos sinais verbais e visuais. Todavia já é algo positivo que estejam à vontade para discutir o fato de não se sentirem à vontade e que se ajudem. Os alunos que "sofrem em silêncio" talvez não consigam superar seus problemas e abandonem o curso.

Vontade de dedicar o tempo necessário ao curso

Diaz (2002) afirma: "Acredito que muitos alunos *on-line* que desistem de seu curso talvez o façam porque desistir seria *fazer a coisa certa*. Em outras palavras, devido às exigências da escola, do trabalho e/ou da família, os alunos se beneficiariam em mais de um curso quando tivessem tempo suficiente para dedicar ao trabalho de aula. Assim, ao abandonar o curso, talvez estejam tomando uma decisão madura e bem pensada, de acordo com um aluno cuja experiência de vida e cuja experiência acadêmica são significativas" (Making Sense of Drop Rates [Entendendo os índices de desistência], parágrafo 1). Em outras palavras, como já observamos muitas vezes, os mesmos elementos que atraem os alunos para o ambiente *on-line* podem fazer com que eles o abandonem. Não se pode considerar isso um fracasso do aluno ou do programa *on-line*; ao contrário, talvez seja a melhor decisão que o aluno poderia tomar. O momento da desistência, contudo, pode ser discutido – algo que deve ser bem explicado ao aluno. Os prazos e as políticas institucionais, por exemplo, podem afetá-los negativamente, ou podem causar um impacto nos projetos dos grupos de que os alunos participem. Tais fatores devem ser explicados, a fim de que os alunos possam tomar a melhor decisão possível.

Capacidade de pensar criticamente

O aluno virtual de sucesso sabe trabalhar de modo independente, envolvendo-se com o material do curso com pouquíssima necessidade de intervenção do professor. O aluno que precisa de mais assistência do professor e não deseja ou não consegue envolver-se nas discussões e atividades colaborativas provavelmente terá problemas *on-line*. Quando essa situação fica clara para esse aluno, ele talvez decida desistir do curso ou, se chegar a completá-lo, pode constatar que a aprendizagem *on-line* não lhe serve. Tal aluno provavelmente terá melhor desempenho em um grupo presencial, no qual o trabalho de grupo não é fundamental. Alertar os alunos para a mudança de paradigma inerente aos cursos *on-line* ajuda a evitar tais situações.

Capacidade reflexiva

A capacidade de refletir sobre o material apresentado pelos colegas e pelo professor é tão importante para o sucesso em um curso *on-line* quanto o pensamento crítico, e será decisiva para o futuro dos alunos. Eles precisam valorizar as contribuições de seus colegas tanto quanto as do professor, sendo capazes de compreender de maneira independente o que lhes é apresentado. Precisam também ser capazes de demonstrar suas reflexões ao grupo. Não é incomum que recebamos um *e-mail* ou um telefonema dos alunos que dizem simplesmente não ter condições de acompanhar o nível da turma. Um de nós teve uma experiência com uma aluna que precisava passar alguns dias fora, sem acesso a um computador. Na volta, ela sentiu-se tão sobrecarregada pela qualidade e quantidade das reflexões de seus colegas que começou a questionar sua própria capacidade de contribuir no mesmo nível. Depois de muitos debates e auto-análise, ela decidiu abandonar o curso e passar ao formato presencial, em que tinha a impressão de ter mais chances de sucesso. Parece-nos que essa é uma das "decisões maduras" de que fala Diaz.

Crença de que a aprendizagem de alta qualidade pode acontecer em qualquer lugar e a qualquer hora

Já mencionamos com freqüência neste livro que o aluno virtual de sucesso não acredita que o professor seja a fonte do conhecimento pela qual toda a aprendizagem flui, mas uma pessoa flexível e aberta à aprendizagem de uma maneira nova. Não é incomum receber o seguinte tipo de *feedback* de um aluno ao final de uma curso *on-line*: "Mas VOCÊ não me ensinou". É improvável que um aluno com essa percepção tenha sucesso *on-line*. Tais alunos correm o risco de desistirem do curso, pois dependem do professor, e não do grupo, para gerar conhecimento em um curso. Da mesma forma, os alunos que acreditam que a aprendizagem de qualidade apenas acontece na aula presencial terão dificuldades de entender o processo de aprendizagem *on-line*, sentindo-se desiludidos e insatisfeitos.

Diaz cria três categorias para todos os fatores que acabamos de mencionar: *fatores do aluno*, que incluem preparação educacional, motivação e autoconfiança; *fatores situacionais*, tais como família, trabalho e mudanças na vida pessoal e em suas circunstâncias; e *fatores do sistema educacional*, que incluem a qualidade e a dificuldade apresentada pelo material do curso, bem como o apoio oferecido pelo professor e pela instituição.

MEDIDAS PARA MELHORAR A RETENÇÃO

Embora a qualidade seja apenas um dos fatores, ela é importante para a retenção dos alunos *on-line*. Alley e Jansak (2001) observam que não há uma lista de verificação consensual pela qual se possa avaliar a qualidade de um curso. A qualidade do curso é um conceito relativo que depende de quem o está julgando, da elaboração do curso, da maneira como é ministrado e de muitos outros fatores sob os quais não se tem controle e que não se incluem na elaboração pedagógica. Alguns dos fatores externos considerados por Alley e Jansak são aqueles que já mencionamos neste livro:

- A relação do curso e do currículo, bem como a coesão presente em sua elaboração.
- A capacidade de os alunos integrarem o curso na sua programação acadêmica e em suas vidas.
- Acesso à informação e aos serviços da biblioteca.
- Sentido de comunidade.
- Tamanho da turma ou do grupo.
- A tecnologia usada e o suporte técnico oferecido.
- As características do aluno, incluindo o estilo de aprendizagem e o estilo de vida.
- Características do professor, incluindo sua atuação como facilitador e sua presença.

As instituições e os professores ignoram que há fatores que estão fora de seu controle, mas que contribuem para os índices de desistência. Podemos penetrar em algumas áreas, mas em outras precisaremos pesquisar mais para determinar como reduzir as barreiras para a aprendizagem *on-line* e aumentar a probabilidade de sucesso do aluno. Passemos agora aos fatores que podemos influenciar, juntamente com algumas das medidas que podemos adotar para aumentar a probabilidade de retenção.

Garanta maior interatividade e maior construção da comunidade

Se acreditamos que o conhecimento não é transmitido, mas construído por todos em conjunto, o que se segue é que quanto maior a interatividade em um curso *on-line*, e quanto maior a atenção que se dá ao desenvolvimento de um sentido de comunidade, mais os alunos tendem a continuar no curso até o final. Se os alunos acreditarem que "estão nessa juntos", a possibilidade de retenção aumentará porque a sensação de isolamento diminuirá, independentemente do quanto a matéria estudada seja difícil. Os alunos passam a ter a sensação de há alguém que os entende. Na verdade, uma das críticas que se levanta contra a aprendizagem *on-line* é o que se percebe como ausência de interação pessoal, que é algo buscado pelos alunos. É muitíssimo importante o professor estar presente – enviando mensagens regularmente para o fórum de discussões, respondendo de maneira oportuna aos *e-mails* e aos trabalhos enviados e, em geral, dando um exemplo de boa interação e comunicação *on-line* –, pois os alunos farão o mesmo, e um alto grau de interatividade ocorrerá.

O professor, então, deve ter três prioridades *on-line*: *incentivar e desenvolver um sentido de comunidade, manter os alunos envolvidos com o curso e com os colegas e capacitar os alunos a adotar e manter o processo de construção da comunidade.*

Dar atenção a esses três elementos ajuda os alunos a acreditarem que eles são parte de um processo de aprendizagem que é maior do que suas próprias contribuições ao curso e ao trabalho individual, expresso pelas tarefas que realizam. Quando o sentimento de comunidade é forte e a interação alta, os alunos e professores apreciam dar continuidade a seus debates *on-line*. Alunos e professores comentam que realmente gostam de estar *on-line*, a fim de verificar o que há de novo e a direção que tomou a conversa. Além disso, os cursos com altos níveis de interação tendem a obter maior índice de satisfação e menor índice de abandono. Assim, incentivar um alto nível de interação é papel fundamental do professor. Na verdade, talvez seja a sua tarefa mais importante no ambiente de aprendizagem *on-line*.

Se os professores são treinados não apenas para ministrar cursos usando a tecnologia, mas têm conhecimento de métodos pedagógicos que facilitam sua vida *on-line*, e se, além disso, o desenvolvimento da comunidade se tornar uma prioridade, o resultado poderá ser um curso altamente interativo que leva a todos a atingirem os objetivos de aprendizagem e a uma sensação de satisfação. Além disso, quando os cursos são planejados e desenvolvidos com a interatividade em mente, uma mudança ocorre, com os alunos tornando-se mais autônomos. Eles descobrem que a aprendizagem em um curso *on-line* vem de sua interação uns com os outros, e não apenas com o professor. Quando o curso progride bem, o professor aprende tanto com os alunos quanto os alunos aprendem com ele. Esse é um dos resultados de qualidade inerentes à participação em uma comunidade de aprendizagem, sendo um processo verdadeiramente centrado no aluno.

Controle o tamanho do grupo

Outro fator importante sobre o qual as instituições têm algum controle, e que se relaciona à capacidade de desenvolver a comunidade, é o tamanho do grupo. Os professores, em geral, perguntam qual é o número ideal de pessoas para a construção da comunidade em um curso *on-line*. Como profesores *on-line* experientes, nossa impressão é de que o número fica entre 20 e 25 pessoas. Os professores novos nesse meio, ou que estejam lecionando pela primeira vez, não deveriam ter mais do que 15 alunos. Infelizmente, esse número parece extremamente baixo para os administradores, que continuam a acreditar que a aprendizagem *on-line* trará quantidades significativas de dinheiro para a instituição se o número de alunos matriculados for alto. No entanto, esse é um grave erro. Como observamos, os alunos buscam a conexão e um alto grau de interação com os professores e seus colegas. Quando há muitos alunos em uma turma, eles não se sentem ouvidos e podem ficar perdidos, da mesma forma que se sentiriam em uma palestra muito longa. Além disso, conforme cresce o número de alunos, a carga de trabalho do professor cresce exponencialmente, causando atrasos maiores na resposta aos alunos e a impossibilidade de manter-se atualizado no fórum de discussão. O resultado? Os alunos poderão sentir-se menos inclinados a continuar no curso ou a fazer outro.

Dito isso, os professores podem lidar com um grande número de alunos criativamente, formando grupos de discussão menores. A liderança nos grupos de discussão pode ser alternada e reportar-se ao grande grupo regularmente – uma vez por semana, por exemplo. Qualquer sessão sincrônica de *chat* deve ser agendada, de maneira a minimizar o número de alunos *on-line* ao mesmo tempo; isso vale tanto para os grupos pequenos quanto para os grandes. O número máximo de alunos em uma sessão sincrônica deve estar entre 10 e 12 alunos para que se evite uma sobrecarga de informações e a sensação de não conseguir acompanhar o que se diz.

Os alunos do grande grupo devem ser informados com clareza sobre as expectativas que devem ter do professor no que diz respeito a mensagens enviadas ao fórum de discussão, *e-mails* e trabalhos. Isso pode aliviar um pouco da frustração que sentem quando a resposta não é tão grande quanto esperavam. O professor também pode considerar usar a comunicação sincrônica em horário predeterminado para aumentar o nível de interação com os alunos do grande grupo.

Um grupo muito pequeno também pode causar problemas, pois o grupo deve ser grande o suficiente para possuir uma massa crítica que permita a interação. De acordo com nossa experiência, se houver menos do que cinco alunos em um grupo *on-line*, o professor precisará ser muito ativo para manter viva a participação.

No geral, embora isso não seja muito do agrado dos administradores, achamos que os grupos pequenos funcionam melhor. Além de criar uma carga de trabalho mais administrável para o professor, esses grupos sustentam o processo de construção da comunidade e minimizam a sobrecarga de informação para todos, aumentando a percepção da qualidade do curso por parte dos alunos, que se sentem valorizados.

Reconheça que nem todos os alunos (ou professores) encontram seu lugar na sala de aula *on-line*

Diaz (2002) afirma: "Não devemos, obviamente, negar as taxas de abandono nem evitar as tentativas de ajustar os fatores que levam à desistência, mas também não devemos considerar os alunos que desistem como alunos que estão 'em situação de risco', sem termos outras provas para nisso acreditar" (Conclusões, parágrafo 1). Como já observamos, os alunos que desistem de um curso *on-line* talvez tenham simplesmente tomado uma decisão segundo a qual esse ambiente não é para eles, preferindo o sistema de aulas presenciais. Isso não os coloca em uma categoria de alto risco – há muitos alunos que se dão bem *on-line*, há muitos alunos que se dão bem na aula presencial e há outros que se dão bem em uma mistura de ambos os estilos. Preferir determinado estilo a outro não é indicativo de fracasso.

Acreditamos ser um erro oferecer, apenas sob o formato *on-line*, cursos que sejam pré-requisitos, a não ser que sejam parte de um programa exclusivamente *on-line* e que usem uma abordagem mista – um programa no qual os alunos escolhem entrar sabendo que o formato *on-line* é o principal. Da mesma forma, achamos que é um erro forçar os professores a lecionar *on-line* quando não acham que este é o meio adequado para eles. Algum nível de abertura para ensinar e aprender *on-line* deve estar presente tanto nos professores quanto nos alunos. Em nossos seminários, encontramos alguns professores que não pensam em mudar seus cursos para o formato *on-line* e que não estão abertos a fazê-lo. Tais professores simplesmente não conseguem repensar e reconfigurar seus cursos. Nesses casos, sugerimos a utilização de um formato misto – em que o ensino presencial é o meio principal de ensino enquanto o professor experimenta várias técnicas *on-line* – ou então que o professor continue a ensinar nos cursos presenciais.

Quando uma pessoa admite que não prefere o ambiente *on-line*, não há problema, seja ela professor ou aluno. Contudo, alertamos: é importante dar aos alunos a oportunidade de aprender *on-line* se estiverem abertos a isso. Usar resursos para a triagem de alunos talvez impeça que os que mais se adaptariam ao ambiente *on-line* nem sequer comecem a fazer um curso.

Em um de nossos seminários mais recentes, uma professora informou ao grupo que sua instituição havia decidido usar entrevistas presenciais com os alunos como forma de realizar uma triagem na qual seriam escolhidos os alunos que fariam os cursos *on-line*. Muitos professores do grupo acharam tal abordagem problemática porque, diziam eles, uma entrevista presencial não seria um bom indicador do sucesso *on-line*. A aprendizagem que se dá por meio da tentativa e do erro funciona muito melhor. Assim, não devemos ter medo de deixar que os alunos tentem. Se estamos criando cursos interativos e de alta qualidade, podemos ter a esperança de que os alunos serão pelo menos capazes de interagir o suficiente para completar o curso e aprender alguma coisa durante o processo – mesmo se o que aprenderem for que a educação *on-line* não é para eles.

COLABORAÇÃO + PRESENÇA + COMUNIDADE = QUALIDADE

No início do livro, apresentamos as características que os alunos virtuais buscam quando se inscrevem em um curso ou programa *on-line*. Eles procuram um programa baseado na capacidade de ir ao encontro de suas necessidades educacionais únicas, que seja centrado no aluno e não no professor, com custos acessíveis, que tenha uma tecnologia confiável, fácil de navegar e transparente ao usuário, e que apresente os níveis adequados de informação e interação humanas.

Quando os professores e os alunos colhem os benefícios de um curso *on-line* bem projetado e de um bom programa de graduação, o resultado é a exaltação sobre o que é possível fazer no mundo *on-line* e nas novas relações desenvolvidas – entre professor e alunos, entre alunos, e entre professor, alunos e a criação do conhecimento. Essa alegria relativa à aprendizagem estimula abordagens novas e criativas para o ensino e aprendizagem *on-line*, demonstrando que, na verdade, os cursos de alta qualidade e interativos não são só possíveis: são uma realidade. A Figura 10.1 ilustra os elementos que, acreditamos, formam um curso ou programa *on-line* de alta qualidade realmente centrado no aluno.

A Tabela 10.1 resume as questões envolvidas na retenção do aluno virtual e as técnicas usadas para melhorar a retenção.

Com atenção dedicada à qualidade, no próximo capítulo faremos uma observação final sobre os alunos virtuais e o modo por que experimentam a aprendizagem *on-line* hoje, bem como sobre quais possam ser suas aspirações futuras. Além disso, falaremos das melhores práticas quando lecionamos *on-line*.

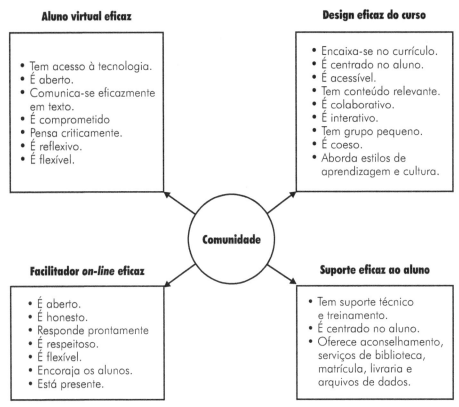

FIGURA 10.1 Elementos de um curso ou programa *on-line* de alta qualidade.

TABELA 10.1 Melhorando a qualidade e aumentando a retenção *on-line*

Questões relativas ao aumento da retenção e do melhoramento da qualidade	Técnicas para aumentar a retenção e melhorar a qualidade
Redução do abandono.	• Melhore a possibilidade de acesso pelo uso de um design simples para o curso e incentive o acesso por meio de serviços públicos, tais como bibliotecas e laboratórios de informática. • Intervenha quando os alunos têm dificuldades com a comunicação *on-line* e ajude-os a desenvolver técnicas que sejam confortáveis para eles. • Auxilie os alunos no gerenciamento do tempo. • Eduque e oriente os alunos para as demandas e diferenças da aprendizagem *on-line*. • Projete cursos de alta qualidade e programas que sejam centrados no aluno e que respondam às suas necessidades.

(continua)

TABELA 10.1 *(continuação)*

Questões relativas ao aumento da retenção e do melhoramento da qualidade	Técnicas para aumentar a retenção e melhorar a qualidade
Construção da comunidade.	• Faça da construção da comunidade uma prioridade do professor e do facilitador. • Concentre-se em manter os alunos envolvidos com o curso e com os colegas. • Capacite os alunos a serem responsáveis pela construção da comunidade, estimulando a liderança entre eles e alternando o papel de facilitador. • Incentive os alunos a chegarem a um alto nível de interatividade, chamando os alunos quietos e aqueles que não participam das tarefas do grupo.
Tamanho do grupo.	• Se possível, mantenha um número de 15 ou menos alunos nos cursos *on-line*. • Quando cursos maiores forem oferecidos, divida o grupo em turmas menores com liderança alternada. • Minimize o número de alunos nos *chats* e não inclua mais do que dez alunos nesse tipo de trabalho sincrônico.
Adequação do professor / aluno à aprendizagem *on-line*.	• Incentive a auto-avaliação para a escolha pelo trabalho *on-line* por parte de professores e alunos. • Ofereça versões *on-line* e presencial de seus cursos. • Não force os professores e os alunos a entrarem nos cursos *on-line*, mas incentive-os a tentar.
Obstáculos.	• Garanta acesso à tecnologia. • Elabore cursos com a acessibilidade em mente. • Elabore cursos que se encaixem no currículo e sejam centrados no aluno. • Disponibilize serviços amplos aos alunos virtuais. • Aborde todos os estilos e barreiras à aprendizagem, tais como o ensino a deficientes físicos, quando elaborar os cursos. • Disponibilize treinamento adequado e apoio aos alunos. • Certifique-se de que os professores estejam bem treinados e desenvolvam boas condições de fazer o trabalho de facilitador *on-line*. • Incentive um sentido de comunidade tanto em aula quanto nas instituições. • Seja flexível quando problemas externos ocorrerem, permitindo a conclusão de trabalhos e fechamento de notas quando as circunstâncias retornarem ao normal.

11

Tornar-se verdadeiramente centrado no aluno

As melhores práticas no ensino *on-line*

Este livro começou com uma questão. O que, de fato, significa estar centrado no aluno no ambiente *on-line*? Como já demonstramos em nossa discussão de todas as questões e inquietações do ensino *on-line*, há muitas respostas a essa pergunta. Trata-se de uma resposta complexa. Para sermos de fato centrados no aluno, precisamos:

- Entender quem nossos alunos são.
- Entender como eles aprendem.
- Estar cientes das questões que afetam suas vidas e sua aprendizagem, bem como da maneira pela qual trazem tais questões para a sala de aula.
- Entender o que eles precisam para que possamos apoiá-los em sua aprendizagem.
- Entender como ajudá-los em seu desenvolvimento como agentes reflexivos.
- Encontrar uma maneira de envolvê-los na elaboração do curso e na avaliação.
- Respeitar seus direitos como alunos e seu papel no processo de aprendizagem.
- Entender como desenvolver cursos e programas sem deixar de dar atenção a um melhoramento contínuo da qualidade, para que nossos alunos continuem seu processo de aprendizagem e avancem suavemente em direção a suas metas, seus objetivos e seus sonhos.

Esses princípios certamente se aplicam a situações presenciais e *on-line*. Contudo, no ambiente *on-line*, como já enfatizamos ao longo do livro, precisamos agir de maneira muito mais deliberada quando prestamos atenção a quem nossos alunos são e do que eles precisam, pois não os estamos fisicamente vendo ou com eles interagindo diariamente.

ESTAR CENTRADO NO ALUNO NO AMBIENTE *ON-LINE*

Maryellen Weimer (2002) observa: "Estar centrado no aluno é dedicar atenção exclusiva à aprendizagem: o que o aluno está aprendendo, como está aprendendo, as condições sob as quais está aprendendo, se está retendo e aplicando o que aprende, e como a aprendizagem atual o prepara para a aprendizagem futura" (p. xvi). Em sua discussão das situações de ensino presencial, Weimer aponta cinco mudanças fundamentais que precisam ocorrer para que haja uma aprendizagem centrada no aluno: o equilíbrio de forças precisa mudar, a função do conteúdo precisa mudar, o papel do professor precisa mudar, a responsabilidade pela aprendizagem precisa mudar e o propósito e os processos de avaliação precisam mudar. Passemos a analisar cada um desses itens em sua aplicação à aprendizagem *on-line*.

O equilíbrio de forças precisa mudar

Na aprendizagem *on-line* eficaz, o professor atua como facilitador, incentivando os alunos a serem responsáveis por seu próprio processo de aprendizagem. Já discutimos a necessidade de o professor sair do centro das ações, deixando o papel central de sábio e passando a atuar como um guia. Isso também significa que os professores precisam deixar de conhecer a fundo seu conteúdo? A resposta para essa pergunta é um sonoro *não*. Para guiarem os alunos em direção à aquisição do conhecimento, os professores precisam conhecer bem o que ensinam. Poderão, então, ajudar os alunos a avaliarem os sites que visitam, o material que trazem para o grupo e o que estão lendo. Como especialistas, os professores criam uma espécie de contêiner para a aprendizagem, estabelecendo limites para sua área de atuação e ajudando os alunos a manterem-se nos trilhos. Contudo, os professores não são uma fonte de onde o conhecimento flui. Assim, a maneira como eles criam esse contêiner é fundamental.

O gerenciamento da experiência da sala de aula *on-line* não é algo autoritário. Em outras palavras, se um professor incentiva os alunos a trabalhar com seus colegas e incentiva aqueles que gravitam em torno do papel de gerentes do processo a exercitarem tal papel, a responsabilidade pelo gerenciamento da experiência de aprendizagem será compartilhada. Assim, uma experiência *on-line* centrada no aluno resulta em uma sala de aula mais democrática.

A função do conteúdo precisa mudar

Carr-Chellman e Ducastel (2001) observam que o design de um bom curso *on-line* torna os recursos de aprendizagem e as atividades para instrução do aluno disponíveis, em vez de simplesmente instruir. A diferença é que adotar a primeira perspectiva dá aos alunos a oportunidade de trabalharem juntos para criar o conhecimento e os significados, em vez de entregar-lhes os fatos e as informações já prontos para que os memorizem e retenham de alguma forma. A primeira opção dá aos alunos a oportunidade de desenvolverem o pensamento crítico; a segunda, talvez não.

Quando falamos sobre conteúdo, surge a questão de lecionar disciplinas diferentes. É realmente possível criar significados e conhecimento em conjunto quando a área é, por exemplo, a matemática? Recentemente tivemos um contato com um professor que diria que *sim*. Além de apresentar um conteúdo básico que os alunos têm de memorizar e reter, ele incorpora "grupos-problema" em seu curso de matemática, dividindo a turma em pequenos grupos colaborativos e dando a cada grupo uma série de problemas a serem resolvidos. Cada problema tem um tempo diferente de resolução, dependendo de sua complexidade. Juntos, os alunos buscam o conteúdo que lhes permitirá encontrar a solução para o problema e explicar como chegaram à solução. Assim, o processo de aprender colaborativamente torna-se o foco, tomando o lugar do conteúdo. Esse professor está convencido de que seus alunos aprendem e retêm tanto ou mais informações sobre matemática do que o fariam se ele usasse apenas uma abordagem em que a memorização/retenção estivesse envolvida.

O papel do professor precisa mudar

Weimer (2002) observa que, no ambiente centrado no aluno, o professor não é mais *o especialista* no conteúdo ensinado. Como dissemos antes, o professor da sala de aula *on-line* dá um passo para o lado e permite que surja o conhecimento dos alunos. Weimer afirma: "Se o objetivo do ensino é promover a aprendizagem, o papel desempenhado pelo professor para atingir esse objetivo muda consideravelmente" (p. 14).

Isso não significa que o professor não tenha um papel a desempenhar quando ministra um curso *on-line* centrado no aluno. Em um estudo sobre as atitudes dos alunos em relação à aprendizagem e ao ensino *on-line*, Goldsmith (2001) relatou que eles gostam de ter um professor bem-informado e que esteja envolvido no curso. Os professores que trabalham centrados nos alunos têm uma contribuição significativa a fazer para a experiência de aprendizagem, e os alunos querem que eles estejam presentes e envolvidos. Às vezes o papel do professor é agir como se fosse outro aluno do grupo – isso ocorre, por exemplo, quando se alterna o facilitador entre todos os alunos do grupo –, às vezes o professor é o principal facilitador. O importante é ser flexível e estar pronto para fazer o que o grupo precisa para o processo de aprendizagem ocorrer. Dessa forma, os alunos e a sua aprendizagem continuam a ser o foco de atenção.

A responsabilidade pela aprendizagem precisa mudar

Se o professor atua como um guia e um facilitador, os alunos precisam assumir a responsabilidade pelo seu próprio processo de aprendizagem. Como já dissemos muitas vezes, o que os alunos tiram de um curso *on-line* é o que eles lá colocam, e essa é uma mensagem que precisam ouvir do início ao fim do curso. Precisamos incentivar os alunos e capacitá-los a se encarregarem pela formação da comunidade de aprendizagem, a interagirem com os colegas – e não apenas com o professor – e a receberem *feedback* sobre se isso está de fato ocorrendo. O bordão que gostamos de usar para encerrar nossas sessões de treinamento de professores é "Somos todos especialistas quando o assunto é a nossa própria aprendizagem". Acreditamos que essa frase expressa duas coisas: a primeira é que temos tanto a aprender com nossos alunos quanto eles têm conosco – não somos os únicos especialistas no processo de aprendizagem; a segunda é que os alunos precisam assumir a responsabilidade pelo processo de ensinar seu colegas e a aprender com eles. A mensagem abaixo, enviada por Nita, uma aluna de pós-graduação que fazia um curso *on-line* pela primeira vez, serve para ilustrar o que dissemos:

> Como aluna virtual e tendo a oportunidade de participar do ambiente de aprendizagem virtual, posso, sem nenhuma reserva, dizer que estou, de fato, em processo de obter um título cuja base é a realidade. Uma percepção inicial no mundo acadêmico indica que os cursos *on-line* ou virtuais não lhe dão de fato um título, pois não possuem a comunicação presencial e o caráter social atribuído ao ambiente da sala de aula tradicional. Isso se prova falso, já que os alunos virtuais desenvolvem seus pontos fortes e *expertise* a partir de sua experiência e participação na sala de aula virtual, o que ocorre sob a liderança de um facilitador. O teclado e a internet tornam-se ferramentas para uma comunicação e uma aprendizagem eficazes, e também para a completa validação da idéia de que a mente humana, com base na realidade, é o condutor dessa experiência de aprendizagem virtual. *Nita*

O propósito e os processos de avaliação precisam mudar

O que os alunos aprendem em um curso *on-line*? Essa espécie de aprendizagem é inferior ou igual à aprendizagem presencial? Como saber isso? Como medimos os resultados? Todas essas questões surgem freqüentemente, em relação à aprendizagem *on-line*, com base em uma noção de que por não haver contato presencial se trata de uma experiência menor. Como discutimos no Capítulo 8, a avaliação que está alinhada com os objetivos de aprendizagem do curso, e que está de acordo com os tipos de atividades de aprendizagem inseridas no mesmo curso, provavelmente trará resultados úteis não só para o melhoramento do curso, mas também para a aprendizagem do aluno. Incluir a auto-avaliação nesse processo incentiva os alunos a refletirem sobre sua aprendizagem e a demonstrarem seu domínio dos conceitos aprendidos. A seguinte reflexão de um aluno trata não só da aprendizagem, mas da consecução dos objetivos de aprendizagem no curso *on-line*:

> Devo dizer que essa aula me ajudou muito a crescer. Eu já tinha estudado as mudanças sociais antes e estava um pouco intrigado sobre como as coisas se encaixavam agora na globalização. As leituras e as interações criaram uma reflexão intensa e outro paradigma para mim, pois pude, indo um pouco além do raciocínio meramente mecânico, perceber melhor as mudanças sociais.

> Gostei de responder e de ler as respostas que recebi. O tempo e a quantidade de reflexão necessários para responder fizeram com que a discussão sempre fosse bastante conveniente e minuciosa. Os colegas criaram um *insight* muito rico para as leituras. Fui capaz de expressar meus pontos de vista e recebi muitas respostas que validavam o que eu pensava. Muitos desses pensamentos refletiam uma mudança de paradigma, e eu os pude levar para o meu trabalho.

> Cada resposta que eu dei estava de acordo com as respostas que recebia de meus colegas, isto é, escrevi para validar seus pensamentos, expressar o que eu havia aprendido com eles e questionar alguns pontos menos claros, com o objetivo de entender melhor o que queriam dizer.

> Essa foi uma das duas primeiras turmas de que participei *on-line*, e fiquei muito satisfeito com tal formato. Tirei toda a vantagem dele e agi com seriedade em relação às normas estabelecidas para envio de mensagens aos colegas. Gostei do *feedback* que recebi de vocês e dos colegas, que aprendi a respeitar e com quem aprendi muito. Muito embora alguns colegas não tenham contribuído de um modo que eu considerasse significativo, posso dizer que, de alguma forma, aprendi alguma coisa com cada um deles. *Glenn*

O'Reilly e Newton (2001) indicam que os alunos valorizam as discussões *on-line*, figurem elas ou não na avaliação. A reflexão desse aluno ilustra o quanto ele ganhou com a interação, tanto em termos de sua própria aprendizagem quanto em termos de sua contribuição para a aprendizagem dos colegas.

Os meios tradicionais de avaliação, tais como exames e testes, de fato não verificam a contribuição que os fóruns de discussão *on-line* dão para a aprendizagem. Assim, quando consideramos como avaliar os resultados nos cursos *on-line*, e os próprios cursos, precisamos abandonar as comparações com a aprendizagem presencial e desenvolver meios próprios pelos quais os benefícios oferecidos pela aprendizagem *on-line* possam ser avaliados.

152 RENA M. PALLOFF & KEITH PRATT

Fazer isso, se estivermos centrados no aluno, implica observar o impacto que a aprendizagem *on-line* tem sobre eles e avaliar o que precisamos fazer para dar conta de todas as suas necessidades em cada uma de nossas instituições e em cada um de nossos cursos. O campo do ensino *on-line* também precisa pesquisar mais profundamente esses impactos a fim de adotar mais eficazmente as melhores práticas possíveis. Poderemos, então, começar a modificar nossos cursos e programas para que reflitam a informação coletada.

O QUE O ALUNO *ON-LINE* QUER

No começo deste livro, observamos que os níveis de satisfação dos alunos *on-line* tendem a ser baixos. Hara e Kling (2000) atribuem isso ao fato de que os alunos *on-line* passam por momentos de angústia por causa da tecnologia utilizada, especialmente quando há problemas no suporte técnico, nas áreas de conteúdo do curso e na comunicação. Os autores indicam que a literatura sobre a aprendizagem *on-line* está repleta de dicas para os professores e administradores, mas que raramente aborda as necessidades dos alunos virtuais. Os mesmos autores atribuem a maior parte da angústia dos alunos ao fato de que os cursos são desenvolvidos e ensinados por professores que têm pouco ou nenhum treinamento em ensino *on-line*. Hara e Kling constatam que os cursos de alta qualidade tendem a ser ministrados por professores dedicados e experientes, que entendem a situação do aluno virtual. Segundo os autores, os alunos disseram precisar do seguinte:

- Confirmação de que as idéias que enviam para o fórum de discussões estão no caminho certo.
- Instruções claras sobre as expectativas do curso e para a realização dos trabalhos.
- A possibilidade de expressar insatisfação com o nível de qualidade de comunicação do professor e do próprio curso, sem medo de retaliação.
- Uma carga razoável de leitura, envio de mensagens e *e-mails*.
- *Feedback* rápido e claro.
- Orientação sobre a tecnologia em uso.
- Suporte técnico.

Hara e Kling (2000) concluem tais pensamentos trazendo à cena os estudos sobre aprendizagem *on-line* que são centrados no aluno e "que são elaborados para nos ensinar como o uso adequado da tecnologia e da pedagogia pode fazer com que a educação a distância seja mais benéfica para um maior número de alunos. Além disso, precisamos encontrar maneiras de passar o melhor dessa pesquisa para a literatura voltada ao profissional da área" (Understanding Instructional Work and Communication in Practice, parágra-

O ALUNO VIRTUAL **153**

fo 4). Nossa prática de ensino *on-line* precisa ser mais centrada no aluno, e também nossa pesquisa.

Em resumo, o que o aluno virtual quer e precisa é algo muito claro: comunicação e *feedback*, interatividade e sentido de comunidade, direção adequada e capacitação para executar as tarefas exigidas. Se copiarmos o que acontece na sala de aula presencial, não atenderemos essas necessidades, causando angústia e frustração aos alunos. A solução é concentrar-se nas práticas que são centradas no aluno e que buscam atender às suas necessidades.

FOCO NAS MELHORES PRÁTICAS

Embora a literatura sobre as melhores práticas de ensino *on-line* esteja sempre crescendo, achamos que está, em geral, limitada à inclusão de certos tipos de ferramentas técnicas e que, raramente, dá conta da prática pedagógica centrada no aluno. Uma boa prática, argumenta-se, pode ser a de aumentar a comunicação, fazendo maior uso do fórum de discussões. Embora o fórum seja uma boa maneira de comunicar-se *on-line*, quantas vezes o professor deve enviar mensagens a ele? Com que rapidez o professor deve responder às perguntas e inquietações do aluno? Simplesmente utilizar o fórum não caracteriza a melhor prática; é apenas um veículo para ela.

Graham, Kursat, Byung-Ro, Craner e Duffy (2001) optaram por aplicar os sete princípios de Chickering e Gamson, *Seven principles of good practice in undergraduate education*, um modelo publicado em 1987 e bastante utilizado para a avaliação do ensino, como meio de desenvolver uma lista das melhores práticas possíveis na educação *on-line*. Para cada um desses princípios, os autores ofereceram uma lição correspondente em aprendizagem *on-line*. Comentamos essa lista, com base nos princípios que estamos discutindo neste livro.

Princípio 1: a boa prática incentiva o contato aluno-professor

Lição para o ensino on-line: os professores devem oferecer diretrizes claras para a interação com os alunos.

Graham e colaboradores estão sugerindo aqui que os professores estabeleçam categorias de comunicação e informem os alunos sobre quais mensagens enviar para o professor e quais mandar para outros lugares, tais como ao pessoal de suporte técnico. Embora isso seja importante, não achamos que seja fundamental para que se ministre um curso *on-line* com sucesso. Eles também sugerem que os professores definam claramente o tempo necessário para responder às mensagens dos alunos. Esse fator é fundamental, pois faz com que os alunos sintam o apoio do professor. Estabelecer um tempo de resposta razoável – como 24 ou 48 horas para responder a um *e-mail*, e 3 a 5

154 RENA M. PALLOFF & KEITH PRATT

dias para responder a um trabalho –, e depois fazer todo o esforço possível para cumprir essa agenda ajuda os alunos a sentirem-se no caminho certo e mostra que o professor está atento. Esse componente é fundamental para a satisfação do aluno na aprendizagem *on-line*.

Princípio 2: a boa prática incentiva a cooperação entre os alunos

Lição para o ensino on-line: os trabalhos de discussão bem-elaborados facilitam a cooperação significativa entre os alunos.

Como já observamos, a capacidade de envolver-se no trabalho colaborativo é uma marca da aprendizagem *on-line* e o fundamento da comunidade de aprendizagem. Ir além da discussão *on-line*, incluindo trabalhos em pequenos grupos e outros meios pelos quais os alunos possam colaborar, ajuda a ampliar e aprofundar a aprendizagem, diminuindo a sensação de isolamento que muitos alunos sentem, permitindo-lhes que experimentem suas idéias e tenham a sensação de estarem conectados ao curso, ao professor e ao grupo. Em geral, níveis mais altos de satisfação ocorrem quando a colaboração é parte integrante do curso.

Princípio 3: a boa prática incentiva a aprendizagem ativa

Lição para o ensino on-line: os alunos devem apresentar projetos.

Embora apresentar projetos e artigos no ambiente *on-line* e receber *feedback* pelos trabalhos sejam meios colaborativos fundamentais para a ampliação do processo de aprendizagem, as possibilidades de aprendizagem ativa na sala de aula *on-line* estão muito além disso. Pedir aos alunos que se envolvam com exemplos da vida real, que participem de simulações e que pesquisem em suas comunidades e, depois, relatem o que pesquisaram ao grupo, são alguns dos tipos de técnicas de aprendizagem ativa que podem ser incorporadas a uma aula *on-line*. Usar a criatividade no curso é mais do que apenas ler e discutir o que foi lido. Quando técnicas de aprendizagem ativas são incluídas, elas ajudam a engajar o aluno virtual no processo de aprendizagem.

Princípio 4: a boa prática dá *feedback* imediato

Lição para o ensino on-line: os professores precisam disponibilizar dois tipos de *feedback*: *feedback* sobre a informação e *feedback* de reconhecimento.

Os professores precisam encontrar um equilíbrio na quantidade e na freqüência do *feedback* que dão aos alunos, de maneira que estes saibam que os professores estão presentes e atentos, mas não de uma forma que sobrecarregue o grupo ou que domine a discussão. O papel do professor-facilitador nas discussões *on-line* é ajudar os alunos a sintetizarem o material estudado, a enxergarem paralelos e a resumirem os pontos primordiais, auxiliando-os, assim, a irem em frente. Quando o professor intervém em demasia, há, de fato, uma interrupção do diálogo, pois ele se torna o centro das atenções. Por outro lado, a ausência de intervenção do professor pode também interromper a discussão, pois os alunos talvez se sintam confusos e incertos sobre o que se espera deles. Atingir o equilíbrio é, então, fundamental.

Princípio 5: a boa prática enfatiza o tempo gasto em uma tarefa

Lição para o ensino on-line: os cursos *on-line* precisam estabelecer prazos.

Graham e seus colegas afirmam: "Os prazos adequados incentivam os alunos a aplicar seu tempo nas tarefas e ajudam os alunos com agendas lotadas a evitar a procrastinação. Também disponibilizam um contexto para um contato regular com o professor e com os colegas". Pelo fato de os alunos virtuais precisarem administrar o tempo eficazmente para finalizarem o curso *on-line* com sucesso, é bom estabelecer prazos para a entrega de mensagens e de trabalhos. Assim, os alunos não se perdem ou "empacam" em determinado ponto do curso. Os prazos também funcionam como uma referência para o processo de avaliação, pois, com bastante freqüência, os alunos chegam ao final do curso sem saber muito bem como estão sendo avaliados. Os trabalhos com prazo de entrega definido e o *feedback* regular do professor, bem como dos colegas, ajudam a traçar um mapa para o aluno virtual completar seu curso com sucesso.

Princípio 6: a boa prática comunica altas expectativas

Lição para o ensino on-line: tarefas desafiadoras, estudos de caso e o elogio ao trabalho de qualidade comunicam altas expectativas.

A principal crítica que se faz ao ensino *on-line* é que ele não seria tão rigoroso quanto o ensino presencial. Ao criar tarefas e trabalhos que são desafiadores e que conduzem os alunos a altos padrões, podemos criar cursos *on-line* que suplantam a experiência presencial. "Emburrecer" o currículo para sua administração *on-line* não é uma opção aceitável. Há pessoas que acreditam que, pelo fato de o currículo ser apresentado diferentemente *on-line*, isso significa que ele é simplificado. Contudo, se desafiarmos os alunos a explorarem minuciosamente o território do curso e exigirmos a participação ativa deles nesse processo, o resultado deve ser a aprendizagem profunda e os resultados de alta qualidade.

Princípio 7: a boa prática respeita os diferentes talentos e as maneiras de aprender

Lição para o ensino on-line: permitir que os alunos escolham os tópicos abordados nos projetos faz com que surjam diferentes pontos de vista.

Além da seleção do tópico, a aprendizagem *on-line* pode e deve atender a todos os estilos de aprendizagem, às diferenças culturais, étnicas, geográficas e de gênero – deve encontrar modos de fazer com que todas as vozes sejam ouvidas. As atividades de aprendizagem colaborativa permitem que os alunos trabalhem a partir de seus pontos fortes, enquanto exploram o material do curso. Se os tipos de atividades em um curso *on-line* forem variados, os alunos podem empregar seu estilo de aprendizagem preferido sem deixar de desenvolver os outros estilos. No geral, os professores precisam buscar e incluir meios pelos quais as várias opiniões e os estilos de vida sejam prestigiados no processo.

PENSAMENTOS FINAIS

A Tabela 11.1 resume nossos pensamentos sobre as melhores práticas para o ensino *on-line* centrado no aluno. Fechamos o livro com esta tabela, como uma maneira de juntar as idéias de que estivemos falando, e também tentamos fazer uma contribuição para o pouco que há disponível na literatura sobre as melhores práticas de ensino *on-line*.

Assim como o campo do ensino *on-line* a distância evolui, também evoluem nossos pensamentos sobre a melhor prática de ensino. Ao focalizar a inclusão, a colaboração, a flexibilidade, a boa comunicação e a interação – independentemente da disciplina ensinada –, o professor *on-line* não errará e o aluno certamente será beneficiado. É isso que significa ser verdadeiramente centrado no aluno.

O que vem depois deste último capítulo são as duas seções da nossa "caixa de ferramentas" do aluno virtual de sucesso. Esperamos que, se essas ferramentas forem utilizadas em mais cursos *on-line*, venham a ajudar mais alunos virtuais a ter uma experiência de qualidade, a desenvolver o pensamento crítico e a refletir, tornando-se alunos capacitados que continuam a aprender ao longo da vida. As ferramentas oferecem também idéias e alternativas para os professores elaborarem seus cursos, respondendo também a questões sobre como desenvolver um amplo e bom conjunto de diretrizes para um curso *on-line*. Pedimos a nossos leitores que usem as ferramentas como acharem melhor – nossa meta é fazer a aprendizagem *on-line* a melhor experiência possível para os alunos virtuais.

O ALUNO VIRTUAL **157**

TABELA 11.1 As melhores práticas no ensino *on-line*

Foco no aluno virtual	Melhores práticas da instituição e do professor
Entender quem são nossos alunos.	• Começar o curso pedindo aos alunos que enviem suas apresentações pessoais e compartilhem seus objetivos de aprendizagem, a fim de conhecer os alunos como pessoas. • Criar um espaço social no curso para que os alunos possam relaxar, conhecendo melhor os colegas e o professor. • Humanizar o site do curso, fazendo-o caloroso e convidativo. • Usar o humor de maneira adequada para engajar os alunos na discussão e incentivá-los a fazer o mesmo.
Entender como nossos alunos aprendem.	• Saber como lidar com as questões referentes ao trabalho com estilos de aprendizagem *on-line*. • Respeitar diferentes estilos de aprendizagem e incentivar os alunos a respeitar um ao outro pelo envio adequado de *feedback* e pelo trabalho de auxílio mútuo. • Elaborar cursos com atividades variadas, a fim de atender a vários estilos de aprendizagem. • Disponibilizar opções para os trabalhos, a fim de que os alunos possam escolher aqueles que melhor lhes convierem.
Ter consciência das questões que afetam as vidas dos alunos e sua aprendizagem e de como eles as trazem para a sala de aula.	• Incentivar os alunos a contatar o professor e o grupo se problemas de suas vidas interferirem e intervierem em sua participação no curso; caso não o façam, ir ao encontro dos alunos. • Incentivar os alunos a trazer exemplos reais para ilustrar os conceitos estudados em sala de aula, aplicando-os a suas vidas. • Ter ciência do impacto do isolamento e de outros fatores que podem influenciar a participação do aluno no curso, e ser flexível ao trabalhar com os alunos para resolver tais questões.
Entender o que os alunos virtuais precisam, para dar apoio a sua aprendizagem.	• A instituição deve desenvolver e oferecer um programa amplo de serviços ao aluno. • A instituição deve designar pessoal de apoio aos alunos virtuais. • Deve-se oferecer suporte técnico 24 horas por dia aos alunos. • Os alunos devem receber treinamento técnico para que possam acessar facilmente o curso. • As habilidades técnicas dos alunos devem ser avaliadas, e a instituição ou o professor devem apontar maneiras de melhorar tais habilidades, a fim de eliminar problemas potenciais nos cursos *on-line*.
Entender como ajudar os alunos virtuais em seu desenvolvimento como participantes reflexivos.	• Desenvolver atividades colaborativas que incentivem a reflexão. • Disponibilizar diretrizes para os alunos desenvolverem seu pensamento crítico. • Disponibilizar diretrizes para os alunos darem e receberem um bom *feedback*. • Pedir aos alunos que reflitam sobre sua aprendizagem geral no curso pelo menos duas vezes, uma no meio e outra ao final do curso.

(continua)

158 RENA M. PALLOFF & KEITH PRATT

TABELA 11.1 *(continuação)*

Foco no aluno virtual	Melhores práticas da instituição e do professor
Encontrar um meio de envolver os alunos virtuais na elaboração do curso e na avaliação.	• No começo do curso, pedir aos alunos para enviarem seus objetivos de aprendizagem e perguntar-lhes como farão para chegar a eles. • Pedir que os alunos enviem *feedback* regularmente sobre como o curso está indo e sobre sugestões para melhoramento. • Responder às sugestões dos alunos e ser flexível o bastante para incorporar as que têm sentido enquanto o curso está em andamento. • Incorporar avaliações do curso que vão além de pesquisas de popularidade do professor, tais como cartas aos próximos alunos, e dar aos alunos pontos ou crédito por sua contribuição.
Respeitar os direitos dos alunos como aprendizes e seu papel no processo de aprendizagem.	• Tanto a instituição quanto o professor devem respeitar a privacidade do aluno, não divulgando seu trabalho ou contribuição, nem convidando alguém a visitar o curso sem o seu consentimento. • Disponibilizar um *feedback* tão imediato quanto possível, honesto e respeitoso aos alunos, seja em relação aos trabalhos, seja em relação aos *e-mails* enviados – estabelecer diretrizes para os prazos de resposta, comunicar tais diretrizes aos alunos e não desobedecê-las. • Considerar as contribuições dos alunos para os cursos *on-line* como propriedade intelectual deles, tratando-as como tal. • Capacitar os alunos a se responsabilizarem pelo processo de aprendizagem e a trabalharem em conjunto para formar uma comunidade de aprendizagem forte, estabelecendo diretrizes de participação que sustentem a comunicação direta entre eles sem a necessidade de que o professor funcione como um filtro.
Entender como desenvolver cursos e programas sem deixar de dar atenção à melhora contínua da qualidade, de forma que os alunos se envolvam com o processo de aprendizagem e progridam suavemente na direção de suas metas, seus objetivos e seus sonhos.	• Desenvolver cursos que sejam especialmente projetados para a aprendizagem *on-line*, e não uma réplica da sala de aula presencial; os cursos devem ser rigorosos e conter expectativas claras em relação ao fato de o aluno completar o curso, bem como instruções claras para os trabalhos e para a participação, e uma carga horária razoável. • Ser criativo no desenvolvimento de tarefas, permitindo que o aluno tenha opções e incentivando a colaboração e a reflexão. • Ir ao encontro dos alunos que não participam para determinar por que não o fazem e para trazê-los de volta ao curso. • Desenvolver cursos que tenham um conteúdo relevante, sejam interativos e coerentes com os demais cursos do programa de estudos do aluno. • Mais importante do que tudo, lembrar que há pessoas do outro lado da linha que precisam que seus professores sejam abertos, honestos, flexíveis e respeitosos, que respondam aos pedidos e às questões dos alunos, que os capacitem para o futuro e, mais do que qualquer outra coisa, estejam presentes na experiência de aprendizagem.

RECURSOS: A CAIXA DE FERRAMENTAS PARA UM ALUNO VIRTUAL DE SUCESSO

Introdução à caixa de ferramentas para um aluno virtual de sucesso

Quando apresentamos nossos *workshops* pelos Estados Unidos, pelo Canadá e pela Europa, freqüentemente nos pedem para mostrar o material que coletamos durante esses anos de ensino *on-line*. A caixa de ferramentas para um aluno virtual de sucesso representa esse material. A intenção é que ela, por si só, ajude professores e alunos a realizar um bom curso *on-line*. Algumas das ferramentas são trabalhos originais nossos, e outras são adaptações de material de nossos colegas. Demos crédito àqueles que colaboraram para nossa aprendizagem e somos gratos a eles pelo trabalho que dedicaram aos alunos.

A caixa de ferramentas está dividida em duas seções: O Recurso A contém ferramentas para o professor, e o Recurso B, para o aluno. Todas as ferramentas podem ser incorporadas ao plano de ensino de um curso virtual. Organizamos todas elas dessa maneira apenas para facilitar o seu uso. A seção do professor contém o seguinte:

- *Amostras de diretrizes do curso*: incluindo as diretrizes de conteúdo e de envio de mensagens, diretrizes de participação, métodos de ensino e aprendizagem no curso e vários meios de comunicar as expectativas dos professores e dos alunos.
- Um guia para desenvolver o pensamento crítico.
- Um guia para desenvolver boas questões para discussão em um curso *on-line*.
- Um guia para usar a metodologia de estudo de casos.
- Um guia para avaliar o trabalho do aluno, incluindo uma amostra de critérios de avaliação para um curso *on-line*.

A seção do aluno contém as seguintes ferramentas:

- Auto-avaliação para a aprendizagem *on-line*.
- Dicas para ser um aluno *on-line* de sucesso.
- Ferramentas de comunicação, incluindo *emoticons*, siglas e *netiqueta*. (Esses elementos poderiam também ser incluídos nas ferramentas do professor, mas optamos por colocá-los aqui para disponibilizar aos alunos uma orientação para a comunicação *on-line*.)
- Diretrizes para dar *feedback*.
- Ferramentas para gerenciamento do tempo.
- Dicas para escrever textos de pesquisa e de reflexão.

Existem muitos *sites* na internet para auxiliar o aluno e o professor *on-line*. Alguns dos mais úteis são:

- O *MERLOT (Multimedia Educational Resource for Learning and On-line Teaching)* é um site de associação gratuita, com *links* para materiais de aprendizagem *on-line*, que conta com observações e revisões de colegas. É um ótimo *site* para obter idéias e para compartilhar as experiências do ensino e da aprendizagem *on-line* [www.merlot.org].
- O *World Lecture Hall* é outro *site* que apresenta material gratuito elaborado por professores que dão cursos *on-line* ou em formato misto [www.utexas.edu/world/lecture/].
- O *Western Cooperative for Educational Telecommunications*, encontrado no *site* da WICHE (Western Interstate Comission for Higher Education), oferece um guia para o desenvolvimento de um bom programa de serviços ao aluno *on-line* [www.wiche.edu/Telecom/resources/publications/guide/guide.htm].
- O *StudentAffairs.com* é um *site* útil e bem completo para quem trabalha com o aluno virtual, oferecendo tudo, desde listas de emprego a listas de discussão por *e-mail* e *links* para outros recursos [www.StudentAffairs.com]. O *site* também traz uma área intitulada "Student Pulse On-line", em que *links* para *sites* elaborados por alunos podem ser encontrados juntamente com sua respectiva avaliação [http://www.studentaffairs.com/web/pulse.html].
- O sistema *ERIC/CASS* apresenta uma rica variedade de recursos e bibliotecas virtuais que contêm informações sobre assuntos que interessam aos alunos, tais como uso excessivo de substâncias e violência, além de textos completos sobre aconselhamento *on-line* [http//ericcass.uncg.edu/].
- O *University of Chicago Student Counseling and Resource Service* apresenta uma coletânea de textos e livros relacionados a serviços ao aluno, incluindo planos de estudo, redação, gerenciamento do tempo e questões de família [http://counseling.uchicago.edu/vpc/virtulets.html].

Nos *sites* a seguir, podemos encontrar comparações de vários ambientes virtuais de aprendizagem. As comparações podem ser especialmente úteis para os professores que não conhecem ambientes virtuais de aprendizagem ou para os que estão no processo de escolha de um:

- O *Edutools* é um *site* elaborado para auxiliar os educadores na tomada de decisões, revisando as muitas opções para sistemas de gerenciamento de cursos [http://www.c2t2.ca/landonline/techinfo. html#tabletop].
- *Criteria for Evaluating Courseware*[*] *Applications* é um artigo que apresenta critérios para auxiliar leitores determinados na escolha de *software* [http://rilw.emp.paed.uni-muenchen.de/99/papers/ Perniu.html].
- O *Maricopa Center for Learning and Instructions* criou um *site* que hospeda *links* com vários textos sobre ambientes virtuais de aprendizagem [http://www.mcli.dist.maricopa.edu/ocotillo/courseware/ compare.html].

---

[*] N. de R.T. O termo "ambientes virtuais de aprendizagem" tem sido utilizado no Brasil para designar os "course/learning management systems" classificados no inglês como *softwares courseware*, ou seja, destinados a viabilizar a administração e a realização de cursos em ambiente *on-line*.

Recurso A

Ferramentas do professor

AMOSTRA DE DIRETRIZES DO CURSO

As diretrizes a seguir cobrem várias questões dos cursos *on-line*. O primeiro grupo trata do conteúdo e do envio de mensagens, o segundo trata da participação, o terceiro, dos métodos de ensino e de aprendizagem, e o último apresenta vários meios de comunicar as expectativas, dos professores e dos alunos. Essas diretrizes podem ser usadas separadamente ou combinadas entre si. Em geral, usamos partes dessas diretrizes em nosso plano de ensino e as modificamos com base no nível educacional de nossos alunos (alunos de escolas públicas, de graduação, de mestrado ou de educação continuada) e no grau de estruturação de que o grupo precisa. As diretrizes talvez se refiram a algum ambiente virtual de aprendizagem em especial, apesar de muitos programas terem sido utilizados. Os professores que optarem por adotar essas diretrizes precisarão adequá-las ao ambiente de aprendizagem utilizado em suas instituições.

DIRETRIZES DE CONTEÚDO E DE ENVIO DE MENSAGENS

Aqui estão algumas informações adicionais e sugestões para ajudar o aluno com o curso *on-line*:

1. O mais óbvio dos problemas é aquele que ocorre quando os participantes atrasam-se ao enviar seus textos e respostas. Isso é, com freqüência, resultado de viagens de negócios, doenças, sobrecarga de trabalho e panes no computador – mas esteja ciente de que as respostas e a aprendizagem de seus colegas dependerão da sua contribuição. Ligue-me o mais breve possível se alguma situação imprevista ocorrer e você tiver de atrasar a entrega de algum trabalho ou o simples envio de mensagens para o grupo. Se necessário, troque alguma data com um colega. Lembre-se de enviar mensa-

gens regularmente, mesmo que seja apenas para dizer que você está acompanhando a discussão – seus colegas gostarão de perceber sua presença.

2. No curso do *site*, haverá uma seqüência a ser obedecida. Na primeira pasta, aparecem as instruções para os trabalhos. Você deve enviar suas respostas (ou seja, seu trabalho) para a segunda pasta. Envie para a terceira os comentários sobre os trabalhos dos colegas. Por favor, não abra novas pastas no *site* do curso, mas sinta-se à vontade para criar outros tópicos dentro das pastas já abertas.

3. Revise as instruções definidas para os trabalhos antes de enviá-los. Um erro comum é dar atenção excessiva a uma idéia que não atende às instruções estabelecidas para a realização do trabalho.

4. Você encontrará no *site* do curso uma pasta para tópicos não diretamente relacionados ao curso, chamado "material extra". Nessa pasta, há vários tópicos que podem ser usados para discussões e comentários não relacionados aos trabalhos enviados, e também para o processo de socialização do grupo. É uma espécie de "sala do aluno", se assim se pode dizer, e que, em geral, não me envolverei muito, apesar de estar disponível e observando o processo. Outro tópico neste arquivo é "reflexões eletrônicas", que pode ser usado livremente para comentários sobre como é aprender *on-line*.

5. Envie as respostas/tópicos que você deseja que eu comente com meu nome na linha "assunto" para que eu possa achá-los mais facilmente. Também ajuda colocar o nome da pessoa a que você está respondendo na linha "assunto".

6. Normas sobre as quais você pode ponderar: Pontualidade. Confidencialidade no grupo (comentários de cunho pessoal ou organizacional são assuntos delicados). Civilidade e crítica positiva. Não troque, à parte, *e-mails* sobre colegas do curso. As questões do grupo devem ser discutidas pelo grupo.

7. Use o mecanismo de busca nos arquivos de discussão é algo que ajuda a identificar por tópico ou nome as mensagens novas que você ainda não leu. Também é possível buscar as mensagens das últimas 24 horas e fazer pesquisas avançadas. Há também dois modos especiais de busca, um que lista as respostas por título/nome, o que pode reduzir muito o tempo de procura, permitindo que você leia apenas as respostas que deseja; outro, que apresenta a seqüência completa de todas as mensagens, impedindo que você se perca.

Diretrizes para a participação *on-line*

Se houver perguntas e comentários sobre qualquer dessas diretrizes, vamos conversar! Acrescente qualquer diretriz que você julgar adequada.

O ALUNO VIRTUAL **167**

1. É necessário freqüentar esta aula e estar presente nela. A expectativa é de que você esteja conectado pelo menos duas vezes por semana (a qualquer hora durante a semana) e que envie comentários substanciais para a discussão. Dizer apenas "oi" ou "concordo" não é uma forma substancial de contribuição. Você deve sustentar sua argumentação ou começar uma nova discussão.
2. Os trabalhos serão enviados *on-line*. Você deverá comentá-los, dando *feedback* a seus colegas.
3. Embora recomendemos que todos os assuntos, as questões e os problemas sejam tratados *on-line*, você pode ligar ou mandar um *e-mail* para qualquer um de nós.
4. Use a *netiqueta*:
   a. Verifique com freqüência as discussões que estão ocorrendo e responda de maneira adequada, sem desviar-se do que é discutido.
   b. Concentre-se em um assunto por mensagem, usando o título adequado na linha "assunto".
   c. Só use maiúsculas para destacar algo ou para os títulos das mensagens – nos demais casos, as maiúsculas indicarão que você está GRITANDO!
   d. Seja profissional e cuidadoso com a interação *on-line*.
   e. Cite todas suas fontes e referências quando usar texto de outrem.
   f. Quando enviar uma mensagem longa, indique no início do texto que se trata de uma argumentação extensa. Considera-se esse procedimento um indicativo de cordialidade.
   g. Considera-se algo extremamente indelicado encaminhar a mensagem de um colega a alguém, sem autorização desse colega.
   h. Não há problema em fazer uso do humor, mas com cuidado. A ausência de sinais visuais podem fazer com que seu texto não seja compreendido, ou que seja visto como uma crítica ou *flaming* (crítica raivosa ou antagônica). Sinta-se à vontade em usar *emoticons*, tais como:) ou;), para que os outros percebam que você está usando um tom humorístico.

O mais importante é que a gente se divirta juntos! Esperamos que todos consigam compartilhar pensamentos e experiências sob a forma de um debate estimulante e intenso!

Observação: Essas diretrizes para o uso da *netiqueta* foram adaptadas do artigo "The net user guidelines and netiquette", de Arlene H. Rinaldi (http://www.fau.edu/netiquette/net/).

Horário do curso: As perguntas para discussão serão postadas nas noites de segunda-feira, para começarmos as discussões na quarta. Começar uma discussão implica enviar reflexões e pensamentos sobre as leituras e/ou mensagens da semana anterior, que, por sua vez, levam aos tópicos da semana

168 RENA M. PALLOFF & KEITH PRATT

atual. Se citar as leituras feitas ou a mensagem de um colega, indique as referências e o número das páginas, para que possamos seguir o seu raciocínio. Sua mensagem não deve ter mais do que uma página. As primeiras respostas para as idéias, as perguntas ou as leituras serão feitas todas às quartas-feiras. Conduziremos a discussão das questões semanalmente. Considerar as questões em relação às leituras e remeter uma narrativa de uma página com seu ponto de vista e suas reflexões.

Os estudos de caso serão também enviados nas segundas-feiras.

A participação valerá 20 pontos.

Métodos de ensino e de aprendizagem: (*Nota: o material abaixo foi desenvolvido para um curso híbrido, nos quais os alunos encontravam-se pessoalmente e depois continuavam seu trabalho juntos em um fórum de discussão.*)

Pelo fato de esse curso ser intensivo, é muito importante que os alunos se mantenham em dia com as leituras e com as discussões *on-line* sobre tais leituras. As perguntas serão enviadas pelo professor ao *site* do curso uma vez por semana, para incentivar a discussão. As respostas não precisam ser enviadas ao professor, mas podem e devem responder aos pensamentos e às idéias dos outros colegas. Quando enviar uma mensagem para a discussão *on-line*, use a *netiqueta*. Não use letras maiúsculas ou as pessoas pensarão que você está GRITANDO. Responda de maneira respeitosa e profissional. Use *emoticons*, como:) e;), para indicar que você está brincando. Se alguma coisa lhe deixar irritado, não responda imediatamente. Espere e formule com cuidado sua resposta para que ela seja respeitosa. Esperamos que a discussão *on-line* seja bastante ativa!

Durante o intensivo (encontros presenciais), a instrução consistirá em um mínimo de palestras, muita discussão, um trabalho em pequenos grupos em geral para discutir um estudo de caso ou simulação, algum uso de vídeo e apresentações feitas pelos alunos. Vejo meu papel como sendo o de um professor que trabalha como "facilitador da aprendizagem", e não como um palestrante. Espero que você seja bastante responsável pela sua própria aprendizagem.

Expectativas dos professores e dos alunos

Os parágrafos abaixo contêm nossas sugestões para a apresentação das expectativas dos professores e dos alunos. As primeiras seções trazem informações que incluímos no programa do curso; as últimas tomam a forma de uma carta de boas-vindas que enviamos ao fórum de discussão de um curso *on-line*.

Responsabilidades do aluno

1. Os alunos farão as leituras pedidas de acordo com o prazo determinado e participarão ativamente das discussões *on-line*. Os alunos enviarão pelo menos duas mensagens originais e duas respostas para as mensagens dos colegas. A qualidade dos comentários é mais im-

portante do que a quantidade, por isso é importante estar refletida nas mensagens enviadas.

2. Os alunos identificarão maneiras de encaixar suas metas e seus objetivos de aprendizagem nas leituras do grupo, e enviarão uma reflexão sobre seus objetivos de aprendizagem na primeira semana do curso.

3. Na primeira semana do curso, os alunos enviarão um *e-mail* para o professor, apresentando idéias para o seu projeto final. Todos os projetos devem ser aprovados pelo professor.

4. Os alunos elaborarão e finalizarão um projeto. Serão incentivados a revisar a literatura relevante em sua área de pesquisa para dar forma ao projeto, tendo de ler e usar como referência pelo menos três obras além daquelas trabalhadas nas leituras de aula. A natureza, o estilo de redação e a extensão do trabalho dependerão da abordagem que os alunos selecionarem para sua pesquisa.

5. Os alunos também escreverão uma reflexão crítica de duas a três páginas sobre sua aprendizagem no curso. Mais orientação para a realização desse trabalho pode ser encontrada no plano de ensino do curso.

6. Os alunos participarão de uma análise de estudo de caso feita em um pequeno grupo colaborativo. Tal análise exigirá a interpretação crítica de um tema relacionado ao curso. Os pequenos grupos serão apontados pelo professor durante a segunda semana de aula. Os grupos devem trabalhar juntos da semana cinco até a semana oito.

7. Os alunos ou assistirão a um filme ou lerão um romance selecionado de uma lista elaborada pelos próprios alunos e pelo professor durante a primeira semana de aula relacionada ao conteúdo do curso. Escreverão, então, uma resenha crítica (com um mínimo de cinco a sete páginas), que deverá ser enviada ao *site* do curso. Os alunos deverão comentar pelo menos duas resenhas de seus colegas.

8. Os alunos farão, na última semana, uma apresentação *on-line* sobre os principais pontos de seu projeto.

9. Os alunos usarão as normas técnicas de redação vigentes.

10. Os alunos escreverão uma auto-avaliação da aprendizagem, que deverá ser entregue na última semana.

Responsabilidades do professor:

1. O professor fará com que os alunos se envolvam com a discussão, trazendo-lhes as questões fundamentais das leituras designadas e levantando questões relevantes.

2. O professor dará um retorno às respostas dos alunos e à discussão, a fim de esclarecer idéias e conceitos que se discutem.

3. O professor dará oportunidades para que haja trabalho de grupo em aula, o qual incluirá discussões e exercícios práticos.

4. O professor trará, quando for adequado, convidados para visitar e participar do *chat* sincrônico com os alunos.

5. O professor disponibilizará informações atualizadas sobre assuntos relevantes em vários tópicos de seu interesse.
6. O professor lerá e avaliará criticamente os trabalhos dos alunos em tempo adequado.
7. O professor responderá aos *e-mails* dos alunos em um prazo máximo de 48 horas.
8. O professor avaliará, por escrito, no meio e ao final do semestre, o progresso do aluno.

EXEMPLO DE CARTA DE EXPECTATIVAS

Prezados alunos,

Nós ensinamos de um modo que provavelmente não lhes é familiar. Por isso, tentaremos esclarecer nossos papéis, na esperança de que vocês entendam por que fazemos o que fazemos e por que temos sucesso em nossas empreitadas.

Estamos trabalhando juntos há mais de dez anos, como alunos, pesquisadores, escritores bem conhecidos, professores universitários e, além de tudo, amigos. Tendo dito isso, gostaríamos de assegurar-lhes que ainda aprendemos com nossos alunos e que esse é o motivo de nossa mensagem.

Quando conduzimos uma experiência de aprendizagem, construímos uma comunidade, facilitamos uma sessão ou guiamos um grupo de alunos, utilizando métodos que funcionaram em nossas pesquisas, na teoria e na prática. Nesta turma, você perceberá que responderemos às questões, inquietações e preocupações em uma só voz. Isso significa que toda resposta somente será enviada depois de nós dois termos conversado sobre ela, depois de termos debatido o assunto por ela tratado e chegado a um acordo.

Em algumas turmas é a Dra. Palloff que envia tais respostas; em outras, o Dr. Pratt. Trabalhamos dessa forma há anos e a achamos eficaz, talvez a mais eficaz.

Sabemos que isso pode causar problemas em algumas aulas, mas garantimos a vocês que todas as questões enviadas são de fato discutidas, o que significa que nós dois as lemos e decidimos qual a melhor maneira de abordar essa ou aquela questão.

Esperamos ter esclarecido nossos papéis como professores e mentores. Se vocês tiverem alguma pergunta, ou qualquer outra coisa a esclarecer, não deixem de entrar em contato conosco. Estamos aqui para facilitar sua aprendizagem!

Por favor, respondam, por *e-mail* ou diretamente no *site*, se vocês leram e compreenderam esta carta. Se tiverem dúvida, perguntem!

Será um prazer trabalhar com todos vocês. Oferecemos nossas mais sinceras boas-vindas!

Abraços a todos,

Keith e Rena

A todos os alunos da turma SC501:

Bem-vindo ao grupo! A seguir, apresentamos algumas diretrizes que lhe ajudarão a navegar com sucesso e a concluir este curso. Por favor, leia todas elas e o plano de ensino, enviando-nos uma mensagem em que você declara ter lido, compreendido e concordado com tais diretrizes.

1. Se você jamais freqüentou uma aula *on-line*, vá até o plano de ensino (está abaixo do ícone "horário" no *site*) e faça o *tour* do *site*. O plano de ensino diz: "se essa é sua primeira aula *on-line*, comece por aqui". Siga as instruções e faça o *tour*! Vai ser de muita ajuda para você – prometo!

2. NÃO USE, SOB NENHUMA CIRCUNSTÂNCIA, O BOTÃO "DISCUSSÃO INICIADA PELO PROFESSOR"!!! Se lhe parece que estou gritando com você, você está certo, estou!:). Na verdade, esse botão tem uma função muito limitada no *Learning Space* e só serve para atrapalhar a capacidade de as pessoas começarem um debate. Eu uso o botão para começar a discussão da semana, e somente eu devo continuar a usá-lo, OK? Todas as suas respostas DEVEM ser enviadas usando o botão "COMENTÁRIO". Para enviar uma mensagem para a discussão, clique na linha "assunto" da mensagem, leia a própria mensagem (seja ela uma pergunta que fiz ou respostas de alguém à minha pergunta), e então comente usando o botão "comentário". Se você usar o botão errado para começar os tópicos a serem discutidos, ocorrerá o que chamo de "síndrome da selva". A discussão se tornará caótica e de difícil compreensão. Portanto, por favor, observe estas instruções.

3. Questões sobre a utilização *Learning Space*, sobre livros ou questões não relacionadas ao conteúdo do curso devem ser postadas no *Café* ou enviadas por *e-mail* para mim. Sempre haverá um novo assunto no Café a toda a semana, então NÃO DÊ COMEÇO A UM NOVO TÓPICO SÓ PARA FAZER ESSAS PERGUNTAS!

4. Eu envio as perguntas para discussão no domingo à noite ou na manhã de segunda. Espero sua primeira resposta às questões na quarta-feira, e a segunda resposta ao final da semana. NÃO ENVIE TODAS AS SUAS RESPOSTAS NO MESMO DIA! Estamos tentando construir uma comunidade de aprendizagem e, para isso, dependemos da participação de todos. Se tudo acontecer nos finais de semana, as pessoas que buscarem mensagens no meio da semana não terão o que fazer. Tente conectar-se algumas vezes durante a semana e não se esqueça de enviar suas mensagens em dias diferentes.

5. A leitura para este curso inclui três pequenos livros, disponíveis na livraria, e um material de apoio ao curso, disponível pela XanEdu. As instruções para acessar o seu material pela XanEdu estão na seção "Media Center".

6. Por falar no "Media Center", você verificará que há trabalhos, de algumas unidades do curso, a serem feitos nessa seção. Isso significa que a leitura está no "Media Center". A discussão relativa a ela, contudo, acontecerá aqui na seção "Course Room".

7. Você encontrará um critério de avaliação no "Media Center", o qual deverá ser utilizado em suas mensagens e pesquisas. Leia-o, por favor, e faça perguntas, se tiver.

OK, essa foi toda a gritaria que eu tinha de fazer:). Eu realmente espero que você goste do curso. Estou aqui para facilitar sua aprendizagem e apoiá-lo ao longo do processo. Seja bem-vindo à Capella University e à turma SC501.

Como já disse antes, gostaria que todos respondessem a esta mensagem, indicando que a leram e compreenderam. Se você não entender algo, faça perguntas por meio do botão "comentário", que eu responderei. Gostaria que todos aprendessem com as perguntas dos colegas.

Obrigada a todos e vamos nos divertir!

Rena

DIRETRIZES PARA DESENVOLVIMENTO DO PENSAMENTO CRÍTICO

O pensamento crítico pode ser desenvolvido. As diretrizes abaixo estão divididas em duas seções – a primeira oferece idéias para os alunos começarem a pensar sobre o pensamento crítico e sobre o que ele acarreta. A segunda contém dicas para incentivar o desenvolvimento do pensamento crítico em um curso *on-line*.

Pensando sobre o pensamento crítico

A fim de pensarmos criticamente, devemos fazer uma série de coisas:

- *Clareza*: devemos ter clareza sobre nossas idéias e sobre como são expressas.
- *Consistência*: nosso comportamento e nosso pensamento devem estar de acordo.
- *Abertura*: devemos nos abrir para o processo de aprendizagem e buscar aprender a qualquer hora e a qualquer lugar.
- *Avaliação*: devemos estar prontos para ir além do que está na superfície e avaliar o material com que trabalhamos, analisando-o, sintetizando-o, por meio de nossa experiência de vida.
- *Comunicação*: devemos ter a capacidade de comunicar nossos pensamentos de maneira que os outros entendam o que pensamos.
- *Especificidade*: devemos ter um foco específico em nosso *feedback* e naquilo que comunicamos.
- *Acessibilidade*: as pessoas devem nos perceber como uma pessoa acessível e que deseja discutir os mais diversos pensamentos, mesmo que sejam incomuns ou diferentes dos demais.

- *Flexibilidade*: devemos ser abertos a novas idéias e novos modos de fazer negócios.
- *Coragem de correr riscos*: devemos ter a coragem de correr o risco de expressar nossas próprias opiniões e oferecer feedback aos outros, mesmo que nossas opiniões estejam contra a corrente.

Dicas para incentivar o pensamento crítico em uma aula *on-line*

- Incentivar os alunos a encontrar analogias e outros tipos de relação entre as informações encontradas nas leituras e nas discussões.
- Oferecer problemas ou casos com que os alunos possam trabalhar, e incentivá-los a encontrar e avaliar soluções alternativas para esses problemas ou casos.
- Promover a interatividade – a discussão ajuda os alunos a observar as questões a partir de pontos de vista diferentes.
- Não incentive o pensamento igual. Quando os alunos começam a criar um coro em que se ouve apenas a expressão "concordo, concordo", entre na discussão e crie outros desafios ou peça aos alunos para observar as coisas por outra perspectiva.
- Peça aos alunos para justificar e explicar seus pontos de vista. Force os alunos a responder de maneira substancial às questões do fórum.
- Faça perguntas abertas que incentivem o pensamento e a análise. Não peça listas de perguntas do tipo sim / não. Se precisar fazer uma pergunta do tipo sim / não, exija também uma justificativa.
- Use a natureza assincrônica do ambiente *on-line* para incentivar a reflexão e a análise. Faça uma pergunta difícil e depois peça para os alunos a responderem somente em dois ou três dias, para que tenham tempo de pensar e formular uma resposta.
- Peça aos alunos para aplicar sua aprendizagem às situações da vida real e para discutir como o fizeram. Peça a eles para encontrar exemplos que, na vida real, ilustram os conceitos discutidos.
- Incentive o espírito de descoberta que existe em potencial em uma aula *on-line*. Peça aos alunos para buscar e compartilhar o material encontrado com os colegas.

UM GUIA PARA DESENVOLVER BOAS PERGUNTAS PARA DISCUSSÃO NO CURSO *ON-LINE*

No livro *Discussion as a way of teaching*, Brookfield e Preskill (1999) apresentam várias categorias de questões que estimulam e mantêm viva a discussão ou debate. A seguir, apresentamos um resumo dessas categorias, bem como questões para ajudar os professores a criar suas perguntas para o fórum de discussões do curso *on-line* (ver Brookfield e Preskill, 1999, p. 87-89, para o texto integral). Outra boa fonte para o desenvolvimento de questões é o artigo "A framework for designing questions for *on-line* learning", de Lin Muilenburg e Zane Berge (2000).

Questões que pedem maiores evidências

- Como você sabe?
- Quais são os dados nos quais você se baseou?
- O que se encontra em outros autores que sustente sua argumentação?
- Onde você encontrou tal ponto de vista no material de leitura?
- O que mais você usaria para sustentar sua argumentação se alguém duvidasse dela?

Questões que pedem esclarecimento

- Você pode dizer isso de outra forma?
- Qual seria um bom exemplo disso de que você está falando?
- O que você quer dizer com isso?
- Você poderia explicar o termo que usou?
- Você poderia ilustrar de outra maneira a sua argumentação?

Questões abertas

- Sauvage diz que, quando passam por crises morais, as pessoas que agonizam não agem, e as pessoas que agem não agonizam. O que isso quer dizer? (Questão extra: você consegue pensar em um exemplo que sustente essa máxima de Sauvage e em outro que a contradiga?)
- O racismo esteve presente na sociedade norte-americana durante o século XX. Quais são alguns dos sinais de que a discriminação racial ainda existe na contratação de empregados? Quais os sinais de que o racismo tenha diminuído?
- Por que você acha que muitas pessoas dedicam suas vidas à educação apesar dos baixos salários e das más condições de trabalho?

Questões de ampliação ou conexão

- Há alguma conexão entre o que você disse e o que Rajiv estava dizendo antes?
- Como seu comentário se encaixa no que Neng estava dizendo?
- Como sua observação se relaciona com o que o grupo decidiu na semana passada?
- Sua idéia contradiz ou sustenta o que estamos dizendo?
- Como essa contribuição pode ampliar o que já foi dito?

Questões hipotéticas

- Se lhe fosse apresentada a seguinte questão em uma entrevista, como você responderia: O seu emprego anterior era interessante e divertido ou estava repleto de atividades maçantes?
- Você terá apenas dois anos de vida pela frente e os viverá com sua energia e vitalidade usuais. O que você fará nesses dois últimos anos?
- Você acabou de receber um prêmio de 100 milhões de dólares na loteria. O que você faria?

Questões de causa e efeito

- Qual é o provável efeito de passar a trabalhar em grupo, abandonando o esquema um a um?
- De que forma ministrar um curso pela internet afeta o processo de aprendizagem do aluno?

Questões de síntese e resumo

- Quais são as duas idéias mais importantes que surgiram dessa discussão?
- O que não se conseguiu resolver?
- Qual foi o resultado da discussão de hoje?
- Com base na discussão de hoje, sobre o que precisamos falar para compreender esse assunto melhor?

METODOLOGIA DE ESTUDO DE CASOS: COMO ANALISÁ-LOS

Observação: Nos nossos seminários para professores, discutimos com freqüência o uso dos estudos de caso como uma ferramenta de aprendizagem colaborativa. Como resultado, os professores nos pediram para incluir material sobre o método para o estudo de casos, o que os ajudaria a desenvolver tarefas colaborativas usando essa espécie de material.

Usando os estudos de caso

Os estudos de caso serão algo comum nos seus cursos. Os casos podem ser muito diferentes, mas são em geral narrativas de situações que você terá de explorar criticamente. Você também poderá ter de encontrar, apresentar ou criar um estudo de caso. Um caso é uma história que ocorreu em alguma organização e que teve de ser enfrentado, juntamente com fatos, opiniões e preconceitos, a fim de ser resolvido.

Além da narrativa, os casos podem trazer tabelas, gráficos e quadros que ilustram a situação. Os estudos de caso variam em sua extensão, tendo poucos parágrafos ou chegando a um capítulo de livro. Vêm com ou sem apêndice. Alguns trazem questões para discussão ao final, com o objetivo de centrar a atenção do leitor em determinadas questões. Outros não incluem questões, e parte do trabalho do leitor é definir quais são os problemas apresentados no caso. Os casos podem ser encontrados em livros específicos, como partes de livro, adaptados de artigos de jornal ou revista, da internet; podem ser fictícios ou baseados na experiência de vida de alguém. Qualquer pessoa pode elaborar um caso. Quando um caso for retirado de outra fonte, ela deve ser citada.

Com o método para estudos de caso, o processo para chegar a uma resposta é mais importante do que a própria resposta. Pelo trabalho com os casos, você desenvolverá a compreensão do processo de tomar decisões, sustentando e comunicando tais decisões aos outros. Em vez de apenas esperar pelos comentários feitos pelo professor, você tomará decisões, em geral, com poucas informações e com um período limitado de tempo – essa é a situação que os gerentes normalmente enfrentam. Não existem soluções ideais para nenhum dos casos apresentados. Buscar a resposta perfeita será algo fútil. Você deve aprender a pensar as questões, os problemas, os fatos e as outras informações apresentadas no caso. É necessário pensar criticamente para tomar as melhores decisões, para que elas possam ser comunicadas de maneira inteligente. As discussões sobre os casos devem, assim, ilustrar os processos de pensamento utilizados.

O métodos de estudo de casos desafia você a (a) explicar o que entendeu do caso, (b) analisar os fatos, (c) sintetizar o que aprendeu, (d) avaliar os dados para implicações qualitativas e quantitativas, (e) aplicar todo esse material na criação de recomendações. A preparação para apresentação, discussão e análise escrita dos casos pode obedecer a um padrão estabelecido. Sugere-se que você:

1. Leia o caso bem rapidamente para entender do que se trata.
2. Releia o caso e destaque algumas afirmações, algumas intuições e alguns fatos. Pelo fato de a maior parte dos casos ser incompleta, você pode criar hipóteses sobre a situação. Liste tais hipóteses e esteja pronto para defendê-las. As hipóteses servem para preencher os "espaços em branco" do caso. Nas empresas, as decisões são tomadas com base em informações incompletas e com alguma incerteza.
3. Identifique os maiores problemas, e também os menores, que podem ser considerados.
4. Liste os problemas em ordem de importância ou prioridade, isto é, demonstre quais problemas devem ser resolvidos primeiro.
5. Desenvolva uma lista de planos de ação alternativos que minimizam ou eliminam os problemas; desenvolva pelo menos duas alternativas completas com soluções possíveis.

6. Ao desenvolver os planos alternativos de ação, aponte os empecilhos (por exemplo, recursos insuficientes, precedente histórico, competição, limitações nas habilidades e atitudes) que limitam o sucesso.
7. Selecione o melhor plano de ação para os problemas identificados no passo 3. Demonstre como o plano de ação funcionaria, e esteja pronto para discutir por que este seria o plano mais razoável para resolver os problemas.

Os casos podem ser algo divertido, tanto de escrever como de ler. Além disso, eles proporcionam outro meio de aprendizagem sobre as organizações e o gerenciamento, simulando experiências da vida real no processo.

Diretrizes para casos gerados pelos alunos

Preparação do estudo de caso

Elabore uma descrição geral de um problema ou questão com que você gostaria de trabalhar. Pode ser algo relacionado a um projeto de trabalho ou um problema que envolva *e-training* ou o desenvolvimento de uma equipe virtual de trabalho. Pode também ser algo relacionado ao desenvolvimento de um curso *on-line* ou treinamento. Considere os seguintes tópicos na sua apresentação:

- Quais são as questões específicas desse caso? Em que área você precisa de ajuda?
- Como as questões lidas e estudadas se refletem em seu projeto?
- Quais são algumas idéias iniciais que você tem sobre esse caso ou situação?
- Os casos devem ter uma ou duas páginas. Por favor, comente com seus colegas o que o caso descreve! Lembre-se das diretrizes estabelecidas.

O trabalho colaborativo sobre os casos

Juntos vocês escolherão quatro casos que gostariam de discutir e desenvolver em maiores detalhes. Sua tarefa será dar *feedback* sobre as questões delineadas e oferecer soluções para qualquer problema ou inquietação, com base nas leituras e nas discussões. Dependendo do número de alunos matriculados no curso, pequenos grupos colaborativos podem trabalhar, em conjunto, em determinado caso, apresentando a solução consensual para o grande grupo. Os pequenos grupos negociarão a data de apresentação ao grande grupo. Se houver poucos alunos matriculados, comece um debate para decidir como você gostaria de trabalhar e apresentar os casos. Todas as decisões sobre o trabalho colaborativo em estudos de caso e as suas apresentações serão feitas na sexta semana do curso.

AVALIAÇÃO DO TRABALHO DO ALUNO

Avaliar os alunos em um curso *on-line* pode ser algo desafiador, e explicar a eles como serão avaliados talvez o seja ainda mais. A seguir apresentamos duas maneiras de apresentar aos alunos o modo pelo qual serão avaliados. O primeiro método é descritivo e pode ser incorporado em uma visão geral do curso ou no plano de ensino. Esse método apresenta as tarefas e as expectativas relacionadas à avaliação em vários níveis. O segundo método é uma planilha de avaliação, que implica calcular os pontos das mensagens enviadas para discussão e os artigos escritos (Exemplo ilustrativo A.1). Os exemplos apresentados são para um curso de pós-graduação. Se os mesmos exemplos forem utilizados para alunos de graduação, é preciso mudar alguma coisa no conceito de reprovação.

Como você será avaliado?

Neste grupo são utilizados conceitos: 70% de sua nota vem dos trabalhos, e 30%, da interação. A qualidade do trabalho é assim avaliada:

- Domínio das leituras.
- Respostas bem pensadas e construtivas e comentários (a maior fonte de *feedback* para os seus colegas).
- Capacidade de manter a calma, um espírito construtivo e ao qual se possa apelar quando houver conflito e turbulência.

Constatamos que há, geralmente, três níveis de trabalhos escritos:

- Artigos descritivos, que simplesmente resumem ou descrevem o que foi lido.
- Artigos analíticos, que comparam e contrastam teorias ou idéias. Uma análise divide a teoria em várias partes, descreve seus elementos básicos e ilustra por que tais aspectos são importantes. Uma boa análise reorganizará o material, criando um resumo que reflete sobre os elementos importantes e sobre como eles se encaixam.
- Artigos de síntese reúnem os elementos importantes e ilustram que seu autor está envolvido com o material sobre o qual escreve. Um aluno que escreve uma síntese pode concordar ou discordar do material que lê. O aluno pode apontar falhas no que lê, indo muito além de uma mera descrição. Uma boa síntese demonstra a existência de pensamento crítico, envolve o leitor e o faz pensar.

O ALUNO VIRTUAL **179**

Você também terá de escrever artigos em resposta às idéias e aos trabalhos de seus colegas. Esses artigos em geral complementam o que foi dito, aplicam o material, criticam o que se apresenta ou apóiam o que foi apresentado.

Se abordarmos ambas as categorias de artigos, considerando os seus tipos, e os relacionarmos aos conceitos que serão utilizados na avaliação dos trabalhos, teremos o seguinte:

Artigos escritos (trabalhos):

Descrição ou resumo: B-
Análise: B+ / A-
Síntese: A

Artigos escritos em resposta aos colegas e para discussão:

Apoio: B-
Aplicação ou complementação: B / B+
Desafio ou crítica: B+ / A-
Desenvolvimento de pensamento original: A

Os artigos escritos em cada uma das categorias demonstram o desenvolvimento de um pensamento próprio. São bem escritos e gramaticalmente corretos.

Ao dar conceitos finais, usamos a seguinte regra:

Conceito A (-): Esse aluno me fez pensar; demonstra *insight* e construção de uma crítica; é flexível.
Conceito B (+/-): Esse aluno lida de maneira adequada com os trabalhos e os envia sem atraso, com uma ou duas exceções.
Conceito C (+/-): Esse aluno não compreende algum dos pontos principais, demonstra algumas insensibilidades e manda suas mensagens com atraso, mas não desiste e não prejudica os colegas.
Conceito F: Há problemas sérios, incluindo mensagens atrasadas ou mesmo a ausência de qualquer mensagem, mau *feedback* aos colegas e uma tendência a focalizar problemas em vez de soluções, oferecendo pequeno apoio ao grupo.

Observação importante: Você não receberá os créditos dessa disciplina se não participar das discussões *on-line*. Nossa expectativa é de que todos leiam e respondam ao material pelo menos duas vezes por semana. Assim, se você estiver passando por dificuldades técnicas ou qualquer outra dificuldade relativa à participação, contate-nos imediatamente.

180 RENA M. PALLOFF & KEITH PRATT

EXEMPLO ILUSTRATIVO A.1 Amostra de planilha de conceitos

Total de pontos e conceito do curso

Um total de 200 pontos podem ser obtidos neste curso. Pela participação, a pontuação máxima é de 100 pontos, e os outros 100 correspondem ao projeto final.

180 a 200 pontos: A ou S
160 a 179 pontos: B ou S
159 pontos ou menos: C ou I

Participação

A participação no curso virtual se divide em duas categorias: (1) respostas às questões para discussão apresentadas em cada unidade (50 pontos); (2) respostas aos colegas (50 pontos)

Resposta às perguntas para discussão (50 pontos):

45 a 50 pontos
1. Uma extensão de 100-250 palavras por resposta.
2. A discussão é substancial e está relacionada aos conceitos-chave.
3. Uso de exemplos pessoais/profissionais, demonstrando a aplicação dos conceitos.
4. A resposta é enviada dentro do prazo estabelecido.
5. A linguagem é clara, concisa e de fácil compreensão. Uso da terminologia apropriada e organização lógica.

40 a 44 pontos
1. Uma extensão de 50-100 palavras por resposta.
2. Faz referência aos conceitos-chave, mas tal referência não é bem desenvolvida ou integrada à resposta.
3. Refere-se a exemplos pessoais/profissionais, mas não estão bem integrados na resposta.
4. Resposta enviada dentro do prazo estabelecido.
5. Resposta bem escrita, mas há uso incorreto de alguns termos; talvez seja necessário lê-la duas ou mais vezes para entendê-la.

35 a 39 pontos
1. Menos do que 50 palavras.
2. Não faz referências aos conceitos-chave; se estiverem presentes, não há evidência de que o aluno os entendeu.
3. Não há referência a exemplos pessoais/profissionais.
4. A resposta não é enviada no prazo devido.
5. Mal escrita; os termos são incorretamente usados; não é possível entender as idéias do aluno depois de várias leituras.

Respostas aos colegas (50 pontos):

45 a 50 pontos
1. A resposta está substancialmente relacionada à unidade estudada, aos textos ou às leituras suplementares.
2. O aluno responde às idéias e inquietações dos colegas.
3. A resposta está caracterizada por três ou quatro dos seguintes critérios:
   a. Instiga o pensamento.
   b. Apóia o colega.
   c. É desafiadora.
   d. É fruto de reflexão.

(continua)

O ALUNO VIRTUAL **181**

EXEMPLO ILUSTRATIVO A.1 *(continuação)*

Participação

	4. A resposta é enviada dentro do prazo estabelecido. 5. A linguagem é clara, concisa e de fácil compreensão. Uso da terminologia apropriada e boa organização.

40 a 44 pontos	1. A linguagem contém referências à unidade, ao texto ou às leituras suplementares, mas as referências não estão bem integradas à resposta.
	2. A resposta esta perifericamente relacionada às idéias e inquietações de outros colegas.
	3. A resposta está caracterizada por três ou quatro dos seguintes critérios:
	  a. Instiga o pensamento.
	  b. Apóia o colega.
	  c. É desafiadora.
	  d. É fruto de reflexão.
	4. Resposta enviada dentro do prazo estabelecido.
	5. A resposta é bem escrita, mas há uso incorreto de alguns termos; talvez seja necessário lê-la duas ou mais vezes para entendê-la.

35 a 39 pontos	1. Não faz referências aos princípios fundamentais; se estiverem presentes, não há evidência de que o aluno os entendeu. 2. A resposta não está relacionada às idéias e inquietações dos colegas. 3. A resposta não instiga o pensamento, não apóia o colega, não é desafiadora nem reflexiva. 4. A resposta não é enviada no prazo devido. 5. Mal escrita; os termos são incorretamente usados; não é possível entender as idéias do aluno depois de várias leituras.

Projeto final

O projeto final vale 100 pontos.

Tese / hipótese de trabalho

9 a 10 pontos – Inclui uma descrição detalhada da importância do problema a ser abordado. Inclui uma boa ligação com a revisão da literatura.

7 a 8 pontos – A tese é bem desenvolvida; há uma ligação mínima com a revisão da literatura.

0 a 6 pontos – Não há hipótese de trabalho ou, se há, é mal escrita. Não há conexão com a parte teórica. Não há descrição adequada do problema investigado.

Revisão da literatura, análise e crítica

27 a 30 pontos – Descrição profunda da literatura. Articulação clara das maiores abordagens teóricas. Oferece análise profunda da literatura; avalia a adequação dos estudos já publicados. Os estudos analisados são relevantes para o problema ou a hipótese.

24 a 26 pontos – Descrição adequada da literatura. Apresenta algumas das abordagens teóricas e revisa parte dos estudos mais relevantes.

0 a 23 pontos – Há pouquíssima revisão de textos e teorias. Alguns tópicos são omitidos.

(continua)

EXEMPLO ILUSTRATIVO A.1 *(continuação)*

Projeto final

Sustentação da tese ou hipótese

27 a 30 pontos – Utiliza a literatura e as teorias para sustentar sua tese. Os argumentos apresentados são criativos e apresentam *insights* originais.

24 a 26 pontos – Uso adequado da literatura revisada e das teorias. Há pouca evidência de uma abordagem criativa para o problema.

0 a 23 pontos – Ignora algumas teorias significativas e importantes. A literatura não é utilizada para sustentar a tese ou hipótese.

Relação com a prática profissional

18 a 20 pontos – Descrição clara da razão do problema levantado e de como o trabalho pode beneficiar os profissionais da área, a organização e a comunidade.

16 a 17 pontos – Um número pequeno de benefícios é apresentado; pode ser difícil discernir por que o problema é importante.

0 a 15 pontos – A explicação da relação com a prática profissional está ausente ou não existe.

Comunicações escritas

9 a 10 pontos – A linguagem é clara, concisa e de fácil compreensão. A terminologia é adequada e bem organizada.

7 a 8 pontos – Bem escrito, mas alguns termos estão incorretos; pode ser necessário ler duas ou mais vezes para compreender.

0 a 6 pontos – Mal escrito; os termos são incorretamente usados; o professor, após várias leituras, não consegue compreender as idéias do aluno.

Recurso B

Ferramentas do aluno

AUTO-AVALIAÇÃO: SERÁ QUE A APRENDIZAGEM *ON-LINE* É PARA MIM?

A primeira seção deste recurso contém uma amostra de auto-avaliação e uma lista de verificação para um aluno que pretende aprender *on-line*. Trata-se de uma compilação de várias avaliações encontradas na internet. Apresentamos todas elas com uma ressalva: se os alunos obtiverem uma nota baixa na avaliação, isso não será necessariamente um indicador sólido de que eles não terão bom desempenho *on-line*. Essa avaliação deve ser usada apenas como um guia.

Questões de auto-avaliação

Até que ponto a aprendizagem *on-line* se encaixa no seu estilo de vida? Circule uma resposta para cada pergunta e depois conte seus pontos, como está indicado. Responda com honestidade – ninguém verá este teste, somente você.

1. Minha necessidade de fazer este curso é:
    a. Alta – Preciso do curso imediatamente para um objetivo específico.
    b. Moderada – Poderia fazer o curso no *campus* mais tarde ou fazer outro curso.
    c. Baixa – Posso adiá-lo.
2. Sentir que faço parte de uma turma:
    a. Não é necessário para mim.
    b. É razoavelmente importante para mim.
    c. Muito importante para mim.
3. Eu me classificaria como uma pessoa que:
    a. Freqüentemente termina as tarefas antes do prazo.
    b. Precisa ser lembrada para terminar as tarefas no prazo.
    c. Transfere as tarefas até a última hora ou não as termina.

4. O debate em sala de aula é:
   a. Raramente útil para mim.
   b. Às vezes útil para mim.
   c. Quase sempre útil para mim.
5. Quando o professor passa as instruções para um trabalho, eu prefiro:
   a. Descobrir sozinho o que as instruções dizem.
   b. Tentar seguir as instruções e depois pedir ajuda, quando necessário.
   c. Que alguém me explique o que fazer.
6. Preciso que os professores comentem meus trabalhos:
   a. Em poucas semanas, para que eu possa revisar o que escrevi.
   b. Em poucos dias, ou então esqueço o que fiz.
   c. Imediatamente, ou então fico muito frustrado.
7. Considerando minha agenda profissional e pessoal, a quantidade de tempo de que eu disponho para um curso a distância é:
   a. Mais do que a necessária para um curso presencial.
   b. A mesma que precisaria para um curso presencial.
   c. Menos do que precisaria para um curso presencial.
8. Ir ao *campus* regularmente é:
   a. Extremamente difícil para mim – tenho compromissos (profissionais, familiares ou pessoais) durante os horários em que o curso é oferecido.
   b. Um pouco difícil, mas posso reorganizar minhas prioridades para ir regularmente ao *campus*.
   c. Fácil para mim.
9. Como leitor, eu me classifico como:
   a. Bom – Em geral entendo o texto sem ajuda.
   b. Médio – Às vezes preciso de ajuda para compreender o texto.
   c. Inferior à média.
10. Quando preciso de ajuda para entender um assunto:
    a. Sinto-me à vontade em pedir esclarecimentos ao professor.
    b. Não me sinto à vontade em pedir esclarecimentos ao professor, mas o faço.
    c. Nunca peço ajuda ao professor para não ter de admitir que não entendi algo.
11. Sobre minha capacidade de trabalhar com a tecnologia:
    a. Sei lidar muito bem com o computador.
    b. Conheço alguma coisa de computador e de internet.
    c. Não tenho familiaridade com o computador e não me sinto à vontade em navegar na rede.

Explicações

1. Os alunos de educação a distância às vezes negligenciam seus cursos por causa de circunstâncias pessoais ou profissionais. Ter uma razão forte para fazer o curso ajuda a motivar o aluno.

2. Alguns alunos preferem a independência da aprendizagem *on-line*; outros não gostam da independência e sentem falta de fazer parte de um grupo.
3. A educação a distância dá aos alunos maior liberdade em suas agendas, mas talvez seja necessário maior disciplina do que nos cursos no *campus*.
4. Algumas pessoas aprendem melhor pela interação com os colegas e os professores. Outras pessoas aprendem melhor ouvindo, lendo e estudando por conta própria. Alguns cursos *on-line* oferecem menos oportunidades de interação do grupo do que a maioria dos cursos do *campus*.
5. A aprendizagem a distância requer que você trabalhe a partir de instruções escritas.
6. Pode ser que tome apenas dois dias ou duas ou três semanas para que o professor comente um trabalho seu nos cursos de educação a distância.
7. A educação a distância requer pelo menos tanto tempo quanto os cursos presenciais, senão mais. Os alunos pesquisados dizem que os cursos a distância são tão ou mais difíceis do que os cursos presenciais.
8. A maior parte das pessoas que são bem-sucedidas na aprendizagem a distância acha difícil ir ao campus regularmente por causa de seu trabalho/família ou agenda pessoal.
9. Os textos impressos são a principal fonte de informação e orientação nos cursos de aprendizagem a distância.
10. Os alunos que obtêm bons resultados na educação a distância sentem-se à vontade em contatar o professor tão logo precisem de ajuda.
11. Os alunos bem-sucedidos nos cursos a distância em geral têm alguma familiaridade com o computador e sabem como usar a internet e enviar *e-mails*.

Lista de verificação para auto-avaliação

1. Tenho acesso a um computador ou ao equipamento requerido para um curso *on-line*.
2. Não me sinto intimidado pelo uso da tecnologia para aprender.
3. Sinto-me à vontade em usar o computador para digitar textos, *e-mails* e acessar a internet.
4. Sei administrar meu tempo, cumpro os prazos e faço os trabalhos.
5. Sou um aluno independente.
6. Sou autodisciplinado.
7. Sei expressar minhas idéias, meus comentários, minhas questões e minhas emoções por meio da escrita.

8. Sou, em geral, flexível e sei ajustar-me a mudanças no horário.
9. Tenho algum tempo disponível para ir ao campus, se necessário for, para exames e reuniões.
10. Tomo a iniciativa.
11. Entendo facilmente o que leio.
12. Trabalho de acordo com as metas e freqüentemente atinjo meus objetivos.
13. Sou realista e confiante quanto à minha capacidade acadêmica.
14. Sou persistente e os obstáculos que surgem não me impedem de prosseguir.
15. Acredito que tenho de ser responsável pela minha própria aprendizagem.
16. Estou aberto a experimentar coisas novas.
17. Estou aberto a trabalhar em um ambiente não-estruturado.
18. Gosto de trabalhar em equipes, fazer projetos colaborativos, etc.

Quanto mais você disser sim a essas afirmações, mais altas as possibilidades de sucesso *on-line*.

DICAS PARA SER UM ALUNO *ON-LINE* DE SUCESSO

Aprender no ambiente *on-line* é bem diferente do que aprender em uma sala de aula tradicional. A seguir, apresentamos algumas dicas para ajudá-lo a ter tanto sucesso quanto possível em seus cursos e programa:

- Conecte-se a seu curso pelo menos duas vezes por semana, ou mais. Saiba que, na primeira vez que você se conectar em determinada semana, será para fazer comentários e ver o que os colegas enviaram. O restante do tempo que você ficar conectado permitirá que reflita e responda.
- Certifique-se de que você está em dia com as mensagens.
- Seja responsável pela sua própria aprendizagem e planeje-se para ser um aluno independente. Não espere que o professor lhe dê toda a informação e a orientação.
- Esteja bem preparado em suas leituras e torne-se bom em pesquisa e análise. Tome iniciativa e saiba que isso terá uma recepção positiva, ampliando ao máximo sua aprendizagem.
- Confie em seus colegas e seja responsável com eles. Esteja pronto para dar-lhes um *feedback* construtivo e bom.
- Se você sentir-se perdido ou confuso, PERGUNTE!!
- Se ficar chateado ou com raiva de alguma mensagem, respire fundo (mais de uma vez, se necessário), espere 24 horas e só então responda. A mesma mensagem parecerá bem diferente no dia seguinte.

- Esteja preparado para a quantidade de tempo que a aprendizagem *on-line* tomará e abra um espaço na sua agenda para ela.
- Peça apoio a sua família e amigos. Você precisará de tempo para realizar seus trabalhos no curso – tempo em que você não estará com eles. Compartilhe seu plano de gerenciamento de tempo com eles, para que entendam as exigências que se apresentarem em sua vida agora.
- Trabalhe a sua flexibilidade e a sua paciência. A vida às vezes se intromete na sala de aula *on-line* de uma maneira que pode lhe ser desconfortável. As questões técnicas e as dificuldades são também parte da vida, e não só do curso. Então é importante obedecer ao seguinte mantra: "não ir contra a corrente". Lembre-se de que você está em uma situação nova, que envolve uma nova maneira de aprender e obter um diploma. Criar um caminho pode ser difícil, mas será menos se você não se incomodar com os novos desafios.
- A aprendizagem *on-line* é algo dinâmico e estimulante. Você não aprenderá somente sobre o material que estiver estudando, mas também sobre o uso da tecnologia e como o uso dela pode mudar a maneira que você aprende e interage. Você terá também novos amigos. Aproveite!

FERRAMENTAS DE COMUNICAÇÃO

Aqui estão algumas das mais importantes ferramentas de comunicação *on-line*.

Emoticons

Os *emoticons* (ícones que expressam emoção) são utilizados para suprir a impossibilidade de atribuir um tom de voz, expressão facial e linguagem corporal ao que se escreve. Alguns deles são conhecidos como "smileys". Os *emoticons* podem ser bastante eficazes quando se quer evitar que o colega compreenda mal o que se disse. Embora não haja um padrão definido para tais figuras, nós damos aqui os seus significados mais conhecidos. A maior parte dos *emoticons* se parece com um rosto (olhos, nariz e boca) se olharmos para eles em uma inclinação de 90 graus.

:) ou :-) Expressa alegria, sarcasmo ou piada.
:(ou :-(Expressa tristeza.
:] ou :-] Expressa alegria jovial.
:[ou :-[Expressa tristeza desesperada.
:D ou :-D Expressa alegria jovial.

:I ou :-I Expressa indiferença.
:-/ ou :- Expressa indecisão, confusão ou ceticismo. Também :/ ou :<.
:Q ou :-Q Expressa confusão.
:S ou :-S Expressa incoerência ou ausência de palavras.
:</@> ou :-</@> Expressa estado de choque ou um grito.
:O ou :-O Indica surpresa, grito ou percepção de que houve um erro "uh, oh!".

Siglas

As siglas são, em geral, utilizadas na internet para abreviar a comunicação. Não incentivamos os alunos a usá-las nas suas discussões. Contudo, quando são utilizadas, é importante entender seu significado.[1]

AAMOF – As a matter of fact (para dizer a verdade)
BBFN – Bye bye for now (tchau)
BFN – Bye for now (tchau)
BTW – By the way (a propósito)
BYKT – But you knew that (mas você sabia disso)
CMIIW – Correct me if I'm wrong (corrija-me se eu estiver errado)
EOL – End of lecture (fim da palestra, do texto)
FAQ – Frequently asked question(s) (perguntas mais comuns)
FITB – Fill in the blank (preencha as lacunas)
FWIW – For what it's worth (sem garantia alguma)
FYI – For your information (para a sua informação, orientação)
HTH – Hope this helps (espero que isso ajude)
IAC – In any case (de qualquer forma)
IAE – In any event (em qualquer situação)
IMCO – In my considered opinion (na minha estimada opinião)
IMHO – In my humble opinion (em minha modesta opinião)
IMNSHO – In my not so humble opinion (em minha nem tão modesta opinião)
IMO – In my opinion (na minha opinião)
IOW – In other words (em outras palavras)
LOL – Lots of luck ou laughing out loud (boa sorte ou rindo alto)
MHOTY – My hat's off to you (tiro o chapéu para você)
NRN – No reply necessary (não é preciso responder)
OIC – Oh, I see (Ah, entendo agora)
OTOH – On the other hand (por outro lado)
ROF – Rolling on the floor (rolando pelo chão)
ROFL – Rolling on the floor laughing (rolando pelo chão e rindo)
ROTFL – Rolling on the floor laughing (rolando pelo chão e rindo)
RSN – Real soon now (muito em breve)

---

[1] As siglas dizem respeito à língua inglesa. São apresentadas aqui como uma curiosidade.

SITD – Still in the dark (ainda às escuras, sem entender)
TIA – Thanks in advance (desde já, obrigado)
TIC – Tongue in cheek (com ironia)
TTYL – Talk to you later (falo com você mais tarde)
TYVM – Thank you very much (muito obrigado)
WYSIWYG – What you see is what you get (o que você vê é o que está disponível)
<G> Grinning (sorrindo amplamente)
<J> Joking (brincando, fazendo piada)
<S> Smiling (sorrindo)
<Y> Yawning (bocejando)

Netiqueta

As diretrizes para a *netiqueta* são um componente importante do plano de ensino de um curso *on-line*. Para garantirem que a comunicação seja profissional e respeitosa, os alunos precisam ser orientados a usar uma comunicação adequada. As seguintes orientações são de Arlene Rinaldi e podem ser encontradas em [http://www.fau.edu/netiquette/net/].

Outros *sites* sobre o assunto são: [http://www.albion.com/netiquette/corerules.html] e [http://www.dtcc.edu/cs/rfc1855.htm#l].

A *netiqueta* oferece informações sobre como escrever *on-line* para que você possa fazer o seguinte:

- Ser entendido claramente.
- Transmitir seus pontos de vista com eficácia.
- Evitar incomodar alguém.
- Evitar parecer um "iniciante" na rede.

Uma das primeiras regras que você aprende quando está *on-line* é: Não escreva TUDO EM MAIÚSCULAS!

Usar letras minúsculas facilita a leitura. Veja você mesmo! AQUI ESTÁ UM EXEMPLO DE UMA FRASE ESCRITA INTEIRAMENTE EM LETRAS MAIÚSCULAS! Talvez seja mais fácil digitar tudo assim, mas é também uma maneira de fazer com que as pessoas percebam instantaneamente que você é novo na rede. As letras maiúsculas são usadas, às vezes, quando alguém quer indicar que está GRITANDO! Mas poucas pessoas lerão uma mensagem que grita com elas.

Quando digitar uma mensagem, abra novos parágrafos. As pessoas em geral pulam os blocos muito grandes de texto. E você quer que as pessoas leiam o que você diz, não?

Você também pode usar uma linha em branco entre os parágrafos, o que torna a leitura mais fácil.

Não se estenda muito. Há muita informação na rede, e quando as pessoas lêem o que você escreveu, querem que você tenha sido direto. Todo mundo está ocupado e ninguém tem tempo para ler uma mensagem em que você está pensando em voz alta.
Não escreva de improviso. Planeje.

Assim, antes de começar a escrever pense primeiro no que quer dizer. Coloque suas idéias em ordem e observe como elas se encaixam. Depois escreva em tão poucas palavras quanto possível.

Algumas pessoas até rascunham o que vão dizer antes de escrever. Isso ajuda a descobrir o que precisam dizer. Essas pessoas dão a impressão de saber o que estão falando, pois suas frases breves nunca são vagas.

Usar parágrafos curtos é uma boa idéia. Isso faz com que você se expresse com um mínimo de palavras. Tenha também em mente que é mais difícil ler um texto na tela do computador do que em um livro. Os parágrafos pequenos servem para dar um descanso aos olhos do leitor.

Clareza

Quando você escreve algo, certifique-se de que as pessoas o entenderão. Depois que você digitar uma mensagem – e antes de enviá-la – leia-a em voz alta. Às vezes as frases que parecem boas quando você digita não funcionam quando você as lê.

Evite usar siglas. Embora algumas delas sejam bem conhecidas, não se pode ter certeza de que todos os leitores saibam o que elas significam. Algumas das siglas podem até parecer estar na moda, mas, se confundirem o leitor, você não conseguirá passar sua idéia adiante.

Evite também abreviar palavras, o que pode indicar que você não sabe digitar muito bem. Faça um curso de digitação se for necessário – você não se arrependerá.

Observação: As contrações podem ser adequadas nos *chats*, em que digitar rápido é importante. Ainda assim, será que se economiza tanto tempo?

Citação

Esta é a seção mais longa do guia, e uma das mais importantes.

Muitos *e-mails* e programas para fóruns de discussão permitem que você pegue toda a mensagem de outra pessoa e a insira na sua. Isso se chama citação. Tal característica, embora útil, pode tornar menos provável que as pessoas leiam o que você escreveu.

Evite o "eu concordismo". Muitas pessoas citam uma mensagem enorme e, ao final, colocam um breve comentário do tipo "Eu concordo com isso!" ou "Eu também!". Isso pode incomodar a pessoa que lê a mensagem, pois ela terá de rodar toda a tela para achar o que você escreveu. Tem mais sentido citar apenas algumas frases importantes que resumem a mensagem, colocando seu comentário depois.

Na verdade, simplesmente dizer que você concorda com algo não acrescenta muito. Por que não dizer então *por que* você concorda? Você pode incluir algumas das razões pelas quais se sente como se sente. Dessa forma, você parecerá uma pessoa ponderada que reflete e que considera todos os fatos.

Evite o efeito "escada". As pessoas, às vezes, citam mensagens inteiras que contêm citações de mensagens antigas, que, por sua, vez contêm citações de mensagens mais antigas ainda. As mensagens que trazem citações em cima de citações sofrem do chamado efeito "escada", o que é um grave problema, pois, quando o leitor as lê, não fica claro quem escreveu o quê.

Você só deve extrair um trecho importante, que represente de maneira precisa o tópico sobre o qual escreve. Isso fará com que o leitor não perca tempo e garantirá que o contexto de sua resposta esteja claro.

Intercale citações e comentários. Às vezes não é possível encontrar frases que, com clareza, passam o que seu autor estava querendo dizer, pois é possível que a mensagem discorra sobre vários tópicos diferentes. Para tornar suas mensagens mais significativas, intercale as citações bem selecionadas e os seus comentários.

Aqui está um exemplo de citação seletiva. As linhas que começam com o símbolo > são citações:

> > Eu lhe disse que o *Mac* é melhor que o *Windows*.
> Há uma reportagem em que ambos são comparados na *Computer World*. A matéria demonstra que cada plataforma tem as suas vantagens.

> > A interface do *Mac* foi inventada pela *Apple*.
> Você sabia que a interface do *Mac* teve como base um design da *Xerox PARC center*?

> > Ainda assim, os *Macs* são melhores do que os *PCs*.
> Isso realmente depende da sua utilização, você não acha?

Nesse exemplo, cada comentário está diretamente relacionado com o que a outra pessoa disse. Não faça com que seus leitores tenham de adivinhar a qual parte da mensagem original você está se referindo.

Não há duvidas de que citar corretamente requer mais esforço do que simplesmente copiar o texto inteiro de alguém. A citação cuidadosa tornará as respostas mais organizadas e os seus pensamentos mais claros.

Quando você usa seu tempo para responder a uma mensagem, você deseja que as pessoas leiam e entendam o que você diz. Não deixe que más citações tornem seu texto obscuro.

Por que se incomodar? Independentemente do quanto você é inteligente, as pessoas levarão suas palavras menos a sério se você cometer erros ortográficos. Talvez isso não seja justo, mas é o que acontece na net.

A maior parte dos computadores tem um ou dois corretores ortográficos. Alguns deles estão no próprio *software* utilizado para o *e-mail* ou navegadores que você usa. É necessário que você aprenda como eles funcionam.

Quando vai a uma festa ou recepção, você dedica algum tempo à sua produção, a ficar bonito. Pois bem, na internet as pessoas não sabem se você está bonito ou não – elas só conseguem ver o que você escreve. Então dedique algum tempo a escrever com cuidado, para seu texto ficar bonito.

Os corretores ortográficos não são perfeitos. Às vezes alguns erros passam em branco. Assim, mesmo que você use o corretor, leia o texto antes de enviá-lo.

Observação: A internet está disponível em quase todo o lugar do mundo. Às vezes pode parecer que as pessoas não sabem escrever corretamente, mas tenha em mente que talvez não estejam escrevendo em sua própria língua.

Boas maneiras. As pessoas podem incomodar-se com você na internet, mesmo se você, em geral, é alguém educado.

O pior problema é algo chamado "o valente do teclado". Quando você está sentado em frente a seu computador, a salvo do mundo, é tentador escrever mensagens de conteúdo tão áspero que parecem um insulto. Todo mundo tem, às vezes, vontade de escrever mensagens sarcásticas.

A explicação normal para esse comportamento é "Só estou dizendo às pessoas o que eu penso!" ou "Só estou sendo honesto!". Talvez isso seja verdade, mas se você não tiver cuidado poderá ofender alguém, o que pode dar início a uma discussão que não traz benefícios a ninguém.

Se você se envolve em debates desagradáveis, deveria buscar algum *site* que trate da *netigueta*. Muito já se escreveu sobre a importância do comportamento diplomático *on-line*.

Você sempre deve ler o que escreveu antes de enviar sua mensagem. Isso não só ajudará a encontrar erros de ortografia, de construção de frase e gramática, mas também poderá ajudá-lo a perceber que sua mensagem não soa tão amistosa quanto gostaria.

DIRETRIZES PARA *FEEDBACK*

Observação: As diretrizes para *feedback* a seguir são uma versão resumida das diretrizes para a *netigueta*, que ajudam os alunos a compreender o que significa dar e receber *feedback*. Os alunos raramente sabem intuitivamente como fazer isso. Conseqüentemente, ensiná-los é algo que pode ajudá-los a ir ao encontro dos objetivos do curso e tem a vantagem adicional de incentivar o desenvolvimento do pensamento crítico.

- Não escreva seu *feedback* de improviso. Planeje-o.
- Antes de começar a escrever, pense primeiro no que quer dizer. Coloque suas idéias em ordem e observe como elas se encaixam.
- Tome nota do que vai dizer, antes de escrever. Isso o ajuda a descobrir o que precisa dizer.
- Use parágrafos curtos. Isso faz com que você se expresse com um mínimo de palavras.
- Quando você escreve algo, certifique-se de que as pessoas entenderão. Depois de digitar uma mensagem – e antes de enviá-la –, leia-a em voz alta. Às vezes as frases que parecem boas quando você digita, não funcionam quando você as lê.
- Muitas pessoas citam uma mensagem enorme e, ao final, colocam um breve comentário do tipo "Eu concordo com isso!" ou "Eu também!". Isso pode incomodar a pessoa que lê a mensagem, pois ela terá de rolar toda a tela para achar o que você escreveu. Tem mais sentido citar apenas algumas frases importantes que resumem a mensagem, colocando seu comentário depois.
- Simplesmente dizer que você concorda com algo não acrescenta muito. Por que não dizer então *por que* você concorda, incluindo algumas das razões pelas quais se sente como se sente?
- Sempre leia o que você escreveu antes de enviar a mensagem. Isso ajudará a encontrar erros de ortografia, de construção de frase e de gramática e também a perceber que, às vezes, seu texto não é tão amistoso quanto parece. Certifique-se de que sua mensagem está escrita em tom profissional e não agressivo, para evitar insultar os que a lêem e, sem querer, ofender outros participantes do grupo.

DICAS E FERRAMENTAS PARA O GERENCIAMENTO DO TEMPO

A capacidade de gerenciar seu tempo é um fator importante para que se tenha sucesso *on-line*. As ferramentas a seguir permitirão que você estabeleça seus objetivos e depois as prioridades e sua agenda para gerenciar seu tempo. As ferramentas não são de uso obrigatório, mas podem ser úteis se você achar que está ficando para trás ou com excesso de trabalho.

Algumas dicas para gerenciar seu tempo em um curso *on-line*:

- Conecte-se ao *site* do curso diariamente ou de dois em dois dias com a intenção de apenas ler.

- Prepare a sua primeira mensagem da semana em resposta às questões de discussão colocadas pelo professor ou pelo aluno que estiver na posição de facilitador – use suas próprias idéias. Espere, então, para ler as respostas dos seus colegas depois de enviar a sua.
- Imprima as mensagens novas para ter mais tempo de revisá-las quando lhe for conveniente.
- Depois de ler e revisar as mensagens novas, formule sua resposta *off-line*, usando seu processador de textos. Isso lhe dará tempo para pensar sobre o que você quer dizer e também para verificar sua gramática e ortografia. Não pense que uma resposta imediata é necessária – responda no seu ritmo.
- Uma vez escrita, copie e cole a mensagem para o *site* do curso.

A seguir apresentamos ferramentas que podem ajudá-lo a estabelecer objetivos e a gerenciar seu tempo em um curso *on-line*.

Inventário de metas

Quando pensar em suas metas de aprendizagem, é também importante considerar como os estudos encaixam no resto de sua vida. Comece por pensar no que você gostaria de alcançar nos próximos anos em cada setor de sua vida, nos possíveis obstáculos que inibem seu progresso e nos passos iniciais que você acha que pode dar para chegar aonde quer chegar (Exemplo ilustrativo B.1).

Agora que você estabeleceu os seus objetivos de longo prazo, o que espera conseguir durante o próximo semestre em cada setor de sua vida? Priorize seus objetivos do mais ao menos importante.

Suas prioridades estão agora definidas! Como você estruturará seu tempo para que possa atingir seus objetivos e prioridades de curto prazo? A seguir, está uma lista de objetivos semanais, uma agenda semanal e uma planilha que resume o tempo utilizado. Algumas pessoas acham essas ferramentas um elemento de limitação. Se for assim para você, procure outra maneira de estruturar e monitorar seu tempo. Lembre-se também de que a vida intervém mesmo nos melhores planos. Então não fique aprisionado a um horário que não acomode essas possíveis interferências. *Lembre-se: a flexibilidade é fundamental para o sucesso na aprendizagem on-line!*

Uma vez que você tenha estabelecido os objetivos da semana (Exemplo ilustrativo B. 2), juntamente com o tempo necessário para realizá-los, organize o tempo em uma agenda semanal (Exemplo ilustrativo B. 3).

O ALUNO VIRTUAL 195

EXEMPLO ILUSTRATIVO B.1 Metas de vida

Área	Metas	Obstáculos potenciais	Passos iniciais para atingir as metas
Escola			
Trabalho			
Família			
Amigos			
Pessoal			
Outras			

EXEMPLO ILUSTRATIVO B. 2 Objetivos semanais

Objetivos semanais			
Objetivo	Atividade a realizar	Tempo estimado	Atividade finalizada? Sim? Não? Parcialmente?

Então, como você foi? Revise o uso de seu tempo semanal com o Sumário da Utilização Semanal do Tempo (Exemplo ilustrativo B. 4).

Embora esse processo possa parecer enfadonho, uma vez adquirido o hábito de organizar seu tempo semanalmente, a quantidade de tempo necessária para o planejamento diminuirá e o gerenciamento do tempo se tornará um hábito.

EXEMPLO ILUSTRATIVO B. 3 Agenda semanal

Agenda semanal							
	Segunda	Terça	Quarta	Quinta	Sexta	Sábado	Domingo
8-9							
9-10							
10-11							
11-12							
12-1							
1-2							
2-3							
3-4							
4-5							
5-6							
6-7							
7-8							

EXEMPLO ILUSTRATIVO B. 4 Sumário da utilização semanal do tempo

Sumário da utilização semanal do tempo								
	Sono	Alimentação	Transporte	Família/amigos	Estudo	Trabalho	Diversão	Outros
Segunda								
Terça								
Quarta								
Quinta								
Sexta								
Sábado								
Domingo								

ESCREVENDO TEXTOS DE PESQUISA E REFLEXÃO

Constatamos que os alunos precisam, com freqüência, de muita orientação para preparar e apresentar seus artigos de pesquisa e de reflexão. As questões a seguir são uma adaptação de um trabalho de Jeremy Shapiro, do *Fielding Graduate Institute*, e servem para a redação de um artigo de pesquisa. Depois, acrescentamos dicas para escrever um texto de pesquisa. Além disso, também disponibilizamos diretrizes para a criação de um texto reflexivo, que pode ser entregue ou no meio ou ao final do semestre de um curso *on-line* como um instrumento de auto-avaliação.

Textos de pesquisa

Questões a considerar quando escrever um texto de pesquisa:

1. Por que estou usando este material?
2. Qual é o contexto do trabalho?
3. Construi boas ligações entre as idéias e as partes do trabalho?
4. As minhas idéias têm um fluxo lógico? O texto está bem organizado?
5. Meu pensamento está bem sustentado? Apontei os pontos fortes e fracos da minha argumentação e do que se encontra na literatura?
6. Quais são as evidências que comprovam minhas idéias?
7. Usei referências e formatei o texto adequadamente?
8. Utilizei a gramática adequada; minhas frases são completas e corrigi a ortografia?
9. Apresentei uma definição dos conceitos apresentados?
10. Citei adequadamente, dando crédito para citações diretas e paráfrases?

Algumas outras dicas para trabalhos de pesquisa

- Use *subtítulos* para separar diferentes partes do texto: eles fazem com que você pense duas vezes no que quer dizer, são como uma lista dos pontos principais que você quer comunicar, além de facilitarem a leitura.
- Lembre-se de usar subtítulos que estejam de acordo com o conteúdo que apresentam. Um erro comum é inventar subtítulos criativos que não estão relacionados ao conteúdo. Isso não ajuda o leitor.
- Coloque um *resumo* no início do texto. Serve para contextualizar e informa ao leitor o motivo para ler seu texto. Em geral, quando se escreve um texto, não há problema em usar a própria voz, evitando o jargão acadêmico. Não tenha medo de usar "eu" ou "este autor" quando expressar sua própria opinião sobre um tópico. Contudo, certifi-

que-se de manter o paralelismo. Em outras palavras, se usar "eu", mantenha a primeira pessoa no restante do texto. Seja coerente!

- Crie uma *introdução* sólida, que defina o que o texto tratará. Sua introdução deve informar ao leitor a base e a justificativa do seu trabalho, oferecendo informações importantes sobre o tópico.
- Quando adequado, inclua os *métodos* utilizados por você. Explique se você usou entrevistas ou se fez uma revisão da literatura ou se ainda usou outros meios para obter informações.
- As *discussões* (desenvolvimento) apresentadas em seu texto devem tratar de vários aspectos do tópico e demonstrar seu domínio e compreensão do material utilizado. É aqui que os subtítulos são especialmente importantes para delinear os vários tópicos que formam o todo de seu texto.
- Disponibilize uma boa seção de *conclusão* que conecte todas as suas idéias, apontando talvez para um estudo futuro. Esta é talvez a parte mais difícil de escrever do trabalho, então, assim que tiver expressado todas as suas idéias, deixe o texto descansar por um ou dois dias para que você possa refletir sobre suas conclusões.

Escrevendo textos de reflexão

Há dois tipos de textos reflexivos que você talvez precise escrever. O primeiro se relaciona ao material estudado no curso e deve conter três elementos:

- Um resumo das idéias.
- Uma análise dos conceitos.
- Uma síntese dos pensamentos e evidência de pensamento original.

Aqui estão algumas questões a considerar quando você for completar as três seções de um texto reflexivo relacionado ao material estudado no curso:

Resumo de idéias

- Qual é o contexto da informação lida ou discutida?
- Que informações foram apresentadas nas leituras ou nas discussões?
- Quais são os pontos fundamentais dos argumentos pró e contra?

Análise de conceitos

- Quais são os pontos fracos e fortes das idéias apresentadas?
- Há lacunas ou omissões?
- Quais são as implicações desse trabalho?
- Quais são as principais influências sobre este trabalho e como elas se manifestam nele?
- Como o contexto deste trabalho influencia o resultado?

Síntese de idéias

- Ao resumir e analisar este trabalho, quais são as novas idéias que surgiram para mim?
- Qual é minha opinião sobre o material estudado?
- Quais são algumas das novas áreas de estudo indicadas neste trabalho?
- Quais críticas eu faço a este trabalho?
- Quais são os pontos fortes ou as contribuições deste trabalho para o campo de estudos como um todo?
- Se há lacunas ou omissões, como podem ser resolvidas?

Dicas para escrever uma auto-reflexão

Talvez também se peça que você escreva uma reflexão final de seu processo geral de aprendizagem no curso. Essa é sua oportunidade de refletir sobre sua aprendizagem, avaliar o processo e oferecer sugestões ao professor. Quando escrever um texto reflexivo como uma avaliação de sua aprendizagem e do curso, considere o seguinte:

- Como eu era antes de fazer esse curso?
- Mudei? Como?
- Como minha participação neste curso mudou meu processo de aprendizagem ou minha opinião sobre mim mesmo como aluno?
- O que ganhei (ou não ganhei) por ter participado deste curso?
- Aprendi alguma coisa nova sobre o tópico ou sobre mim mesmo?
- Que sugestões eu faria para os próximos grupos ou para o professor?
- Eu recomendaria este curso para meus amigos e colegas? Por que sim ou por que não?
- Como avalio minhas próprias contribuições para o curso? Que conceito eu atribuiria a mim mesmo?

Referências

Alley, J.,and Jansak, K. "The Ten Keys to Quality Assurance and Assessment in On-line Learning." *Journal of instruction development*, Winter 2001, *1*(3), pp. 3-18.

American Association Of University Professors. "Distance Education and Intellectual Property." *Academe*, May-June 1999, pp. 41-45.

American Association Of University Women. *The Third Shift: Women Learning On-line.* Washington, D.C.: American Association of University Women, 2001.

American Council of Education. "Developing a Distance Education Policy for 21st-Century Learning." Mar. 2000.

[http://www.acenet.edu/washington/ distance_ed/2000/03march/distance_ed.htm].

Armstrong, T. *Multiple Intelligences in the Classroom.* Alexandria, Va.: Association for Supervision and Curriculum Development, 1994.

Angelo, T., and Cross, K. P. *Classroom Assessment Techniques.* San Francisco: Jossey-Bass, 1993.

Bates, A. W. *Managing Technological Change.* San Francisco: Jossey-Bass, 2000.

Belenky, M. F., Clinchy, B. M., Goldberger, N. R.,and Tarule, J. M. *Women's Ways of Knowing The Development of Self, Voice, and Mind.* New York: Basic Books, 1986.

Boud, D., and Griffin, V. *Appreciating Adults Learning: From the Learner's Perspective.* London, England: Kogan Page, 1987.

Brookfield, S. D. *Developing Critical Thinkers: Challenging Adults to Explore Alternative Ways of Thinking and Acting.* San Francisco: Jossey-Bass, 1987.

Brookfield, S. D. *Becoming a Critically Reflective Teacher.* San Francisco: Jossey-Bass, 1995.

Brookfield, S. D., and Preskill, S. *Discussion as a Way of Teaching.* San Francisco: Jossey-Bass, 1999.

Brown, R. "The Process of Community-Building in Distance Learning Classes." *JALN, 5*(2), Sept. 2001. [http://www.aln.org/alnweb/journal/Vol5_issue2/Brown/Brown.htm]

Buchanan, E. "Going the Extra Mile: Serving Distance Education Students with Resources and Services." *Syllabus*, May 2000, pp. 44-47.

Byers, C. "Interactive Assessment and Course Transformation Using Web-Based Tools." *The Technology Source*, May-June 2002. [http://ts.mivu.org/default.asp?show=article&id=928]

Callan, J. M. "Attitudes Toward Computers: The Changing Gender Gap." *Feminist Collections*: *A Quarterly of Women's Studies Resources*, Jan. 31, 1996, *17*(2), pp. 30-32.

202 REFERÊNCIAS

Carnevale, D. "Should Distance Students Pay for Campus-Based Services?" *Chronicle of Higher Education*, Sept. 14, 2001. [http://chronicle.com/weekly/v48/i03/03a2501.htm]

Carr, S. "As Distance Learning Comes of Age, the Challenge Is Keeping the Students." *Chronicle of Higher Education*, Feb. 11, 2000. [http://www.chronicle.com/free/v46/i23/23a00101.htm]

Carr-Chellman, A., and Ducastel, P. "The Ideal On-line Course." *Library Trends*, 2001, *50*(1), p. 16.

Chikering A,. and Gamson, Z. "Seven principles of Good Practice in Undergraduate Education." *AAHE Bulletin*, 1987, 39, pp. 3-7.

Christiansen, E., and Dirckinck-Holmfeld, L. "Making Distance Learning Cooperative," 1995. [http://www.csc195.indiana.edu/csc195/chritia.html]

Claxton, C. S. and Murrell, P. H. *Learning Styles*. Washington, D.C.: ERIC Clearinghouse on Higher Education, 1988.

Collison, G., Elbaum, B., Haavind, S., and Tinker, R. *Facilitating On-line Learning: Effective Strategies for Moderators*. Madison, Wis.: Atwood, 2000.

Daniel, J. "Lesson from the open University: Low-Tech Learning Often Works Best." *Chronicle of Higher Education*, Sept. 7, 2001. [http://chronicle.com/weekly/v48/02/02b02401.htm]

Diaz, D. "On-line Drop Rates Revisited." *The Technology Source*, May/June 2002. [http?//ts.mivu.org/default.asp?show=article&id=981]

Donald, J. G. *Learning to Think: Disciplinary Perspectives*. San Francisco: Jossey-Bass, 2002.

Everhart, R. "Creating Services for Connected Learners." *Syllabus*, may 2000, pp. 48-50.

Fidishun, D. "Andragogy and Technology: Integrating Adult Learning Theory as We Teach with Technology." Retrieved April 4, 2002. [http://www.mtsu.edu/~itconf/proceed))/fidishun.htm]

Gardner, H. *Frames of Mind*. New York: Basic Books, 1983.

Gilbert, S. D. *How to Be a Successful On-line Student*. New York: McGraw-Hill, 2001.

Gillett, M. "Advancing on Technology: Are Women Gaining Ground?" *Woman's Times*, Nov. 30, 1996, *4*(3), p.1.

Goldsmith, D. J. "Communication, Humor, and Personality: Students' Attitudes to Learning On-line." *Academic Exchange Quarterly*, 2001, *5*(2), p. 108.

Graham, C., Kursat, C., Byung-Ro, L., Craner, J., and Duffy, T. "Seven Principles of Effective Teaching: A Practical Lens for Evaluating On-line Courses." *The Technology Source*, Mar-Apr. 2001. Retrieved September 5, 2002. [http://ts.mivu.org/default.sap?show=article&id=839]

Hanna, D. E., Glowaki-Dudka, M., and Conceição-Runlee, S. *147 Practical Tips for Teaching On-line Groups*. Madison, Wis.: Atwood, 2000.

Hara, N., and Kling, K. "Students' Distress with a Web-Based Distance Learning Course: An Ethnographic Study of Participants' Experiences." Spring 2000. Retrieved September 3, 2002. [http://www.slis.indiana.edu/CSI/Wp/wp00~01B.html]

Harasim, L., Hiltz, S. R., Teles, L., and Turoff, M. *Learning Networks*. Cambridge, Mass.: MIT Press, 1996.

Harris, R. "Preventing and Detecting Plagiarism." *The Plagiarism Handbook: Strategies for Preventing, Detecting, and Dealing with Plagiarism* (pp. 61-82). Los Angeles, Calif.: Pyrczak, 2002. [http://www.antiplagiarism.com/generic7.html]

Hase, S., and Kenyon, C. "From Andragogy to Heutagogy." *UltiBASE Articles*, Dec. 2000. Retrieved April 4, 2002. [http://ultibase.rmit.edu.au/Articles/dec00/hase2.htm]

REFERÊNCIAS **203**

Hawke, C. *Computer and Internet Use on Campus: A Legal Guide to Issues of Intellectual Property, Free Speech, and Privacy*. San Francisco: Jossey-Bass, 2001.

Henderson, L. "Instructional Design of Interactive Multimedia: A Cultural Critique." *Educational Technology Research and Development*, 1996, *44*(4), 85-104.

Herring, S. "Gender and Democracy in Computer-Mediated Communication." 1993. [http://www.cios.org/getfile/HERRING_V3N293]

Herring, S. "Gender Differences in Computer-Mediated communication: Bringing Familiar Baggage to the New Frontier." 1994. [http://www.cpsr.org/gender/herring.txt]

Hudson, B. "Critical Dialogue On-line: Personas, Covenants, and Candlepower." In K. E. Rudestam and J. Schoenholtz-Read (eds.*), Handbook of On-line Learning* (pp. 53-90). Thousand Oaks, Calif.: Sage, 2002.

Illinois On-line Network. "What Makes a Successful On-line Student?" Retrieved April 7, 2002. [wysiwyg://90/http://www.ion.illinois.ed.rces/onlineLearning/StudentProfile.htm]

Irving, L. *Falling Through the Net: Toward Digital Inclusion*. Washington, D.C: National Telecommunications and Information Administration, 1995. [http://www.ntia.doc.gov/ntiahome/fttn00/contents00.html]

Joo, J. "Cultural Issues of the Internet in Classrooms". *British Journal of Educational Technology*, July 1999, *30*(3), pp. 245-250.

Kellogg, A. P. "Students Plagiarize Less than Many Think, A New Study Finds." *Chronicle of Higher Education*, Feb. 1, 2002. [http://chronicle.com/free/2002/02/200202010t.htm]

King, L. "Gender Issues in on-line communities.". *CSPR Newsletter*, Winter 2000, *18*(1).

Kirton, G., and Greene, A. "Women Learning On-line: Overcoming the Gendered Temporal and Spatial Barriers to Women's Trade Union Participation?" Paper presented to Unions and the Internet conference, May 11, 2001. Retrieved June 2, 2002. [http:///www.geocities.com/e_collectivism/e_learning.htm]

Knowles, M. *The Adult Learner: A Neglected Species*. Houston, Tex.: Gulf, 1992.

Litzinger, M. and Osif, B., "Accommodating Diverse Learning Styles: Designing Instruction for Electronic Information Sources." In L. Shirato (ed.), *What Is Good Instruction Now? Library Instruction for the '90s*. Ann Arbor, Mich.: Pierian Press, 1993.

Market Data Retrieval. *College Technology Review, 2001-2002.* Shelton, Conn.: Market Data Retrieval, Jan. 2002.

Mayes, C. "Learning Technology and Learning Relationships." In J. Stephenson (ed.), *Teaching and Learning On-line: Pedagogies for New Technologies*. London, England: Kogan Page, 2001.

McClure, B. *Putting a New Spin on Groups*. Hillsdale, NJ: Ealbaum, 1998.

McLoughlin, C. "Culturally Responsive Technology Use: Developing an On-line Community of Learners." *British Journal of Educational Technology*, July 1999, *30*(3), pp. 231-243.

Mezirow, J. *Fostering Critical Reflection in Adulthood: A Guide to Transformative and Emancipatory Learning*. San Francisco: Jossey-Bass, 1990.

Morgan, C., and O'Reilly, M. *Assessing Open and Distance Learners*. London, England: Kogan Page, 1999.

Muilenburg, L., and Berge, Z. L., "A Framework for Designing Questions for On-line Learning." DEOSNEWS, 2000, *10*(2). [http://www.emoderators.com/moderators/muilenburg.htm]

National Center for Education Statistics. *National Postsecondary Student Aid Study, 1999-2000*. Washington, D. C.: U.S. Department of Education, National Center for Education

204 REFERÊNCIAS

Statistics, June 6, 2002. [http://nces.ed.gov/surveys/npsas/table_library/tables/npsas23.asp]. [http://nces.ed.gov/surveys/npsas/table_library/tables/npsas22.asp].

O'Connor, T. *Using Learning Styles to Adapt Technology for Higher Education*. Indiana State University Center for Teaching and Learning, Feb. 21, 1997. [http://web.indstate.edu/ctl/styles/learning.html]

O'Reilly, M., and Newton, D. "Why interact On-line If It's not Assessed?" *Academic Exchange Quarterly*, 2001, *5*(4), p. 70.

Palloff, R. *Confronting Ghosts: Lessons in Empowerment and Action*. Unpublished doctoral dissertation, Human and Organizational Systems, Fielding Graduate Institute, 1996.

Palloff, R. and Pratt, K. *Building Learning communities in Cyberspace: Effective Strategies for the On-line Classroom*. San Francisco: Jossey-Bass, 2001.

Palloff, R., and Pratt, K., "Beyond the Looking Glass: What Faculty and Students Need to Be Successful On-line." In K. E. Rudestam and J. Schoenholtz-Read (eds.), *Handbook of On-line Learning* (pp. 171-184). Thousand oaks, Calif.: Sage, 2002.

Paulsen, M. F. "The On-line Report on Pedagogical Techniques for Computer-Mediated communication." DEOSNEWS, 1995. [http://www.nettskolen.com/forskning/19/cmcped.htmal]

Peterson, P. W. "The Debate About On-line Learning: Key issued for Writing Teachers." *Computers and Composition*, 2001, *18*(4), 359-370.

Phipps, R., and Merisotis, J. *What's the Difference?* Washington, D. C.: Institute for Higher Education Policy, Apr. 1999.

Pratt, K. *The Electronic Personality*. Unpublished doctoral dissertation, Human and Organizational Systems, Fielding Graduate Institute, 1996.

Preece, J. *On-line Communities: Designing Usability, Supporting Sociability*. New York: Wiley, 2000.

Primo, L. H., and Lesage, T. "Survey of Intellectual property Issues for Distance Learning and On-line Educators." *USDLA ED Magazine*, Feb. 2001,*15*(2). [http://www.usdla.org/ED_magazine/iluminactive/FEB01_Issue/article03.html]

Rheingold, H. *The virtual Community*. Reading, Mass.: Addison-Wesley, 1993.

Schroeder, C. "New Students – New Learning Styles." *Change*, Sept-Oct. 1993. [http://www.virtualschool.edu/mon/Academia/KierseyLearningStyles.html]

Shapiro, A. L. *The Control Revolution*. New York: Century Foundation, 1997.

Shapiro, J. J., and Hughes, S. K. "The Case of the Inflammatory E-Mail: Building Culture and community in on-line Academic Environments." In K. E. Rudestam and J. Schoenholtz-Read (eds.), *Handbook of On-line Learning* (pp. 91-124). Thousand Oaks, Calif.: Sage, 2002.

Standen, P. J., Brown, D. J., and Cromby, J. J. "The Effective Use of Virtual Environments in the Education and Rehabilitation of Students with Intellectual Disabilities." *British Journal of Educational Technology*, June 2001, *32*(3), pp. 289-299.

Strong, R. W., and Harmon, E. G. "On-line Graduate Degrees: A Review of Three Internet-Based Master's Degree Offerings." *American Journal of Distance Education*, 1997, *11*(3), pp. 58-70.

Truong, H. "Gender Issues in on-line Communications." 1993. [http://students.cec.wustl.edu/~cs142/articles/GENDER_ISSUES/gender_issues_in_online_communications—bawit]

REFERÊNCIAS **205**

Vu, C. "According to Women of Color, There's No Need to Fear Technology." *Northwest Asian Weekly*, June 2, 2000, *19*(22), p. 1.

Weimer, M. *Learner-Centered Teaching*. San Francisco: Jossey-Bass, 2002.

Wenger, E. *Communities of Practice: Learning, Meaning, and Identity.* Cambridge, England: Cambridge University Press, 1999.

Young, J. "Experts Say Technology Gap Among Colleges Perpetuates 'Digital Divide' in Society." *Chronicle of higher Education,* June 21, 2002. [http://chronicle.com/weekly/v48/4841guide.htm]

Índice onomástico e remissivo

A

Abandono e retenção, 135-146; abertura ao processo de aprendizagem, 28-29, 32-35, 139-141; acesso à tecnologia, 66-68, 73-75, 135-136; adaptação do aluno e do professor aos cursos *on-line*, 142-144; aumentando a retenção com a qualidade do curso, 143-146; capacidade de pensar criticamente e, 27-29, 31-33, 138-140; comprometimento com o tempo, 138-139; controlando o tamanho do grupo, 141-146; facilidade com o ambiente *on-line*, 136-139; habilidade reflexiva e, 28-29, 32-33, 58-60, 139-140; índice de, 73-74; melhorando a interatividade e a comunidade *on-line*, 140-142; prevenção do abandono *on-line*, 135-136; privacidade e compartilhamento de detalhes pessoais, 136-137. *Ver também* Gerenciamento do Tempo

Abertura: compartilhando detalhes da vida pessoal e do trabalho, 26, 30-31, 41-42, 49-50, 136-137; retenção do aluno e, 136-137

Acesso de alta velocidade, 66-68

Agendando dificuldades, 23-25

Alfabetização e questões de deficiência física: abordagem, 72; má leitura e má escrita, 68-71

Alley, J., 140-141

Alunos *on-line* de sucesso: características dos, 24-27, 144-145; conhecimentos computacionais dos, 135-136; dicas de aprendizagem para os alunos, 185-187; dificuldades na carga horária de trabalho e, 23-25; elaboração de cursos *on-line* para os, 29-34; gerenciamento do tempo e os, 89-90. *Ver também* Alunos

Alunos: avaliando o desempenho, 111-112; abertura ao processo de aprendizagem, 28-29, 32-35, 139-141; apoio eficaz para os, 144-145; apresentando as expectativas para o curso, 167-173; apresentando o básico da internet para os, 88-89; aumentando ao máximo a interação dos, 46-48; ausência de sinais visuais *on-line*, 26, 30-32; automotivação e autodisciplina para os, 26-27; capacidade de pensamento crítico, 27-33, 138-140, 171-174; características dos a. de sucesso, 24-27, 144-145; compartilhando detalhes pessoais, 26, 30-31, 41-42, 49-50, 136-137; compatibilidade com os cursos *on-line*, 183-186; comunidades de aprendizagem, 38-40; concordando ou discordando das habilidades dos, 55-57; criando estrutura para os, 28-30; dedicando tempo aos estudos semanais, 27, 31-32, 34-35, 99-100; definição de a. virtuais, 23-24; definindo os processos dos cursos *on-line* para os, 89-91;

demografia dos alunos *on-line*, 135-136; desenvolvendo políticas para, 52-53; dicas para a aprendizagem de sucesso, 185-187; diretrizes para os estudos de caso gerados pelos, 177-178; elaborando cursos para o sucesso dos, 29-34; enviando *feedback*, 90-92, 102-103, 192-194; envolvimento na elaboração do curso, 157-158; estabelecendo metas, 99-101, 109-110; evitando a sobrecarga, 106-107, 109-110; exigências para os currículos *on-line*, 73-74; exigindo mais *feedback*, 81-83; facilidade no ambiente do curso, 136-139; formação da comunidade pelos, 39-47, 49-50; gerenciamento do tempo, 89-90, 99-100; incentivando a cooperação entre os, 154-155; incentivo ao contato com os docentes, 153-155; incluindo a avaliação dos a. no curso, 122-124; índice de abandono, 73-74; inventário de metas para os, 194-195; levando os alunos adultos a aprender *on-line*, 56-59; necessidade de orientação dos, 94-98; necessidades dos a. nos cursos *on-line*, 152-153; orientação dos a. em conhecimentos básicos de computação, 88-90; papel cultural dos professores e dos, 61-63; participando colaborativamente, 45-47, 50; perseguição e assédio de, 127; plágio e cópia, 120-124, 129-131, 133; problemas para manter a carga horária de trabalho, 23-25; que não se adaptam aos cursos *on-line* 142-146; reflexão e aprendizagem *on-line*, 28-29, 32-33, 58-60, 157-158; resolvendo problemas de acesso para os, 73-75; satisfação com a aprendizagem *on-line*, 23-25; sensibilidade da instituição às necessidades dos, 157-158; serviços de redação e tutoriais, 78-79; tabela da utilização semanal do tempo, 197-198; taxas *on-line*, 75-76, 78, 83; técnicas centradas nos alunos sustentando os, 33-35; tecnologia necessária para as aulas *on-line*, 24-26, 29-31; tempo necessário para os cursos *on-line*, 99; textos de pesquisa, 196-198; textos de reflexão, 197-199; vida cotidiana e desem-

penho em sala de aula, 157-158. *Ver também* Avaliação; Necessidades dos alunos; Alunos *on-line* de sucesso

Ambientes virtuais de aprendizagem, comparação, 162-163

American Association of University Professors, 126

American Association of University Women, 64-66

American With Disabilities Act (ADA), 68-70

Amostra de diretrizes do curso, 142, 171-173; apresentando expectativas dos professores e dos alunos, 167-173; diretrizes de conteúdo e mensagens, 165-167; diretrizes para a participação *on-line*, 166-168

Angelo, T., 111-112

Antevisão dos cursos, 102-103

Apoio aos alunos: referências para avaliar, 80-81; resolvendo problemas de acesso dos alunos, 73-75

Aprendizagem ativa, 154-155

Aprendizagem multicultural: sensibilidade cultural pelos cursos *on-line*, 61-64; exclusão digital e, 70-72; paradigmas para a elaboração do material de ensino, 63-64; respeitando talentos e estilos de aprendizagem, 155-157. *Ver também* Diversidade

Aprendizagem transformadora, 59-60

Aprendizagem: ativa, 154-155; abertura ao processo de, 28-29, 32-35; alinhando os objetivos com a avaliação, 115-118; atividades colaborativas e, 58-60; inserindo os alunos adultos *on-line*, 56-59; modelos para as maneiras pelas quais as pessoas aprendem, 51-52; paradigmas para a abordagem da elaboração do ensino, 63-64; reflexão e, 28-29, 32-33, 58-60; responsabilidade pela, 150-151; satisfação do aluno com a a. *on-line*, 23-25, transformadora, 59-60. *Ver também* Estilos de aprendizagem

Armstrong, T., 51-52

Arquivamento de cursos, 125-126, 133

Assédio, 127

Assistência à carreira, 75-76

ÍNDICE ONOMÁSTICO E REMISSIVO 209

Atividades em grupo, 53-54
Atividades individuais, 53-54
Atividades professor/alunos, 53-54
Atividades: atendendo ou não às habilidades do aluno, 55-57; adaptadas aos estilos de aprendizagem, 52-53, 55
Auto-disciplina, 26-27
Avaliação centrada no contexto específico, 112-115
Avaliação contínua, 114-116
Avaliação de benefício mútuo, 112-114
Avaliação dirigida pelo professor, 111-114
Avaliação do curso *on-line*: desenvolvimento de uma boa, 117-121; inserida no curso, 123-124. *Ver também* Avaliação
Avaliação formativa, 112-114, 118-119
Avaliação: mudanças na educação centrada no aluno, 150-153; critério de avaliação, 180-182; da avaliação *on-line* para o aluno, 87-88; diretrizes para o trabalho do aluno, 177-179; do curso, 117-124; esclarecendo as expectativas de acordo com as exigências do curso, 29-30; formativa, 112-114, 118-119. *Ver também* Critérios de avaliação
Avaliações, 111, 123-124; alinhando os objetivos de aprendizagem com, 115-118; avaliação do curso, 117-118, 120-121, 123-124; avaliação do desempenho do aluno, 111-112; centrada no aluno, 111-112; contínua, 114-116; diretrizes claras para os alunos, 155-156; dirigida pelo professor, 111-114; específicas do contexto, 112-115; formativa, 112-114, 118-119; inseridas no curso *on-line*, 122-124; mutuamente benéfica, 111-112; plágio e cópia, 120-124; tipos de avaliação *on-line*, 116-118

B

Bates, Tony, 131
Belenky, M. F., 51-52
Berge, Z. L., 173-174
Blackboard, Inc., 78-81
Boud, D., 57-58
Brookfield, S. D., 27, 91-93, 117-120, 173-174

Brown, D. J., 68-69
Brown, R., 91-92
Buchanan, E., 74-76, 78, 81
Byers, C., 116-117, 122-123
Byung-Ro, L., 153-157

C

Caixa de ferramentas: ferramentas do professor, 165-182; ferramentas do aluno, 183-199; visão geral da, 161-163
Callan, J. M., 64-65
Capacidade reflexiva: ajudando o desenvolvimento da c.r. dos alunos, 157-158; aprendizagem *on-line* e, 28-29, 32-33, 58-60; retenção e, 139-140
Capella University (*site*), 75-77
Carnevale, D., 73-74
Carr, S., 24-25, 73, 135
Carr-Chellman, A., 149
Chickering, A., 153
Christiansen, E., 31-32
Ciclos de aprendizagem, 55
Citando mensagens de *e-mail*, 190-193
Clareza na comunicação, 190-191
Claxton, C. S., 51-52, 55
Colaboração: atividade colaborativa e estilos de aprendizagem, 58-60; desenvolvimento do pensamento crítico, 58-59; incentivando a cooperação entre os alunos, 154-155; incorporando ciclos de aprendizagem com a, 56-57; participação do aluno na, 45-47, 50; técnicas centradas no aluno para a, 34-35, 143-146; tornando os processos gerenciáveis, 48-50
Collison, G., 31-32, 47-48
Compartilhando informações pessoais, 26, 30-31, 41-42, 49-50, 136-137
Comprometimento: abandono e tempo, 138-139; atenção da instituição aos cursos de qualidade, 78-81; com estudos semanais, 27, 31-32, 34-35, 99-100; obtendo o c. do aluno, 107-110
Computadores: requisitos mínimos para a participação *on-line*, 24-26; áreas distantes e questões de acesso, 66-68; fatores econômicos na exclusão digital, 70-72.

210 ÍNDICE ONOMÁSTICO E REMISSIVO

Questões de gênero e, 63-67; habilidades que contribuem para o sucesso do aluno, 135-136; orientando os alunos para o conhecimento básico, 88-90; resolvendo problemas de acesso do aluno, 73-75

Comunicação: siglas, 187-189; ausência de sinais visuais na c. virtual, 26, 30-32; citando as mensagens, 190-193; clareza na, 190-191; delineando expectativas altas, 155-156; diretrizes para *feedback*, 192-194; *emoticons*, 186-188; honestidade na, 44-45; técnicas centradas no aluno para a, 34-35

Comunidade. *Ver* Comunidades de aprendizagem *on-line*

Comunidades de aprendizagem *on-line*, 37-50; construção das, 140-142, 144-146; controle do tamanho do grupo, 141-146; definição, 38-40; definindo o tom das, 40-42; facilitando a formação das, 49-50; melhorando a interatividade e, 140-142; papel do aluno na formação, 39-47, 49-50;

Comunidades de aprendizagem, ver Comunidades de aprendizagem *on-line*

Conceição-Runlee, S., 74-75

Conceitos (avaliação): sobre os critérios de avaliação, 111-114; esclarecendo as expectativas dos requisitos do curso, 29-30; planilha de conceitos, 180-182. *Ver também* Avaliação

Concordando e discordando dos estilos de aprendizagem, 55-57

Construindo comunidades de aprendizagem no ciberespaço (Palloff e Pratt), 38

Construindo comunidades de aprendizagem, 140-142, 144-146

Cópia (cola), 120-124

Craner, J., 153-157

Critérios de Avaliação das aplicações dos ambientes virtuais de aprendizagem, 162-163

Cromby, J. J., 68-69

Cross, K. P. 111-112

Currículos: comparação dos ambientes virtuais de aprendizagem, 162-163; elaborando os c. para o sucesso do aluno, 29-34; exigências do aluno para o c. *on-line*, 73-74; inversão do paradigma curricular, 63-64

Cursos *on-line* de qualidade: planejamento, 144-145; aumentando a retenção do aluno com, 143-146; comprometimento institucional com os, 78-81; obstáculos aos, 146

Cursos *on-line*: adaptando as melhores práticas ao, 153; acesso por conexão discada e os, 66-68; amostra de diretrizes para conteúdo e envio de mensagens, 165-167; apresentando as expectativas dos professores e dos alunos nos, 167-173; arquivamento, 125-126, 133; aumentando a retenção com qualidade, 143-146; avaliação dos, 117-124; avaliando a compatibilidade dos alunos com os, 183-186; comparações de ambientes virtuais de aprendizagem, 162-163; desenvolvimento de questões para discussão nos, 173-175; dicas para uma aprendizagem de sucesso, 185-187; diretrizes para a participação *on-line*, 166-168; elaboração da qualidade, 144-145; elementos dos c. eficazes, 144-145; estruturação, 28-30; exigências de tempo, 99-100; exigências do aluno nos, 73-74; facilidade com o ambiente da turma, 136-139; incorporando a orientação nos, 93-97; integrando os serviços do aluno nos, 74-77; mudanças de conteúdo na educação centrada no aluno, 149; necessidades do aluno, 152-153; obstáculos à qualidade, 146; organizando o tempo, 102-105, 109-110; orientação aos 89-91, 97-98; prazos de entrega claros nos, 155-156; qualidade dos, 78-81; *sites* sobre, 161-163. *Ver também* Elaboração do curso *on-line*; Avaliação do curso *on-line*

Cursos. *Ver* Design do curso *on-line;* avaliação do curso *on-line;* cursos *on-line*.

D

Daniel, J., 30-31

Diaz, D., 135-136, 138-143

ÍNDICE ONOMÁSTICO E REMISSIVO 211

Direito autoral: propriedade do material intelectual, 126-127, 132; consciência do aluno sobre a avaliação, 129-131, 133. *Ver também* Plágio

Dirkinck-Holmfeld, L., 31-32

Discussão como uma maneira de Ensinar (Brookfield e Preskill), 173-174

Diversidade: acesso ao computador e fatores econômicos, 70-72; aprendizagem *on-line* e sensibilidade à, 61-64; cultivando a tolerância religiosa, 67-69; estatísticas de matrícula e, 23; linguagem e, 61-63; papéis do aluno e do professor, 61-63; questões de alfabetização e de deficiência física, 68-71; respeitando talentos diversos e estilos de aprendizagem, 155-157; técnicas para abordar a d. cultural, 71-72

Ducastel, P., 149

Duffy, T., 153-157

E

Economia e exclusão digital, 70-72

Educação centrada no aluno, 147-158; a melhor prática para o ensino *on-line*, 156-158; aprendizagem ativa, 154-155; avaliação da, 111-112; comunicando expectativas altas, 155-156; equilíbrio de forças na, 148; *feedback* imediato na, 154-156; incentivando o contato aluno-professor, 153-155, incentivando a cooperação entre os alunos, 154-155; mudanças de conteúdo na, 149; mudanças na avaliação com a, 150-153; necessidades do aluno nos cursos *on-line*, 152-153; papel do professor na, 149-151; prazos definidos com clareza, 155-156; respeitando talentos diversos e estilos de aprendizagem, 155-157; responsabilidade pela aprendizagem, 150-151; técnicas para dar apoio aos alunos virtuais, 33-35; visão geral 147-148

Eficiência e eficácia, 102-105, 109-110

Elaboração do curso *on-line*: comparação de ambientes virtuais de aprendizagem, 162-163; desenvolvimento *on-line*, 158; envolvendo os alunos na, 157-158; para

os alunos de sucesso, 29-34; paradigma para abordar a, 63-64; qualidade da, 144-145

Elbaum, B., 31-32, 47-48

Emoticons, 186-188

Ensino *on-line*: tornando-se centrado no aluno, 147-148; melhor prática na, 156-158; papel do professor na educação centrada no aluno, 149-151

Ensino. *Ver* Ensino *on-line*

ERIC/CASS, 161-163

Estilo de aprendizagem auditivo-verbal, 59-60

Estilo de aprendizagem cinestésico-corporal, 60

Estilo de aprendizagem lógico-matemático, 60

Estilo de aprendizagem tátil-cinestésico, 60

Estilo de aprendizagem verbal-lingüístico, 59-60

Estilo de aprendizagem visual-não-verbal, 59-60

Estilo de aprendizagem visual-verbal, 59-60

Estilos de Aprendizagem interpessoal-relacional, 60

Estilos de aprendizagem, 51-60; atividades colaborativas e, 58-60; compreensão dos, 157-158; concordando ou discordando dos, 55-57; inserindo os alunos adultos *on-line*, 56-59; maneiras pelas quais as pessoas aprendem, 51-52; oferecendo diferentes tipos de atividades, 52-55; pesquisa sobre, 52-53; preocupação do professor pelo desenvolvimento dos, 51; respeitando diversos talentos e, 155-157; técnicas para desenvolver vários, 59-60

Estruturação dos cursos *on-line*, 28-30

Everhart, R., 74-75

Evitando a sobrecarga, 106-107, 109-110

Exclusão digital, 70-72

F

Falling through the Net (Irving), 70-71

Family Educational Rights and Privacy Act (FERPA), 126

Feedback: diretrizes para envio de mensagens, 165-167; avaliação contínua do

212 ÍNDICE ONOMÁSTICO E REMISSIVO

curso no, 114-116; diretrizes ao aluno, 192-194; diretrizes do professor para o, 81-83; orientação do aluno, 90-92; professor acessível, 154-156

Ferramentas do aluno, 183-199; auto-avaliação na aprendizagem *on-line*, 183-186; citando mensagens, 190-193; clareza nas comunicações, 190-191; dicas para a aprendizagem *on-line* de sucesso, 185-187; diretrizes para *feedback*, 192-194; *emoticons*, 186-188; escrita de textos de pesquisa, 196-198; gerenciamento do tempo e ferramentas, 193-197; inventário de metas, 194-195; *netiqueta*, 188-191; siglas, 187-189; tabela da agenda semanal, 195-196; tabela da utilização semanal do tempo, 196-197; tabela de objetivos semanais, 195-196; textos de reflexão, 197-199

Ferramentas do professor, 165, 181-182; amostra de diretrizes para o curso, 142, 171-173; amostra de planilha de conceitos 180-182; avaliando o trabalho do aluno, 177-179; desenvolvendo o pensamento crítico, 171-174; elaborando questões para discussão nos cursos *on-line*, 173-176; metodologia de estudos de caso, 175-178

Ferramentas educacionais, 162-163

Flaming, 127-128

Flexibilidade: desenvolvendo a, 49-50; humor como medida de, 42-45

"Framework for Designing Questions for *On-line* Learning", A (Muilenburg e Berge), 173-174

G

Gamson, Z., 153

Gerenciamento do tempo, 99-100; abandono e comprometimento do tempo, 138-139; básico, 99-100; conseguindo comprometimento e credibilidade, 107-110; dedicando tempo aos estudos semanais, 27, 31-32, 34-35, 99-100; definindo metas, 99-101, 109-110; dicas ao aluno e ferramentas, 193-197; evitando a sobrecarga, 106-107, 109-110; organiza-

ção do tempo, 102-105, 109-110; prazos e, 155-156; prioridades e, 100-103, 109-110; resumo de elementos do, 109-110; tabela da agenda semanal, 195-196; tabela da utilização semanal do tempo, 196-197; tabela de objetivos semanais, 195-196; tempo necessário para os cursos *on-line*, 99

Gilbert, S. D., 87-88, 99-100, 102-104

Gillett, M., 64-65

Glowaki-Dudka, M., 74-75

Goldberger, N. R., 51-52

Goldsmith, D. J., 149

Gradner, H., 51-52

Graham, C., 153-157

Greene, A., 64-65

Griffin, V., 57-58

H

Haavind, S., 31-32, 47-48

Hanna, D. E., 74-75

Hara, N., 152-153

Harasim, L., 106

Harmon, E. G., 73-74

Harris, R., 121-122

Hawke, C., 126-128

Henderson, L., 63-64

Herring, S., 64-66

Hiltz, S. R., 106

Homens: desempenho na educação *on-line*, 64-66; demografia do aluno, 135-136

Honestidade: cópia e plágio, 120-123; desenvolvimento, 49-50; na comunicação, 44-45

Hudson, B., 48-49

Hughes, S. K., 38

Humor nos cursos *on-line*, 41-45

I

Illinois *On-line* Network, 24-26

Internet: facilidade no ambiente do curso *on-line*, 136-139; alunos e professores que não se adaptam aos cursos *on-line*, 142-146; áreas distantes e acesso a, 66-68; assédio e perseguição *on-line*, 127; diretrizes para participação *on-line*, 166-

ÍNDICE ONOMÁSTICO E REMISSIVO **213**

168; liberdade de expressão na, 127-128; *netiqueta*, 92-93, 166-168, 188-191; orientando os alunos para o básico, 88-89; respondendo aos problemas de acesso, 73-75; retenção do aluno e acesso a, 135-136; *Sites* da Rede nos cursos *on-line*, 161-163
Irving, L., 70-71

J

Jansak, K., 140-141
Joo, J., 61-63

K

Kellogg, A. P., 120-121
King, D., 93-97
King, L., 65-66
Kirton, G., 64-65
Kling, K., 152-153
Kursat, C., 153-157

L

Lesage, T., 129-131
Liberdade de expressão na internet, 127-128
Linguagem: questões culturais no material *on-line*, 61-63; habilidade lingüística e, 69-71
Litzinger, M., 51-52

M

Maricopa Center for Learning and instruction, 162-163
Market Data Retrieval, 76,78
Mayes, C., 45-46
McClure, B., 64-65
McLoughlin, C., 61-64
Mensagens: definição de m. substanciais, 28-30; avaliação contínua do curso nas, 114-116; concordância do aluno quanto à freqüência das, 102-103; diretrizes do professor para *feedback*, 81-83; domínio da redação e, 78-79; modelo dois mais dois, 90-91; orientação das m. do aluno, 90-92 diretrizes para o envio de, 165-167

Merisotis, J., 23-24
MERLOT, 161-162
Metas: clareza sobre as, 99-100; definindo, 99-101, 109-110; inventário do aluno, 194-195
Metodologia para os estudos de caso, 175-178; diretrizes para os casos gerados pelos alunos, 177-178; usando os estudos de caso, 176-178
Mezirow, J., 28-29
Modelo dois mais dois de envio de mensagens, 90-91
Morgan, C., 111, 115-117, 120-121, 129
Muilenburg, L., 173-174
Mulheres: ansiedade em relação à tecnologia, 63-65; demografia estudantil, 135-136; desempenho na aprendizagem *on-line*, 64-67
Murrell, P.H., 51-52, 55

N

National Center for Education Statistics, 23-24
National Education Association, 78-81
Necessidades dos alunos, 73-84; abandono e, 73-74; alunos que requerem mais *feedback*, 81-83; desenvolvendo políticas, 76-79; integrando serviços nos cursos, 74-77; oferecendo cursos de qualidade, 78-81; resolvendo problemas de acesso, 73-75; sensibilidade às, 157-158; serviços de redação e tutoriais, 78-79; sumário das, 83; taxas *on-line*, 75-78, 83
Net User Guidelines and Netiquette, The (Rinaldi), 167-168
Netiqueta, 92-93, 166-168, 188-191
Newton, D., 151-152

O

O'Connor, T., 51-53, 55
O'Reilly, M., 111, 115-117, 120-121, 129, 151-152
Organizando o tempo, 102-105, 109-110
Orientação do programa, 97-98
Orientação, 87, 97-98; abordando as necessidades do aluno, 94-98; amostra de

214 ÍNDICE ONOMÁSTICO E REMISSIVO

páginas da *web*, 93-97; avaliação da aprendizagem *on-line* para o aluno, 87-88; como obter ajuda, 92-94; conhecimento básico do computador, 88-90; dando *feedback* a outros alunos, 91-93; elementos de uma boa, 87-89; gerenciamento do tempo, 89-90; incorporando-a à aula *on-line*, 93-97; internet básica, 88-89; *netiqueta*, 92-93, 166-168, 188-191; para a interação *on-line*, 90-92; para o processo de aprendizagem *on-line*, 89-91; visão geral, 87-88

Osif, B, 51-52

P

Palloff, R., 27-30, 37-48, 66-67, 87-89, 91-94, 99, 107

Paradigma culturalmente unidimensional, 63-64

Paradigma curricular invertido, 63-64

Paradigma inclusivo, 63-64

Participação: exigências mínimas para a p. *on-line*, 24-26; acompanhando mudanças na, 29-30; colaborativa, 45-47, 50; cultivo da p. pelo professor, 107-110; diretrizes para a p. *on-line*, 166-168

Paulsen, M. F., 52-54

Pensamento crítico: desenvolvimento do, 58-59; diretrizes para o desenvolvimento do, 171-174; habilidade necessária ao aluno virtual, 27-33; retenção e, 138-140

Perseguição, 127

Peterson, P. W., 26

Phipps, R., 23-24

Plágio: cópia e, 120-123; evitando, 129-133; mecanismos de detecção do, 125

Políticas: desenvolvimento de p. *on-line*, 76-79; sumários das necessidades para as, 83

Pornografia, 127-128

Pratt, K., 27-31, 38-48, 66-67, 87-89, 91-94, 99, 107

Preece, J., 37-40

Preskill, S., 91-93, 173-174

Primo, L. H., 129-131

Prioridades e gerenciamento do tempo, 100-103, 109-110; importantes e urgentes, 101-103; importantes, mas não urgentes, 101-102; não importantes, mas urgentes, 101-102; nem importantes nem urgentes, 91-102

Privacidade: arquivamento de cursos e, 125-126, 133; compartilhamento de detalhes pessoais da vida e do trabalho, 26, 30-31, 41-42, 49-50, 136-137; Family Educational Rights and Privacy Act, 126; incluindo o trabalho do aluno na pesquisa docente, 127-129, 133; perseguição e assédio *on-line*, 127; questões legais e a p. do aluno, 126, 133

Produtos do intelecto: propriedade, 126-127, 132; consciência das violações, 129-131, 133

Professores: assistindo a capacidade reflexiva do aluno, 157-158; administrando o processo de colaboração, 34-35, 45-50; aumentando ao máximo a interação dos alunos, 46-48; avaliando o trabalho do aluno, 177-179; como facilitador, 148; comunicando expectativas altas, 155-156; concordando ou discordando dos estilos de aprendizagem, 55-57; criando comunidades abertas à mulher, 65-67; critérios de avaliação, 111-114; definindo o tom da comunidade de aprendizagem, 40-42; desenvolvendo as questões de discussão para os cursos *on-line*, 173-175; desenvolvendo uma boa avaliação do curso, 117-121, 123-124; desenvolvendo vários estilos de aprendizagem, 51, 59-60; eficazes *on-line*, 144-145; estruturando os cursos *on-line*, 28-30; facilitando a formação da comunidade, 49-50; fazendo os alunos participarem, 107-110; identificando as dificuldades dos alunos *on-line*, 26-27; incentivando a cooperação do aluno, 154-155; incentivando o contato aluno-professor, 153-155; incentivando o pensamento crítico, 171-174; incluindo os trabalhos do aluno na pesquisa docente, 127-129, 133; inserindo os alunos adultos *on-line*, 56-59; lidando com o plágio e com a cópia, 120-123, 125, 129-131, 133; lidando com os estilos de aprendi-

ÍNDICE ONOMÁSTICO E REMISSIVO **215**

zagem do aluno, 52-53; monitorando as mudanças na participação do aluno, 29-30; oferecendo atividades variadas, 52-55; oferecendo *feedback* ao aluno, 81-83; papéis culturais do aluno e dos, 61-63; papel do p. na educação centrada no aluno, 149-151; que não se adaptam aos cursos *on-line*, 142-146; respeitando os direitos do aluno, 158; técnicas centradas no aluno, 33-35. *Ver também* Ferramentas do professor

Propriedade de material intelectual, 126-127, 132

Q

Questões culturais: abordagem, 71-72; sensibilidade às 61-64. *Ver também* Diversidade

Questões de deficiência física, 68-71

Questões de discussão para os cursos *on-line*, 173-175

Questões de Gênero: abordagem, 71-72; computadores e, 63-67

Questões de religião e espiritualidade: abordagem, 72; tolerância e, 67-69

Questões geográficas: abordagem, 72; acesso ao computador e, 66-68; demografia estudantil, 135-136

Questões legais, 125-133; assédio, questões legais e privacidade, 126, 133; flaming (mensagens agressivas), 127-128; pornografia, 127-128; programas de capacitação desenvolvidos para o aluno e as, 131; propriedade de material intelectual, 126-127, 132; trabalho do aluno na pesquisa docente, 127-129, 133; violação da propriedade intelectual e do direito autoral, 129-131, 133; visão geral, 125

R

Redação: atenção à qualidade e habilidade de, 78-79; conhecimento básico do computador para a, 88-90; diversidade cultural e, 61-63; padrões de, 69-71; textos de pesquisa, 196-198; textos reflexivos, 197-199

Retenção: acesso à tecnologia e r. do aluno, 66-68, 73-75, 135-136; abertura ao processo de aprendizagem, 139-141; construindo comunidades *on-line* para, 140-142, 144-146; controlando o tamanho do grupo, 141-146; cursos melhores, maior r., 143-146; dificuldades do aluno de manter a carga de trabalho, 23-25; evitando o abandono, 135-136, privacidade e compartilhamento de detalhes pessoais, 136-137; índice de abandono, 73-74; pensamento crítico e, 27-33, 138-140; qualidade do curso e, 140-141

Revisão dos cursos, 102-103

Rheingold, H., 38

Rinaldi, A. H., 167-168

S

Schroeder, C., 52-53, 56-58

Serviços ao aluno: pontos importantes da avaliação, 80-81; apoio eficaz para os alunos *on-line*, 144-145; integração aos cursos *on-line*, 74-77; necessidade de orientação do aluno, 94-98; redação e tutoriais, 78-79; resumo das necessidades dos, 83

Shapiro, A. L., 64-65

Shapiro, J. J., 38

Sistema educacional na aprendizagem, 140-141

Sites: Capella University, 75-77; amostras de páginas para orientação, 93-97; falantes de inglês como segunda língua e construção de *sites*, 61-63; sobre cursos *on-line*, 161-163; violação de material de direito autoral nos, 130; Web Accessibility Initiative, 69-70

Skinner, R., 73-74

Standen, P. J., 68-69

Strong, R. W., 73-74

StudentAffairs.com, 161-162

T

tabela da agenda semanal, 195-196

tabela da utilização semanal do tempo, 196-197

216 ÍNDICE ONOMÁSTICO E REMISSIVO

tabela de objetivos semanais, 195-196

Tamanho do grupo: controlando, 141-143; aumentando a retenção com o, 144-146

Tarule, J. M., 51-52

Taxas *on-line*, 75-76, 78, 83

Taxas para os alunos, 75-78, 83

Tecnologia: requisitos mínimos para a participação *on-line*, 24-26, 29-31; áreas distantes e acesso à, 66-68; orientando os alunos para o básico da internet, 88-89; resposta a problemas de acesso, 73-75; retenção do aluno e acesso à, 135-136. *Ver também* Computadores

Teles, L., 106

Testes e provas, 116-117

Textos de pesquisa, 196-198

Textos de reflexão, 197-199

Tinker, R., 31-32, 47-48

Truong, H., 65-66

Turoff, M., 106

U

U.S. Department of Education, 126

University of Chicago Student Counseling and Resource Service, 162-163

V

Vu, C., 64-65

W

Web Accessibility Initiative, 69-70

Weimer, M., 116-117, 148-149

Wenger, E., 37

Western Cooperative for Educational Telecommunications, 161-162

World Lecture Hall, 161-162

Y

Young, J., 70-71

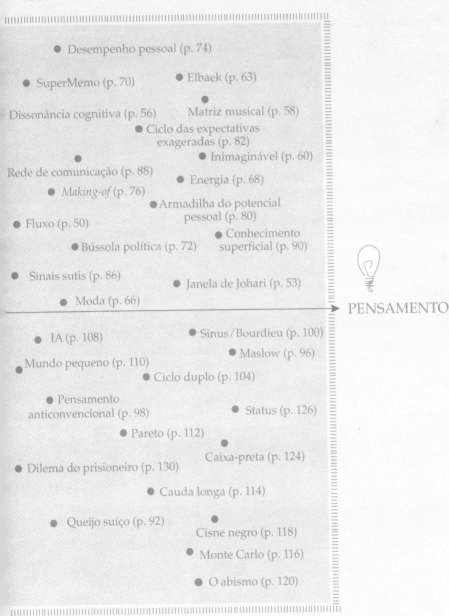